高等院校经济学管理学应用技能型精品教材

第2版

# 货币金融学

洪铁松　主编

上海财经大学出版社

**图书在版编目(CIP)数据**

货币金融学/洪铁松主编. —2版. —上海：上海财经大学出版社，2019.9
(高等院校经济学管理学应用技能型精品教材)
ISBN 978-7-5642-3200-9/F.3200

Ⅰ.①货… Ⅱ.①洪… Ⅲ.①货币和银行经济学-高等学校-教材 Ⅳ.①F820

中国版本图书馆 CIP 数据核字(2019)第 149232 号

□ 责任编辑　吴晓群
□ 封面设计　张克瑶

**货币金融学**
(第二版)
洪铁松　主编

---

上海财经大学出版社出版发行
(上海市中山北一路 369 号　邮编 200083)
网　　址：http://www.sufep.com
电子邮箱：webmaster @ sufep.com
全国新华书店经销
上海华教印务有限公司印刷装订
2019 年 9 月第 2 版　2025 年 6 月第 8 次印刷

---

787mm×1092mm　1/16　15.5 印张　368 千字
印数：16 401－17 900　定价：42.00 元

# 第二版前言

本书自 2016 年出版以来，经过三年多的教学应用，在受到欢迎的同时也发现了其中的一些疏漏和问题。三年时间，我们所处的经济社会发生了巨大的变化。我国的金融市场越来越开放，金融参与主体越来越多元，科技与金融结合越来越紧密，各种金融创新层出不穷，金融监管体系正在发生重大革新。因此，本次的修订工作是非常必要的。

本次修订对总体框架未做太多的调整，主要章节与第一版保持一致，但对其中的内容做了细致的改写。改动较大的是第三章和第四章，主要增加了利率的分类、收益率曲线的应用以及远期利率等相关内容。另外，我们对书中引用的数据也进行了更新，以反映当前的最新变化。货币金融学的宏观经济学思想和原理变化虽然不是很大，但在我国的经济社会中，金融体系微观生态无时无刻不在发生急剧的变化。为了让读者更好地理解这些最新变化，洞悉其背后的金融学原理，在这次修订过程中，我们对书中的专栏做了精心的挑选和调整，以求做到与时俱进。

编写和修订《货币金融学》教材是我系金融学教研室教师提升教学能力和水平的一次宝贵机会。这三年中，部分参与第一版教材编写工作的教师已经离开了我们这个团队，但仍有源源不断的新生力量加入我们这个团队。在这里，我除了要感谢原先的编者之外，还要对新近加入我们团队的徐杰、张斓弘、金蜜和张燕萍四位教师表示感谢。本次修订工作是整个团队良好合作的结晶。

在本书的修订和出版过程中，得到了上海财经大学浙江学院领导的关心，以及上海财经大学出版社的协助，尤其是本书责任编辑的认真校对和建议，保证了本书的质量。同时,还得到了兄弟院校众多同行的指点和帮助,本校学生也给我们提供了许多宝贵的意见,这对我们编者来说是巨大的鞭策和鼓励。在此一并表示衷心的感谢。

由于编者水平有限,且货币金融学这门课程仍在不断发展中,书中难免有纰漏和错误,恳请读者不吝赐教。

需要特别说明的是,依据国家教材委员会办公室《关于做好党的二十大精神进教材工作的通知》(国教材办〔2022〕3 号)的要求,推动党的二十大精神进教材、进课堂、进头脑,为了与时俱进地增补与本教材相关的思政案例和二十大精神内容,及时修改在教学过程中发现的本书错误之处,我们与出版社共同建设新媒体动态服务窗口,使用本教材的教师可以通过手机微信扫以下二维码,获取相关最新内容。

**持续更新窗口**

洪铁松

2019 年 9 月

于上海财经大学浙江学院

# 目 录

# 第一章

# 金融体系概论

金融是我们日常生活中的一部分。你或许会到自动取款机上提取现金去购买生活用品，或许会使用借记卡或信用卡在网上消费；你可能向银行申请了贷款来支付你的大学学费或购买汽车；你也许会在各种媒体上看到当天股市涨跌的新闻，或许你已经购买了你所感兴趣的公司的股票；假如你要出国求学或去海外旅行，那么你还需要把你手中的本国货币兑换成当地通用的货币。

本书主要通过考察金融市场（诸如债券市场、股票市场和外汇市场等）和金融机构（诸如银行、证券公司、保险公司、基金公司等）的运行过程，了解金融市场的结构，探求货币在经济循环中所发挥的作用。金融市场和金融机构不仅影响我们个人的日常生活，而且关系到经济运行中数以万亿计的资金流动，从而影响企业的商品和服务的生产，以至整个经济体的产出，甚至影响其他国家的产出，而这一切又与我们每个人的福利水平息息相关。

## 第一节　基本的金融工具

现代经济社会离不开交易，在我们的生活中最常见的是各类商品市场。在今天的金融市场（financial market）中，我们往往看不到所交易的对象，因为它交易的不是实物，而是进行资金的借贷（买卖资金的使用权），买卖各种货币或证券。

金融市场是资金融通市场。所谓资金融通，是指在经济运行过程中，资金供求双方运用各种金融工具调节资金盈余的活动，是所有金融交易活动的总称。在金融市场上交易的是各种信用契约，如股票、债券、储蓄存单等，我们把这些统称为金融工具。

**证券**（security）实际上是一种契约，是对于发行者未来收益或资产的一种索取权。金融市场上最常见的证券有债券和股票，以往它们往往以纸质的形式存在，而到了今天，它们更多的是以电子形式记录在计算机上。

### 一、债券

**债券**（bond）是承诺在未来约定的期限内，定期向持有者支付预定款项的债务凭证。绝大部分债券未来的偿还金额是事先确定的，因此债券也被称为**固定收益证券**（fixed income security）。例如，你可能花了 100 元来购买一张债券，在未来的 10 年里，你每年可以获取 5 元的利息，到期时还可以获得本金 100 元。在这里我们可以了解一些术语：这张债券的面值(face value)是 100 元,每年的息票利息(coupon payments)是 5 元,债券的到期期限(maturity)是 10 年。当企业需要购买设备或建设厂房以扩大生产时,它或许会发行债券来融资。当政府需要资金来弥补财政赤字时,它也会发行债券。企业发行的债券通常称为企业债,一个经济体的中央政府发行的债券就称为国债。对于期限小于 1 年的债券,还有特殊的称呼:如果由公司发行,称为商业票据(commercial paper);如果由中央政府发行,则称为国库券(treasury bills)。

如果你持有前面列举的债券一直到债券的到期期限,且所有这些未来的支付都能如期实现,那就意味着你的这项投资每年可以带来 5%的收益。以债券发行者,也就是借款人的角度来看,这也是他借入资金的成本。我们把这个概念称为**利率**(interest rate),它反映了使用资金的价格。利率在整个经济运行中起着非常重要的作用。利率的高低不仅影响个人的消费与储蓄的意愿,也会影响企业的融资和投资决策,甚至影响不同经济体之间的资金流动,因此它对整体经济的影响是深远的。在后面的章节,我们将考察利率的含义,从经济学的角度考察利率的变动机制以及不同债券利率之间存在差异的原因。

### 二、股票

**股票**(stock)是代表某家公司一定份额的所有权凭证,代表了对公司的资产和未来收益具有的索取权。假如你拥有某家公司 1%的股份,那就意味着你拥有了公司 1%的资产的所有权以及公司未来利润中的 1%。与发行债券的目的一样,公司通过发行和出售股票来募集其运营所需要的资金,它是企业融资的另一条重要途径。

如果发行者不违约,大部分债券未来能够获得的回报是事先确定的。与此不同的是,股票的持有者未来能够获得的回报取决于公司最终产生的利润。而公司未来的利润是无法预测的。换言之,股票未来的回报有很大的不确定性。这就意味着股票的风险要高于债券,这一点从股票的价格总是在不断地剧烈变动中也能反映出来。今天,有越来越多的人在股票市场上交易股票,股票价格的变化也成了重要的新闻话题。

股票价格的剧烈波动不仅影响人们的财富水平,也影响企业筹集投资资金的规模,从而影响经济中的消费和生产。在后面的章节,我们将考察股票市场在金融体系中的作用,以及影响股票价格的因素和运行机制。

## 第二节 金融市场的功能

债券市场和股票市场起到了什么作用?人们为什么要参与金融市场,它们为什么对经济如此重要?在今天的社会,拥有资金就意味着拥有社会资源。金融市场的主要功能就是引导资金从有盈余的经济主体转移到资金短缺的经济主体手中。而一个有效的金融市场将引导资金从低生产效率的部门转移到高生产效率的部门,从而带来社会资源有效的配置和利用,推动经济的增长。同时,这些市场还能帮助个人和公司降低交易成本和分担风险。

## 一、资金的融通

金融市场的基本功能就是向居民、企业和政府提供资金的融通服务，将资金从收入大于支出的盈余者（储蓄者）手中转移到支出大于收入的短缺者（投资者）手中。资金从借出一方（贷款者）到借入一方（借款者）的流动体现为两种模式：**直接金融**（direct finance）和**间接金融**（indirect finance）（如图 1-1 所示）。在直接金融的模式下，借款者通过向贷款者出售各种证券（金融工具），直接从后者手中获取资金，这些证券就代表对借款者的资产或未来收益的索取权，是借款人与贷款人之间的契约。举例来说，如果 ABC 公司想建设一个电动汽车的新工厂，它可以通过发行债券或股票给贷款者来借入它所需要的资金。在间接金融的模式下，贷款者先将资金借给诸如银行之类的金融中介，再由金融中介把资金借给借款者，从而完成资金的融通。

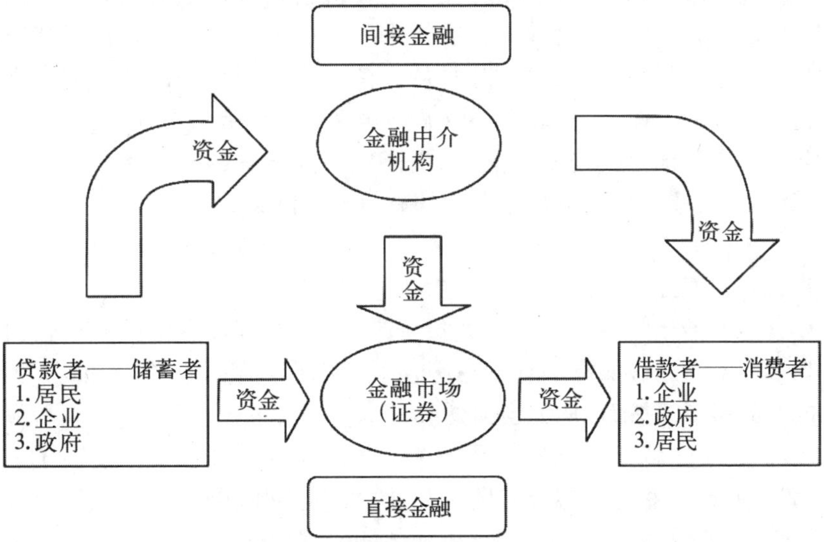


**图 1-1　金融体系中的资金流动**

那么，资金的融通对经济究竟有多大的作用呢？我们不妨举个例子来加以说明。

### 案例 1-1

王勤勉是一位公务员。他在政府机关已经上班很多年，每年都有稳定的收入。因此，经过多年工作，他积攒了一笔不小的积蓄。他开始为他的积蓄寻找“出路”。他知道如果把他的储蓄以现金的方式放在保险箱里，他的财富不会得到增长。事实上，如果存在通货膨胀的话，他的这些财富的价值反而会下降。他该如何用他的储蓄去创造更多的财富呢？他也想过自己去创业，然而对于该去从事什么样的商业活动毫无头绪，而且也不想放弃现在的工作。那么，王勤勉只能让他的财富躺在那里“睡觉”吗？

马行空是一位网络技术开发者，他拥有自己的一家网络公司，而且他很有商业头脑。他想利用有线电视网络来开发一个在线购物网站，面向那些不熟悉电脑和智能手机操作的中老年人。他相信自己能够开发出一套安全且操作方便的交易系统,使得这一类人群也能够享受到在线购物带来的便利。然而,这个项目的开发费用很高,光靠他自身的积蓄无法满足投资所需要的资金。那么,马行空就只能将他的想法束之高阁吗?

如何解决他们所面临的问题呢?如果马行空能够通过金融市场从王勤勉这类人那里获取资金的话,问题就解决了。马行空的公司可以发行股票或债券,而王勤勉可以利用他的资金去购买这些证券,从而去分享马行空创办的企业未来能够带来的利润。这就是一种双赢的局面。如果没有金融市场,王勤勉和马行空可能永远都无法取得联系,他们只能维持现状,两个人的经济福利都不会提高。

---

在经济运行过程中,拥有盈余资金的部门并不一定是最有能力和机会做最有利投资的部门。如果没有金融市场,资金就很难从没有投资机会的人那里流动到有投资机会的人手中,也就意味着大量的社会资源没有得到有效利用。一个有效的金融市场能够将资源从利用效率低的部门转移到利用效率高的部门,从而使一个社会的经济资源能最有效地配置在效率最高或效用最大的用途上,实现稀缺资源的合理配置和有效利用。因此,金融市场的重要意义在于它能够有效地促进资源的配置,提高整个经济体的生产水平和效率。从经济学的角度来说,金融学的核心是讨论社会资源的有效配置问题。

## 二、合理地安排消费时机

即使有时有些人借款并不是用于企业投资来增加产出,金融市场的存在对于每个消费者而言也是非常重要的。假如你拥有了一份收入不菲的工作,并打算和你心爱的人结婚,你会考虑购买自己的房子。然而,从你当前的收入水平来计算的话,或许你要等到中年才能攒够买房的款项,但这时你就无法充分享受房子给你工作与生活带来的便利了。有了金融市场,你可以向那些拥有存款的人融资来购买房子。这样你就可以在年轻的时候享受房子给你带来的各种好处,即使你要支付一定的利息,你也会觉得很高兴。这样的结果可以让你和提供贷款者的经济福利都得到提高。

通常在我们年富力强的时候,往往有更多的收入,而等到我们年老退休的时候,就不再有工资收入。如果有了金融市场,人们可以在其高收入时期买入各种证券、基金或保险,而在年老时期,这些投资带来的收益可以弥补收入的下降,从而不至于使得自己的消费水平下降。

上面的例子说明,如果存在发达的金融市场,消费者可以利用各种金融工具合理地安排一生的消费时机。因此,一个有效的金融市场可以改善每个人的经济福利。

## 三、风险分担

在追求财富增长的过程中总有许多不确定的因素,这就是风险。金融市场的另一个重要功能就是帮助人们分担风险。再次回到我们前面举的那个例子,正是因为马行空向其他人出售了债券和股票,即使他的项目最终失败了,由此导致的损失将由出资者共同承担。

金融市场同时也是风险再分配的场所。在现代经济活动中,风险无时不在、无处不在,而不同的主体对风险的偏好程度是不同的。所以，市场上有各种风险程度不同的金融产品供投资者选择。譬如风险承受能力低的投资者可以选择投资债券，而风险承受能力高的投资者可以选择投资股票。利用保险之类的金融工具，厌恶金融风险的人可以把风险转嫁给愿意承担风险的人，从而实现风险的再分配。

## 第三节　金融市场的结构

### 一、债务市场和股权市场

企业可以通过两种方式从金融市场上募集资金。第一种融资方式是向银行等金融机构借款，或发行债券或者票据等债务工具。所谓债权融资，是指企业通过借钱的方式进行融资，获得的只是资金的使用权而不是所有权。债权融资是一种契约协议，借款者首先要承担资金的利息，另外在借款到期后要向债权人偿还资金的本金。债权通常都存在期限。期限在 1 年之内的称为短期债务工具，期限介于 1～10 年的称为中期债务工具，期限在 10 年或 10 年以上的称为长期债务工具。

第二种融资方式是发行股票等**股权**(equities)工具。所谓股权融资，是指企业的股东愿意让出部分企业所有权，通过企业增资的方式引进新的股东的融资方式。股权融资所获得的资金，企业无须还本付息。股权工具的持有者按份额对企业的净收益和资产具有求偿权，对公司的重大事项表决和董事会的选举拥有投票权。股权持有者通常能定期获得不固定金额的偿付(红利或股利，dividends)，红利的支付与否和支付多少视公司的业绩和经营需要而定。股权工具没有到期日，通常被当作长期证券。

股权持有者拥有的是公司的所有权，而债权人拥有的是获得固定金额偿付的权利。债权人比股权持有者拥有优先偿还权，即公司只有在完成对债权人的偿付之后，才能对股权持有者进行偿付。这意味着通常股权工具的风险要比债务工具高。但股权持有者能够从公司剩余利润或资产增值当中直接获益，而债权人则不能。这意味着投资股权有可能获得更高的回报。

### 二、一级市场和二级市场

**一级市场**(primary market)也称为发行市场，是指筹集资金的公司或政府机构将其新发行的股票和债券等证券销售给最初购买者的金融市场。这一过程通常由投资银行(investment bank)协助完成。投资银行发售新证券的过程被称为承销(underwriting)，即它们确保公司证券能够按照某一价格销售出去，之后再向公众推销这些证券。股票市场的新股公开发行过程被称为首次公开募股(initial public offerings，IPO)。

**二级市场**(security secondary market)也称为流通市场，是指对已经发行的证券进行买卖、转让和流通的市场。在二级市场上销售证券的收入属于出售证券的投资者，而不属于发行该证券的公司。像我们熟知的上海证券交易所和纽约股票交易所都是二级市场。其他的二级市场还包括债券、外汇以及衍生品二级市场等。在二级市场上，经纪人和交易商对交易起着很重要的作用。经纪人(brokers)作为投资者的代理人，负责实现买卖双方的匹配；交易商(dealers)按照自身设定的报价进行证券的买卖,将买卖双方联系起来。二级市场按照组织形式可以分为竞价市场、经纪人市场以及交易商市场。

无论是无形的一级市场,还是广为人知的二级市场,两者的基本功能就是为证券的发行和交易提供服务。二级市场的存在,使得证券持有者随时可以出售手中的有价证券,得以变现。也就是说,二级市场使得金融工具的流动性得到提升。证券的流动性越高,越受投资者的欢迎,也使得在一级市场上发行新证券更加容易。另外,这两个市场上的证券价格与收益有着紧密的联系。譬如,投资者对一家公司新发行的债券所要求的收益率主要参照的就是同类公司在二级市场上债券的近期收益率。

## 三、场内交易和场外交易市场

**场内交易**也称为交易所交易,即证券的买卖交易集中在某个地点(证券交易所)实施。证券交易所(exchanges)是指设有固定场地、备有各种服务设施,配备了必要的管理和服务人员,集中进行股票、期货和其他证券买卖的场所。场内交易都有严密的组织管理制度,在交易所内交易的证券都为标准化的合约,采用公开竞价和双向拍卖的方式进行交易。我国的上海证券交易所和深圳证券交易所,以及全球最大的期货交易中心——芝加哥期货交易所都属于此类有组织的交易所。

**场外交易**(over the counter,OTC)又称店头交易或柜台交易,是指不在交易所内进行交易而在分散的地点进行交易的活动。在场外市场进行交易的证券通常以未能在证券交易所批准上市的股票和债券为主。外汇以及一些非标准化的金融衍生品合约也是以场外交易的方式进行买卖的。

在今天,不管是场内交易或是场外交易,交易商们都是通过计算机联系,瞬间都能了解彼此的报价,所以场外交易与场内交易一样,市场竞争十分激烈。

## 四、货币市场和资本市场

根据证券期限的长短,我们还把金融市场划分为货币市场和资本市场。**货币市场**(money market)是短期资金市场,是交易融资期限在一年以下短期债务工具的金融市场。货币市场上的金融工具,主要是政府、银行及工商企业发行的短期信用工具,具有期限短、流动性强和风险小的特点,在货币供应量层次划分上被置于现金货币和存款货币之后,被称为“准货币”,所以该市场被称为货币市场。货币市场由同行业拆借市场、票据市场、大额可转让定期存单市场(CD 市场)、国库券市场、消费信贷市场和回购协议市场等子市场构成。

**资本市场**(capital market)是长期资金市场,是交易期限在一年以上的中长期债务工具和股权工具的金融市场。资本市场是政府、企业、个人募集长期资金的市场,包括中长期借贷市场、债券市场和股票市场。资本市场上的金融工具具有期限长、流动性相对较弱和风险大的特点,类似于资本投入,故称之为资本市场。

与资本市场工具相比,货币市场工具是更为安全的投资工具。因此,公司和银行通常会把临时性的盈余资金投资于货币市场,以赚取利息收益。对保险公司或者养老基金等金融机构来说,由于未来所需资金的不确定性比较低,因此会投资于股票或长期债券之类的资本市场工具。

# 第四节 金融中介机构的功能

虽然近年来非金融企业通过直接融资的方式获取外部资金的比例在不断上升，但事实上，在金融市场上能够公开发行债券和股票融资的企业数量非常少，居民的个人财富中债券和股票所占的比例也并不是很高，如图1-2所示。我们看到更多的是个人将其储蓄存入银行，而企业通过向银行借款来进行融资。很多时候资金从贷款者手中流动到借款者手中还需经过诸如银行之类的金融中介(financial intermediation)的帮助。金融中介机构向贷款者(储蓄者)借入资金，再将资金贷给借款者(投资者)以实现资金的转移。这样的资金流动方式称为间接融资。

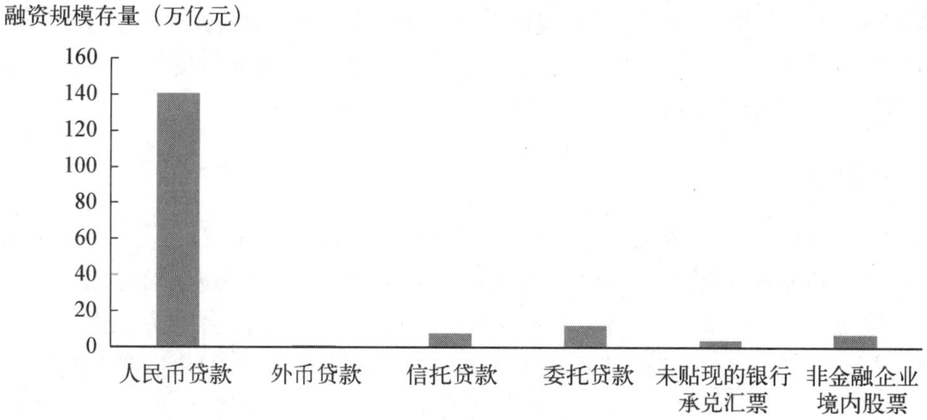


资料来源：中国人民银行.

**图1-2 中国社会融资规模存量(2019年2月)**

即使在具备相对完善的金融体系和发达的金融市场的经济体中，非金融企业通过间接融资的方式获取外部资金的比例也远高于直接融资的比例。这说明金融中介机构和间接融资在金融市场中具有非常重要的地位。其原因何在？金融市场中最基本的活动就是资金的交易，任何一项交易能否达成，基本上取决于交易成本以及信息成本等因素。接下来我们就来探讨金融中介机构在交易过程中起到了什么作用。

## 一、交易成本

任何一项交易从搜寻交易对象到完成交易，都需要花费时间和金钱，这就是**交易成本**(transaction cost)。如我们前面例子中提到的那样，王勤勉拥有资金，他想把资金借给某个人以获取一个好的回报。他要去寻找那些有好项目且需要从他这里借钱的人。同样，马行空也需要寻找一个拥有盈余资金且愿意借钱给他的人。如果王勤勉和马行空互不认识，那这样的相互搜寻过程有点像大海捞针一样，必然会消耗掉两人大量的时间和精力。即使王勤勉了解到马行空的项目是一个很好的投资机会，也想把钱借给他，然而为了资金的安全，他需要聘请一位律师来起草一份严格的贷款合同,以明确他的权利及对方的义务,而这可能需要一笔不菲的费用。其结果就可能因为双方觉得无法承担这么高的成本(时间和金钱),而不得不放弃这样的交易机会。

所以,金融机构的出现是必然的。诸如王勤勉这样的小额储蓄者以存款的方式把钱借给银行,而诸如马行空这样的投资者则从银行那里获取贷款,通过银行这样的专业中介机构来降低交易双方的搜寻成本,把资金的"买卖"双方撮合到一起。银行还会去聘请优秀的律师起草严谨的规范式贷款合同,即使银行付出了更高的代价。但是这样的合同可以在多笔贷款中反复使用,这就意味着分摊到每笔贷款的成本变得很低。这就是**规模经济**(economics of scale)效应,即随着交易规模的增长,交易的平均成本就会随之下降。金融中介机构还会使用各种专门技术来进一步降低交易成本,如自动取款机(ATM)以及各种在线支付方式的使用等。

金融中介的出现,使得原本分散的交易聚集到了一起,这使得交易成本大幅下降。这在我们的经济社会中其实是一种非常普遍的现象,想想我们周围为什么会有那么多的商场和超市就明白了。马行空也认为他的想法是正确的:通过网络来进行交易无疑比传统的商场购物可以更有效地降低交易成本。

## 二、信息不对称

假如此刻你打算为自己购买一件衣服,在网上你找到了一家生产厂家自己开设的销售网站,网页上的商品展示图片比你想象得还要漂亮,价格也非常诱人,同时也声明有完善的售后服务,但生产这件衣服的厂商却是你从来没听说过的。那你会购买这件衣服吗?你肯定会有以下一些不安:这件衣服实际上是否如厂家描述的一样?如果收到这件衣服却发现尺寸不符或质量有问题,对方会不会退款或换货呢?如果这些问题无法解决,那你可能会放弃这个"冒险"的想法。从这个例子中,我们可以认识到,任何一项交易,卖方往往比买方拥有更多的信息优势,这就是**信息不对称**(asymmetric information)。信息不对称会给交易带来阻碍,严重的信息不对称就会导致交易失败。同样,在金融市场上,想从贷款者那里获取贷款的借款人对于投资项目的潜在收益和风险更为了解,类似的信息不对称情况是普遍存在的。因为交易的对象是资金而非实物,可以想象在这个市场上信息不对称会比一般的商品市场显得更为严重。下面我们就信息不对称在交易发生之前和交易发生之后所导致的问题加以分析。

商品质量不好的商家会在商品的包装或者宣传上花更多的钱。因为对他来说,如果通过这样的方式可以把商品销售出去,这样做还是值得的。如果交易之前你选择了这样的卖家,那你就在选择卖家上发生了错误,这就是在交易之前因为信息不对称带来的问题,我们把这种现象称为**逆向选择**(inverse selection)。在金融市场上,那些投资项目具有更大的潜在风险的借款人更渴望从贷款人那里获取贷款,如果他们获取了贷款资金的话,也就发生了逆向选择。

### 案例 1-2

为了帮助你更好地理解逆向选择,我们再次回到王勤勉和马行空的故事。假如现在还有一位人物贾大空,他同样也有一家网络公司。但贾大空的公司的技术水平和管理能力都比马行空的公司差,他也想从王勤勉那里获取贷款。接下来故事会怎样发展呢?

贾大空更渴望卖出债券和股票,因为相比马行空,他所放弃的未来盈利要更少,因此他愿意以比马行空更低的价格来出售他的股票和债券。而马行空知道他公司股票的价值比贾大空的要高,如果以很低的价格出售股票或债券的话,他会无法接受这么高的融资成本,因为这可能使他的项目变得无利可图。这样马行空或许就会放弃向王勤勉借款的想法。

如果王勤勉了解两家公司的情况,他肯定愿意购买马行空公司的证券,即使这些证券的价格要更高些。但他只是一个普通的公务员,也不是网络技术方面的专家。保守的他最后决定还是把他的钱放到保险柜里,比起上当受骗,这样的选择会让他的资产更加安全。

结果,马行空和贾大空都没能为自己的投资融到资金。对于贾大空而言,这并不算是太大的损失。但马行空未能实现他的投资,却给很多人带来了经济福利上的损失。这些人包括马行空、像王勤勉这样的储蓄者、马行空公司的雇员,以及能够从马行空的项目中受益的消费者。

---

**道德风险**(moral hazard)是指交易之后,交易的一方采取危害另一方的行动的风险,这是信息不对称带来的另一个问题。最简单的例子就是:你从商家那里买到了存在质量缺陷的商品,然而商家却违背承诺,不给你退款或换货。金融市场上的道德风险体现在借款人在获得贷款后可能会做出损害贷款者利益(不道德)的行为,这些行为可能使得偿还该贷款的可能性降低。

### 案例 1-3

我们再一次用王勤勉和马行空的故事来说明道德风险。假如马行空在得到王勤勉的贷款之后,并没有把所有的资金用在他的项目开发上。作为一个普通人,他会面临各种各样的诱惑:他想把自己的办公室豪华装修一下,想买辆名贵的跑车,还想约上几个朋友去打高尔夫。如果他真的这样做了,那他公司的盈利能力就会下降。如果他的欲望失去控制,公司甚至可能会破产。这样的结果必然使得王勤勉的贷款得到偿还的可能性下降,遭受损失的是他。如果王勤勉了解人的本性,也没有很好的方法去监督马行空的行为,那么一开始他也会拒绝把钱借给马行空。

---

到这里,我们就能明白信息不对称带来的逆向选择和道德风险(如图 1-3 所示)会给金融市场的健康运行带来严重的障碍。严重的信息不对称必然导致市场上的借贷交易无法进行。然而,金融中介机构的出现,能够减少这类问题的发生。我们可以用最常见也是最重要的金融中介——银行,来对此做一个简单的解释。首先,银行会在发放贷款之前对借款人进行甄别,它会对借款人要投资的项目进行评估,对借款人的收入与资产等信息进行调查分析,从而判断借款人的偿还能力和信用度。通过收集详细的信息和专业的评估,把那些

潜在的高风险借款人排除，这就减少了逆向选择的发生。为了减低道德风险，银行会在贷款合同中附加限制借款人从事高风险活动的限制性条款，并在发放贷款之后对借款人的行为进行监督。毫无疑问，银行对贷款收取的利息要高于支付给存款的利息，因为银行花费了大量的金钱进行审计和收集信息，它们的工作降低了逆向选择和道德风险的发生。甚至你不妨把银行的利润看作生产并出售信息获得的回报，这样你对银行的工作或许会有更深刻的理解。

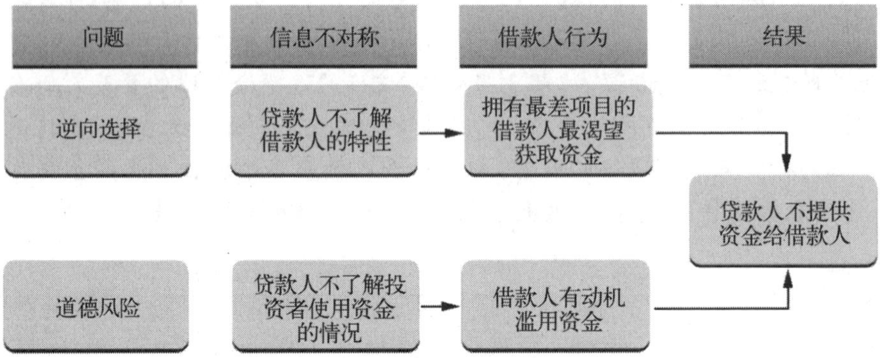


**图 1－3　资金融通中的信息不对称**

通过这些分析，我们能够明白正是因为金融中介机构的存在，可以有效降低交易成本以及解决信息不对称带来的问题。也正是在金融中介机构的协助下，金融市场实现了资金从储蓄者向那些有着生产性机会或更高生产效益的人转移，所以金融中介机构在提高经济效益方面有着十分重要的作用。

如果我们故事中的人物马行空懂得经济学，他肯定明白要想使他的网络购物平台取得成功，他同样要去解决在交易过程中因为信息不对称所带来的逆向选择和道德风险这两个问题。

## 三、分散风险

储户将资金借给了银行，银行则把资金贷给不同的借款者，同时银行还会购入债券等资产，这意味着银行提供给储户的是一个大的资产组合。即使银行的一小部分贷款发生了违约，银行仍然有清偿能力，并不会危及储户的资金安全。多样化投资也是贷款人选择投资于金融中介的一大原因。金融中介机构可以将大量小额资金聚集起来，然后投资于各种不同类型的资产组成的投资组合(而不是把所有的鸡蛋都放在一个篮子里)，通过多样化投资，就能有效地分散风险，而且不必牺牲预期收益。

诸如银行之类的金融中介的存在，不仅降低了金融市场上的交易成本、提供了多样化的投资，而且生产信息降低了信息不对称带来的逆向选择和道德风险问题。没有金融中介，大量的企业将无法顺利地获取从事生产活动所需要的资金。所以，金融中介的存在对经济增长是非常有利的。

在本书的第七章，我们将应用上述经济学原理对金融中介的作用和现实的金融结构进行详细的论述。

# 第五节　金融机构的类型

金融机构是指从事金融服务业有关的金融中介机构，为金融体系的一部分。金融服务业包括银行、证券、保险、信托、基金等行业。与此相对应，金融中介机构也包括商业银行、投资银行（在我国称为证券公司）、保险公司、信托投资公司和基金管理公司等。

根据从事的业务可以大致将金融机构分为三类：存款性金融机构、契约性金融机构和投资性金融机构。

## 一、存款性金融机构

存款性金融机构是从个人和企业手中吸收存款，并发放贷款的金融机构，主要包括商业银行、储蓄机构和信用社等。存款机构与货币的创造活动相关，是货币金融学的主要研究对象。

**商业银行**（commercial banks）是存款机构中最重要的金融中介机构。商业银行可以通过发行活期存款、定期存款和储蓄存款等金融工具来获取资金，并利用这些资金发放各类贷款或投资于证券以获取收益等。

**储蓄和贷款协会**（S&Ls）是指通过吸收储蓄存款（通常称为股份）获取资金，然后用这部分资金发放住房抵押贷款的机构。储蓄银行是一种较为古老的金融机构，大多由互助性质的合作金融组织演变而来。互助性的储蓄银行就是存款人将资金存入银行，银行以优惠的形式向存款人提供贷款，这种组织形式在美国比较普遍。20 世纪 80 年代中期，我国分别在烟台和蚌埠成立住房储蓄银行，专门办理与房改配套的住房基金筹集、信贷、结算等政策性金融业务。但进入 20 世纪 90 年代，我国建立公积金制度后，住房储蓄银行的职能基本被住房公积金管理中心取代，原先的储蓄银行也随之改制为商业银行。

**信用合作社**（credit unions）简称信用社，是指由有共同利益或兴趣的特定群体（社员）集资联合组成，以互助为主要宗旨的合作金融组织。其资金来源主要为成员缴纳的股金和会员与非会员的存款，贷款主要用于解决其成员的资金需要。起初，信用合作社主要发放短期生产贷款和消费贷款。现在，一些资金充裕的信用社已开始为解决生产设备更新、改进技术等提供中、长期贷款，并逐步采取了以不动产或有价证券为担保的抵押贷款方式。在我国，按照地域不同，可分为农村信用合作社和城市信用合作社。在我国，国务院于 2003 年 6 月 27 日印发了《深化农村信用社改革试点方案》，新一轮农信社改革正式启动。2004 年 8 月，国务院决定将深化农村信用社改革试点扩大到另外 21 个省（区、市）。1995 年 2 月，中国人民银行成立城市合作银行领导小组，推动城信社向城商行改制的工作。2012 年 3 月 29 日，全国最后一家城市信用社——宁波象山县绿叶城市信用社，改制为城市商业银行，即宁波东海银行股份有限公司（简称宁波东海银行），标志着城市信用社正式退出历史舞台。

## 二、契约性金融机构

契约性金融机构，是指根据契约规定在一定期限内按期从合约一方手中获得资金，然后按照契约规定向其履行赔付或资金偿付的金融机构，主要包括保险公司和养老基金等。这类金融机构基本上能预测未来资金的偿付情况，资产的流动性对其而言不像对存款性金融机构那样重要。因此，它们的资金主要投资于公司债券、股票和抵押贷款等长期证券。

**保险公司**(insurance companies)是靠出售保单(保险契约)获取资金，将集中起来的资金投资于银行存款、政府债券、金融债券及证券投资基金等资产的金融机构。根据保险标的不同，可分为人寿保险公司和财产保险公司。

**养老基金**(pension funds)是一种用于支付退休收入的基金，是社会保障基金的一部分。养老基金通过发行基金股份或受益凭证，募集社会上的养老保险资金，委托专业基金管理机构用于产业投资、证券投资或其他项目的投资，以实现保值增值的目的。在我国，养老保险基金由国家、企业和劳动者共同负担，由社会保险事业中心筹集并管理。

## 三、投资性金融机构

投资性金融机构，是指在直接金融领域内为证券发行和交易、资产管理等业务提供服务的金融机构，主要包括投资银行、金融公司和基金公司等。

**投资银行**(investment banks)是与商业银行相对应的一类金融机构，主要从事证券发行、承销、交易、企业重组、兼并与收购、投资分析和咨询、风险投资、项目融资等业务的非银行金融机构，是资本市场上的主要金融中介。投资银行是在美国和欧洲大陆的称谓，在英国称之为商人银行，在我国和日本则称之为证券公司。

**金融公司**(finance companies)又称财务公司。这类机构是指主要靠发行债券、商业票据或从银行借款获取资金，然后提供资金给消费者用于购买汽车等耐用消费品，或提供资金给企业融集营运资本或购买设备，以中长期金融业务为主的非银行机构。中国的财务公司都是由企业集团内部集资组建的，其主要目的是为企业技术改造、新产品开发及产品销售提供金融服务。

**基金公司**(fund companies)是一种利益共享、风险共担的集合投资方式，通过发行基金单位(基金份额)，从投资者手中募集资金，从事股票、债券、外汇、短期票券等有价证券交易，以获得投资收益和资本增值。在美国，通称为共同基金(mutual funds)，除了证券投资外，也投资黄金(或其他贵重金属)、期货(futures)、期权(options)和房地产(real estate)等。

### 专栏 1-1

**2017 年中国金融机构发展情况**

截至 2017 年末，银行业金融机构资产总额 252 万亿元，同比增长 8.7%，增速比上年下降 7.1 个百分点；负债总额 233 万亿元，同比增长 8.4%，增速比上年下降 7.6 个百分点。2017 年以来，金融监管与去杠杆力度加大，银行业金融机构资产负债规模扩张趋缓。截至

2017 年末，金融机构本外币各项存款余额 169.3 万亿元，同比增长 8.8%，增速比上年末低 2.5 个百分点；金融机构本外币贷款余额 125.6 万亿元，同比增长 12.1%，增速比上年末低 0.7 个百分点。

2017 年末，全国共有证券公司 131 家，较上年末新增 2 家。其中，上市证券公司 29 家，新增 3 家。证券公司资产总额 6.14 万亿元，同比增长 6.02%。净资产总额 1.85 万亿元，净资本总额 1.58 万亿元，同比分别增长 12.36%和 7.48%，增速继续放缓。2017 年末，全国共有基金管理公司 113 家，较上年末新增 5 家。基金管理公司和其他 15 家具有公募牌照的资产管理机构共管理公募基金 11.6 万亿元，同比增长 26.64%。其中，股票型基金占比 6.55%，同比下降 1.16 个百分点；混合型基金占比 16.71%，同比下降 5.22 个百分点；债券型基金占比 12.63%，同比下降 2.93 个百分点；货币市场基金占比 58.07%，同比增加 11.3 个百分点。2017 年已登记私募基金管理人 22 446 家，管理私募基金 66 418 只；基金实缴规模 11.5 万亿元，同比增长 39.45%。

2017 年，保险业总资产达 16.75 万亿元，较年初增长 10.8%。其中，产险公司总资产 2.5 万亿元，较年初增长 5.28%；寿险公司总资产 13.2 万亿元，较年初增长 6.25%；再保险公司总资产 3 150 亿元，较年初增长 14.07%；资产管理公司总资产 491 亿元，较年初增长 15.28%。保险密度和保险深度分别为 2 631 元和 4.42%，较上年分别增加 393 元和 0.26 个百分点，但仍低于 2016 年的 638.3 美元和 6.28%的世界平均水平。目前，保险行业正处于防范化解风险攻坚期、多年积累深层次矛盾释放期和保险发展方式转型阵痛期的"三期叠加"阶段，相关风险值得关注。

资料来源：中国人民银行. 2018 年金融稳定报告[R].

**思考题：**

1. 金融中介机构可以分为哪几大类型？其中资产规模最大的是什么金融中介？
2. 你对这些金融中介的业务了解吗？
3. 2017 年发展最快的基金是什么？你接触过这样的基金吗？

---

## 第六节　金融体系的监管和宏观经济调控

### 一、金融体系的监管

在金融体系中承担主要监管功能的机构是中央银行。中央银行是国家赋予其制定和执行货币政策，维护物价稳定，对国民经济进行宏观调控，对金融机构乃至金融业进行监督管理的特殊的金融机构。中央银行是由政府组建或者在私人银行的基础上改组形成的机构，负责控制国家货币供给，监管金融体系，特别是商业银行和其他储蓄机构。同时也为政府筹集资金，代表政府参加国际金融组织和各种国际金融活动。

中央银行所从事的业务与其他金融机构所从事的业务的根本区别在于：中央银行所从事的业务不是为了营利，而是为保障金融体系的稳定运行，实现国家宏观经济目标服务。

20世纪80年代以前,大多数国家中央银行的主要职责是对商业银行的监管。中央银行作为金融监管的唯一主体,已无法适应新的金融格局。这是因为银行在金融体系中的传统作用正受到挑战,金融市场在经济发展中的作用越来越大,于是许多国家通过另设监管机构来监管越来越多的非银行金融机构,我国设立的银保监会、证监会等监管机构(详见专栏1-2的介绍),分别对银行业、证券业和保险业机构履行监管职能。从各国金融监管的实践来看,监管体制可分为四类:分业经营且分业监管,如法国和中国;分业经营而混业监管,如韩国;混业经营而分业监管,如美国和我国香港地区;混业经营且混业监管,如英国和日本等。是否由中央银行担当监管重任也有不同情形:有中央银行仍负责全面监管的;有中央银行只负责对银行业监管的;也有在中央银行外另设新机构,专司所有金融监管的。

### 专栏1-2

#### 我国的分业监管体制

1983年9月,国务院决定中国人民银行专门行使中央银行的职能,不再兼办工商信贷和储蓄业务,专门负责领导和管理全国的金融事业。《中国人民银行法》第4条规定了中国人民银行的职责:

(1) 发布与履行其职责有关的命令和规章;

(2) 依法制定和执行货币政策;

(3) 发行人民币,管理人民币流通;

(4) 监督管理银行间同业拆借市场和银行间债券市场;

(5) 实施外汇管理,监督管理银行间外汇市场;

(6) 监督管理黄金市场;

(7) 持有、管理、经营国家外汇储备、黄金储备;

(8) 经理国库;

(9) 维护支付、清算系统的正常运行;

(10) 指导、部署金融业反洗钱工作,负责反洗钱的资金监测。

1992年10月,国务院证券委员会(简称证券委)和中国证券监督管理委员会(简称证监会)同时成立。证券委由国务院14个部委的负责人组成,是中国证券业监管的最高领导机构,而证监会则是证券委的监管管理执行机构。1998年,国务院确定证监会是直属于国务院的正部级机构,是全国证券期货的主管部门。

1998年11月,中国保险监管管理委员会(简称保监会)成立,保监会也是直属于国务院的正部级单位,是全国保险业的主管部门,依法统一监督和管理保险市场。

2003年3月,第十届全国人民代表大会第一次会议批准国务院机构改革方案,决定成立中国银行业监督管理委员会(简称银监会)。同年4月28日,银监会正式挂牌成立,履行原有中国人民银行履行的审批、监督管理银行、金融资产管理公司、信托投资公司和其他存款类金融机构的职责。

2018年3月13日,国务院机构改革方案提请十三届全国人大一次会议审议。其中,方案提出，拟将中国银行业监督管理委员会（简称“银监会”）和中国保险监督管理委员会（简称“保监会”）的职责整合，组建中国银行保险监督管理委员会（简称“银保监会”），作为国务院直属事业单位于4月8日正式挂牌。

至此，形成了现在的银保监会和证监会组成的分业监管体制。

## 二、宏观经济调控

宏观经济调控是指国家或政府为了增进整个社会经济福利、改进国民经济的运行状况、达到一定的政策目标而有意识和有计划地运用一定的政策工具而制定的解决经济问题的指导原则和措施。国家宏观调控的政策目标一般包括充分就业、经济增长、物价稳定和国际收支平衡等。

宏观经济政策通常包括财政政策和货币政策，以及收入分配政策和对外经济政策。财政政策是指通过财政支出与税收政策的变动来影响和调节总需求。货币政策是指政府或中央银行为影响经济活动所采取的措施，尤指控制货币供给以及调控利率的各项措施。本书的最后部分将着重就货币政策对经济的影响展开论述。

## 本章小结

1. 金融市场是资金融通市场，是资金供求双方运用各种金融工具调节资金盈余的交易活动的总称。使用的金融工具通常是货币和各类证券（如股票和债券）。债券是一种固定收益证券，发行者承诺在未来对持有者进行预定的偿付；股票则是公司所有权的凭证，持有者具有对公司盈利的剩余索取权。

2. 金融市场的基本功能就是向居民、企业和政府提供资金的融通服务，将资金从收入大于支出的盈余者（储蓄者）手中转移到支出大于收入的短缺者（投资者）手中。可分为直接金融和间接金融。有效的金融市场能将资金从低效益的个人或部门转移到高效益的个人或部门，从而提高经济效益。同时，金融市场能让消费者合理地安排消费时机，并能实现风险的再分配，增加经济生活中每个人的经济福利。

3. 金融市场可以分为债务市场和股权市场，股权持有者拥有的是公司的所有权，而债权人拥有的是获得固定金额偿付的权利；一级市场是交易新发行的证券的市场，二级市场是对已经发行的证券进行买卖、转让和流通的市场；场内交易指的是交易集中在交易所实施，场外交易则在分散的地点进行交易。货币市场是交易融资期限在一年以下的短期债务工具的金融市场，资本市场是交易期限在一年以上的中长期债务工具和股权工具的金融市场。

4. 金融中介机构在金融体系中所处的地位非常重要。它们可以降低交易成本，解决信息不对称带来的逆向选择和道德风险问题，同时为投资者分散风险。

5. 根据从事的业务不同，可以将金融机构大致分为三类：存款性金融机构、契约性金融机构和投资性金融机构。

6. 为了保障金融体系的稳定运转，各个国家还会设置监管机构对金融市场进行监管，其中中央银行是最主要的监管机构。另外，政府还会使用财政政策和货币政策来对经济运行进行宏观调控。

## 关键术语

| | | | | |
|---|---|---|---|---|
| 股票 | 债券 | 直接金融 | 间接金融 | 分散投资 |
| 一级市场 | 二级市场 | 场内交易 | 场外交易 | 货币市场 |
| 资本市场 | 逆向选择 | 道德风险 | 财政政策 | 货币政策 |

## 思考题

1. 如果你怀疑一家公司可能在明年破产,相比较而言,你愿意持有这家公司的股票还是债券?为什么?
2. 当金融体系引导资金从储蓄者流向投资者的时候,谁能从中获益?
3. 如果你想将你的退休储蓄投资于某家公司的证券,你会选择股票还是债券?你会选择你工作过的公司吗?为什么?
4. 简述金融市场的主要功能。
5. 金融市场可以分为哪些市场?其划分的依据是什么?
6. 什么是逆向选择和道德风险?请举例说明。
7. 用两种方式解释金融中介机构有助于降低经济体中的交易成本。
8. 简述金融中介机构的主要作用,并指出有哪几种类型的金融机构。
9. 为什么金融市场对于经济的健康运行至关重要?

# 第二章
# 货　币

生活中，我们几乎每天会接触到货币。我们付出劳动获得收入，用钱去购买我们所需要的商品和服务。如果还有盈余，我们会把钱存入银行或购买其他证券。今天央行行长发表了什么言论？今后的货币政策会有怎样的变化？这些新闻或猜测又牵动着金融市场每一个专业投资者的神经。

那么货币究竟是什么？经济学家不会把“钱”用作货币的解释。这个经济社会为什么需要货币，它对经济发展有着什么样的作用？历史上货币形式有过哪些演变？现代的货币制度是怎样建立起来的，它是怎样被计量的？希望你能够在本章的内容里找到这些问题的答案。

## 第一节　货币与货币的职能

与人类在地球上漫长的生存历史相对比，货币出现在人类社会中的历史其实非常短。人们为什么需要货币？让我们先来对货币的基本职能做一些介绍。

### 一、交易媒介

人类社会发展到一定阶段，就会出现社会分工，一些特定的群体生产某些特定的产品。譬如，一些人专门狩猎，而有一些人专门从事狩猎工具的制作。毫无疑问，这样的社会分工能够提高社会的生产效率。由于各自从事的生产不一样，这就意味着人与人之间需要进行某些产品的交换。在没有货币之前，这样的交换是通过物物交换完成的，也就是用一种商品或服务直接去交换另一种商品或服务。假如一个猎人需要一把狩猎用的刀具，那他必须找到一位制作刀具的工匠，用他的猎物与对方交换。然而，要使这样的交易达成，还需要一个条件，那就是作为交易对方的工匠此刻正好也需要他的猎物。

在物物交换的条件下，达成交易的前提是：交易一方必须找到那些能够提供其所需要的商品或服务的交易者，而且对方也同样需要他所提供的商品或服务。这个条件我们把它叫作**“需求的双重耦合”**(double coincidence of wants)，即在时间和空间上达到一致的同时，双方的需求也要一致。在物物交换条件下，人们需要大量的时间和精力用于商品和服务的交换，这就意味着有很高的交易成本。

然而，随着社会分工的进一步细化，经济中有越来越多的商品和服务需要进行交换，这使得物物交换变得越来越困难。譬如,此刻我需要用我写的这本书来换取我所需要的食物,然而要找到一位刚好能够生产我所喜欢的食物同时又希望学习金融学的农夫是多么困难。

随着社会的发展,我们可以想象接下去的交换模式的出现是自然而然的。人们会把他们剩余的商品和服务先去交换成一类大家都普遍乐意接受的商品(如粮食、牲畜、贝壳或贵金属等),然后在某个时候再用这类商品去交换他所需要的商品或服务。久而久之,社会中就形成了这样的一种交易方式:人们把自己的剩余商品交换成这一类物品,然后用它去交换自身所需要的商品,货币就这样诞生了。有了货币充当交易过程中的媒介,交换也就不再受"需求的双重耦合"这样的条件限制,交易成本也就降低了。正是因为有了货币,社会分工不断地得以细化,专业化和劳动分工使得人类的生产技术不断地得以进步,经济效益不断地得以提升。

由此,我们也就明白了货币最基本的职能就是充当**交易媒介**(medium of exchange),这也是货币区别于其他资产的特征。经济学家也是这样来定义货币的:**货币**(money)是指任何一种在购买商品和服务的支付活动或者债务偿付的过程中被普遍接受的物品。

有了货币的概念,我们可以讨论一下货币与我们平常所说的"钱"之间的关系。当有人问你:"你带钱了吗?"你肯定明白他指的是现金,毫无疑问,现金肯定符合货币的定义。这里的"钱",经济学上把它称为通货(currency)——流通中的纸币或辅币。但仔细想一下,除了使用现金来支付外,还有没有其他的支付方式。事实上,生活中的许多支付并不使用现金。譬如,去百货商场购物,你可能会用银行发行的借记卡付款;但越来越多的消费者或商家更习惯于使用网络银行或者类似"支付宝"这样的第三方支付平台来进行结算;在大额交易中人们还会使用支票,更多的是银行电子转账来完成支付。正是因为银行提供的服务,我们在银行里的存款几乎与现金一样便利,可以用于支付,因此银行里的存款也是符合货币的定义的。其实相比较而言,一般家庭持有的现金远低于他们在银行的存款。所以,现金只是货币中的一小部分,用这样的"钱"来指代货币就显得过于狭隘了。

我们还会说"他很有钱"。这里的"钱"可能指他有大量的现金,当然更多的可能是其他资产,如债券、股票、房地产以及艺术品等。然而,房地产或艺术品用于日常支付的话,大部分人是不会接受的。因此,用这里的"钱"来指代货币,范畴又过于广泛了。正是因为如此,人们需要制定一个衡量货币供给量的标准。这点在后面的货币计量章节中会讨论。

## 二、计价单位

货币的另外一个重要功能是**计价单位**(unit of account),也就是使用货币来衡量商品和服务的价格、工资和财富的水平等经济运行过程中的价值。正如人们使用千克来衡量重量或者使用千米来衡量距离那样,货币是我们用来衡量各类资产价值的尺度。

为了更好地理解货币的价值尺度的重要性,让我们再次思考不存在货币的物物交换经济。如果经济中只有 3 种商品,如羊、面包和衣服,那么只需要 3 种价格就能把它们之间的价值关系表现出来:用羊表示的面包价格、用面包表示的衣服的价格,以及用羊表示的衣服的价格。如果在经济体中有 10 种商品,那么我们就需要 45 种价格来表示它们的价值关系(我们可以用高中数学中的组合问题来计算这个答案)。如果有 100 种商品,就需要知道 4 950 种价格。假设你生活在这种经济里,面对着成千上万的商品或服务,你该如何来比较它们之间的价值关系？在这样的经济里，单单把它们之间的价格关系表示出来就需要很高的成本，也会让我们在交换所需要的商品和服务时花费大量的时间和精力来对价格进行比较。因此，物物交换的经济无疑是交易成本高昂的经济。

但是有了货币之后，也就不存在这样的问题了。因为每一样商品和服务只需要用一个价格来表示，这将大大地降低交易成本。由此我们也能理解：生活在一个可度量的世界里，能够给我们的生活带来极大的便利。

为了用货币来衡量和比较各种商品的价值，货币本身也必须能够计量。因此，在技术上就需要规定一种固定的货币计量单位，也就是价格标准。在使用商品货币的时代，货币的计量与商品的自然计量单位是一致的，如头、匹、斤、两、磅等。在使用法定货币的今天，则完全使用了与自然单位脱离的单位名称，在我国就使用“元”来表示货币单位。

## 三、价值储藏手段

除了充当交易媒介和计价单位两个功能之外，货币还有一个重要功能就是**价值储藏**职能(store of value)。也就是说，人们可以把当期没有消费掉的商品和服务出售并换成货币，在需要的时候再去消费。这个功能非常有用，因为大部分人并不希望在获得收入的时候即刻消费，而更愿意在有时间或有需求的时候进行消费。在人们持有货币的过程中，货币就充当了价值储藏的手段。

当然，除了货币之外，任何债券、股票、房地产、艺术品或珠宝等资产都可以用于财富的储藏。用这些资产储藏财富在有些方面比货币更优。譬如，债券或股票可以带来利息或股息，房地产或艺术品的价格一般随时间也会升值，而且还会给人们提供诸如居住等各项服务功能。那么，人们为什么还会选择货币作为价值的储藏手段呢？

当人们选择货币之外的资产作为价值储藏手段时，就要面临这么一个问题：当我们需要消费时，就必须把这些资产先转化为货币。然而，当我们出售证券或房产时，不仅要花去一定的时间，还需要支付一定的佣金。如果你急着变现，可能还得被迫接受一个比较低的价格。也就是说，不同的资产转化为交易媒介从而实现购买力的难易程度和速度不一样。这个概念在经济学上称为**流动性**(liquidity)。因为货币本身就是交易媒介，所以货币是流动性最高的资产。这也是人们为什么选择货币作为价值储藏手段的原因。

货币在家庭的资产中占多大的比重，很多时候是与物价水平息息相关的。当物价水平上升时，同样数量的货币能够购买到的商品数量就减少了，也就是货币的购买力下降了。所以，在通货膨胀较高的时期，人们就会用货币以外的资产来储藏财富。在一些恶性通货膨胀(hyper inflation)的国家，人们甚至会选择用外国货币来充当交易媒介和储藏财富。

## 四、支付手段

支付手段是随着商品赊账买卖的产生而出现的。在赊销赊购中，货币被用来清偿债务。后来，它又被用来支付租金、利息、工资或缴纳赋税等。随着商品的发展，货币作为支付手段的职能也扩展到商品流通之外。货币作为支付手段，在购买商品或服务时，可以是分次交付的，在时间和空间上是可以分开的。人们可以先支付货币，后提供货物或服务；也可以先提供货物或服务，后支付货币。

货币的支付手段在两个方面对经济起着推动作用：一是扩大商品流通。在商品交易中，人们可以先购买商品，后支付货币，使商品生产和流通突破现货交易的限制，促进商品经济的发展。二是节约现金流通。货币借用其支付手段职能使信用关系得以形成，债权债务可以在到期时相互抵消和清算，债务人只需要支付债务余额，大大减少了现金的需要量。

货币作为支付手段，一方面使商品和服务交换出现赊购、赊销，这有利于商品经济的发展，但另一方面又在形式上加深了发生信用危机的可能性。

### 专栏 2-1

**战俘营的经济组织——香烟货币及价格波动(节选)**

被捕后，我们被关在意大利的中转集中营内两个星期，每周可收到 1/4 个红十字会物包。这时交易互换立马出现，且数量接着就成倍增长。交换起始于简单而直接的物物交换，比如一个不抽烟的人将他配给中的香烟，给一个抽烟的朋友换取巧克力。不久，更为复杂的交换就渐渐普遍被接受了。当时流传着这样一个故事：一位随军牧师，手里拿着 1 罐奶酪和 5 支香烟在集中营走了一圈，回来时竟然拿着一整个食物包以及最初拿的奶酪和香烟。这时的市场还远未完善。一两周内，随着交易量的上升，交换比价大致形成。原先锡克教徒用罐装牛肉进行交换，几乎可换到任何其他食物，现在他们坚持只交换果酱和人造黄油了。我们普遍认为，一罐果酱值半磅人造黄油加另外一些别的，而一包香烟与几盒巧克力等价，一罐腌渍的胡萝卜则几乎一文不值。

月末，当我们被押至此后固定的集中营时，各种商品的交易已十分活跃，比价也众人皆知，而无须再一个个换算交易，不再用糖报罐装牛肉的价，而是直接用香烟定价即可。香烟成了价值标准。在这个集中营里，犯人们开始穿梭于各个牢房，高喊着他们的报价——“奶酪七支烟”，包裹分发完的几个小时里到处喧闹不堪。这个不方便的方法，很快被每一牢房新出的交易和拍卖布告牌所取代。布告牌上写着名字、房间号、所需商品和所供商品。交易完成后，再在布告牌上画叉去除。交易记录的分开和半永久性使得价格人尽皆知，因此，虽然依旧存在着精明的交易者套利的机会，整个战俘营中的价格却是趋于统一。伴随着该制度的发展，每一个人(包括不抽烟的人)都愿意换取香烟，以期在另一时间和地点购买其他物品。物物交换虽从未消失，但香烟已经成为标准货币。

尽管香烟作为货币多少有些怪异，但它们却执行了金属货币的所有功能：作为计价单位、价值尺度和储藏手段，并具有金属货币的部分特征。香烟相当均一，也可长时间保存完好，散烟适合小额交易，而整包烟可用于大额交易。

作者：雷德福德，英国军官，曾参加第二次世界大战。1943 年被纳粹俘虏，被关入战俘营。

资料来源：豆丁网，www.docin.com.

**思考题：**

1. 人们需要货币是出于什么样的目的？

2. 文中的香烟在商品交换中有哪些主要功能?
3. 充当货币的商品应当具备哪些特征?

## 第二节　支付体系的演变

在给货币下定义的时候，我们依据的是货币能用来做什么，而不是货币是什么。货币是被人们用作交易媒介的。在人类历史上，有许多物品，从贝壳到黄金，甚至是茶砖等各种物品，都曾经充当过货币。

**支付体系**(payment system)是指经济运行过程中实施交易的方式，支付体系的演变历史也就是货币功能和体现形式的发展历史。从大约公元前2000年开始到近代，黄金等贵金属是主要的支付手段和货币体现方式。随后，纸币和支票等纸质货币成了主要的支付手段。在今天，脱离纸质载体的电子货币也已经广泛出现在支付体系中。

### 一、商品货币

**商品货币**(commodity money)是一种具有价值的商品，也就是它既是商品，同时又充当了交易媒介。在历史上的不同时期，各种商品，如牲畜、木头、布匹、贝壳等都充当过货币。但如果一种商品要长期充当货币，应该具备一些条件。首先，它应该易于分割，便于支付时找零，这种分割同时又不影响商品的使用价值。其次，它应该不易磨损变质，便于携带。最后，它的供给应该相对稳定，价值能够保持稳定。而金银之类的贵金属能满足上述条件。于是在人类货币史上，金属货币占据了很重要的地位。大约在公元前1000年，我国就出现了有着标准重量和成色的金属铸币。这种标准化的铸币使得交易更加方便，因为人们可以免去在交换时检验金属货币的成色和称重。

但金属货币在使用时还是有诸多的不便。这种货币过于沉重，不便于保管和运输，给交易带来额外的成本，尤其在远距离交易或大额交易中体现得更为明显。大约在公元1000年，我国北宋的四川地区出现了世界上最早的纸币——“交子”。这类纸币的发行者承诺纸币可以兑换成规定数量的铸币或贵金属，它的背后有商品货币的支撑。这与今天我们使用的纸币有本质的区别，我们把它称为**可兑换纸币**。不管是早期银行发行的银行券，还是100多年前的英镑和美元纸币，都可以到发行机构兑换成一定数量的贵金属，因此都属于可兑换纸币。

### 二、不兑换纸币

早期的可兑换纸币一般由私营银行发行，后来逐渐演变成由政府发行。纸币比铸币或贵金属轻便许多，金额的设置上也有更大的随意性。它的出现无疑使得商品交易和支付更加便捷，降低了交易成本，人们自然而然使用纸币替代商品货币用作支付手段。当人们习惯了使用可兑换纸币用于支付后，就很少会要求兑现它背后的商品。这使得政府发行的纸币远远超过了其商品能够支持的数量。一旦爆发战争之类的危机,政府就会中止纸币与金属货币的兑换。到了20世纪30年代,由于世界性的经济危机的爆发,西方各主要国家先后放弃了金本位和银本位,所发行的纸币无法再兑换成铸币或规定数量的贵金属。到20世纪70年代,随着布雷顿森林体系的崩溃,美元也最终停止了与黄金的兑换。于是,纸币就逐步演变成**不兑现纸币**,即政府用法律规定能够偿付债务并强制流通的货币(法偿货币)。

不兑现纸币已经演变成一种法律协议,所以国家能够以自身的意愿进行调整。不兑现纸币的背后失去了商品的支持,取而代之的是一个国家的信用。我们将这类以政府或银行的信用为基础发行的不兑现纸币、辅币或支票货币等统称为**信用货币**(credit money)。

纸币的出现并取代商品货币是商品交易发展自身的要求。但是把纸币作为支付手段还是有一些缺点,它容易被盗,在大额交易时使用大量的现金必然会产生高昂的保管和运输成本。随着现代银行业的发展,出现了一种新的支付工具——支票,它的出现解决了以上的问题。

## 三、支票

**支票**(checks)是银行存款客户向银行签发的无条件付款命令书,当支票持有者将支票存入其账户的时候,资金将从支票签发者的银行账户转移到支票持有者的银行账户,从而完成支付。支票一经背书即可流通转让,具有通货作用,成为替代货币发挥流通手段和支付手段职能的信用流通工具。这样,人们在银行里的存款就构成了以银行的信用为支撑的信用货币。通过吸收存款和发放贷款,银行体系为货币流通领域创造出了更多的信用货币。

支票可以让存款人在账户余额范围内签发任何金额,可以使人们无须携带大量现金就能进行交易支付活动,使得大额交易的支付更加便捷。同时,支票的出现也降低了现金失窃、丢失或损坏带来的风险。对银行来说,相互抵消的支付活动可以通过支票的冲销进行结算。总之,运用支票进行货币结算,不仅提高了支付体系的效率,还可以减少现金的流通量,节约货币流通费用。因此,使用支票可以降低交易成本,从而提高经济效益。

然而,即使是使用支票进行支付,还是会存在一些问题。支票的异地转移需要一定的时间,支票存入银行到获准使用该笔资金也有一定的时间间隔,这对急需使用资金的人而言显然有些不便。另外,银行在支票的防伪鉴定和结算方面也会带来额外的成本,支票存款给存款者带来便利的同时却不能获取银行利息。

## 四、电子货币与电子支付

随着计算机技术的快速发展和互联网技术的普及,通过智能终端和网络进行支付的方式越来越普遍。今天你只要通过电脑或手机等智能终端,登录银行开设的网站或者某个支付的中介平台,输入简单的指令,资金的支付或转账瞬间就完成了。在此过程中,你已经不需要用到纸币或支票这类以纸张作为载体的货币了。这种货币已没有物理形态,可以在互联网上或通过其他电子通信方式进行支付。这样的货币,我们把它称为**电子货币**(electronic money或e-money)。随着互联网的高速发展,这种电子支付方式已经越来越流行。

电子货币通常可以分为两种:一种是基于互联网网络环境使用的且将代表货币价值的二进制数据保管在微机终端硬盘内的电子现金,如人们经常使用的借记卡(debit card)。当我们在超市等地方进行消费时，我们只需在收银台的读卡器上刷一下卡，输入金额确认后，购物金额就会从我们的银行账户中自动扣除。假如我们的身边有一台能接入网络的电脑或移动终端(如智能手机)，那么很多时候我们无须刷卡，可以利用银行自身开设的网上平台，也可以把资金转到某个第三方支付平台(如支付宝)上完成各种支付。还有一种电子货币是将货币价值保存在IC卡内并可脱离银行支付系统流通的电子钱包，如各类超市使用的购物卡、在加油站给汽车加油的加油卡。如果你是一名大学生，那你在学校食堂用餐时用于支付的饭卡也是这一类电子货币。储值卡并不一定是卡片的形式，在日本这样的国家，人们还可以将储值卡下载到手机上，在读取器上方放置一下手机就能完成支付。

与以纸质货币为基础的支付体系相比，电子货币及电子支付方式的出现使得支付更加高效快捷，进一步降低了交易成本。人们甚至开始想象未来是否会过渡到一个没有现金的社会。但电子支付方式在安全性和保密性方面显然也存在一定的问题，这一切有待于技术的发展和法律制度的完善来解决。

## 专栏2-2

**拿比特币来支付？看过来，一家金融科技公司试图重新让黄金“货币化”！**

首先把时间倒回2013年11月底，当时比特币刚刚经历了史上最轰轰烈烈的11月，与黄金之间的负相关关系越发明显。比特币的交易价格在当时创下1 242美元的历史新高，黄金价格为每盎司1 241.98美元，比特币价格首次超过黄金。

在一些投资者对黄金作为保值工具的功能失去信心之下，比特币仿佛搭乘火箭，其涨势不断挑战着大家的神经。随后几年，比特币虽然经历剧烈震荡，但其价格却节节攀升。Markets Insider数据显示，比特币价格在21日一度突破8 200美元，再创历史新高。

黄金作为一种古老的货币曾经在历史上扮演了重要的角色，而且黄金是实体的金融资产，比特币却只存在于虚拟世界中，但这种虚拟资产却在一些地方成为支付手段。如何让黄金作为货币在数字时代重新焕发生机？这似乎是一些金融科技公司想要做的事。

据海外媒体报道，金融科技公司Glint推出了一款电子支付应用，通过这款App用户可以使用黄金作为支付媒介，购买商品或者服务。具体的操作方式是用户将App和一张Glint与万事达联合推出的银行卡绑定，然后向App的电子账户中充值，可以选择充值法定货币或者直接购买一定数量的黄金储存在账户中。在支付的时候，用户可以选择使用法定货币或是黄金。如果选择黄金支付，该App将即时将黄金兑换成法定货币，完成支付。

不过，用户持有的实物黄金将被储藏在伦敦金银市场协会位于瑞士的银行保险库里，Glint对用户按月收取一定量的保管费。值得注意的是，Glint曾获得多轮融资，早期投资者包括世界黄金协会前首席执行官Haruko Fukuda和前高盛亚洲资产管理董事长Oliver Bolitho。

虽然比特币行情火爆，但依然有不少人认为黄金的地位不可撼动。与比特币相比，黄金作为价值的存储媒介更为稳定，也是现存的流动性最强的资产，可以在任何地方把它兑换成现金，价值不受国界的约束。此外，根据世界黄金协会的数据，所有已开采黄金的总价值约为7.8万亿美元。相比之下，加密货币市场的总规模不到2 000亿美元。

的确，比特币的巨大波动性让其难以进入主流流通市场，而且还存在许多难以解决的问题，包括黑客盗窃。这不，提供以美元方式结算的比特币交易的公司Tether发表重要声明称，其系统被黑客入侵，储存的大约价值为3 095万美元的比特币交易令牌被盗窃。消息传出后，在21日，比特币价格一度大跌超过5%，触及7 799美元。

资料来源：吴家明.拿比特币来支付？看过来，一家金融科技公司试图重新让黄金“货币化”！[N].证券时报，2017年11月21日.

**思考题：**

1. 日常生活中你会使用哪些货币？在网络世界里你又曾使用过哪些货币？
2. 网络货币有哪些优点和缺点？
3. 你对未来货币形式的发展持什么样的看法？

## 第三节 流动性与货币计量

在前面我们定义货币的时候，一直围绕货币的职能来解释什么是货币。货币最重要的职能是充当交易媒介，是用于购买商品和服务支付活动的能够普遍被接受的物品。任何一种资产都可以是货币，只要人们相信使用它进行支付活动时能够被他人普遍接受。也就是说，货币的定义取决于人们的行为选择。从货币的演变历史过程中，我们也认识到货币不是一成不变的某种物品，它可以是黄金，也可以是纸币或支票，在今天还有大量无形的电子货币出现在人们的经济活动中。从这样的角度来看，我们无法具体确定当前有哪些资产属于货币。然而，从报纸等各种媒体上，我们还是不断地能看到关于当前货币供给数量的一些统计数据，货币供给量的变化无疑也会对经济活动产生各方面的影响，那么人们是怎样来对货币进行计量的呢？

### 一、流动性

在前面我们讨论为什么人们会选择货币作为价值储藏手段的时候就提到了“流动性”概念。所谓流动性，是指一种资产在不损失价值的前提下转换为现实购买力的能力。资产流动性的大小取决于两个方面：一是转换的便利程度，也就是转换为现实购买力所需要的时间或难易程度。也就是说，变现越容易的资产，流动性越高。二是转换的交易成本，即交易成本越大，资产的流动性越低。

由此，在其他条件相同的情况下，人们都喜欢流动性高的资产。反过来说，流动性高的资产也就越容易在交易中被人们普遍接受，这就是货币。货币当局和经济学家就是根据金融资产的流动性来给货币进行分类然后进行计量的。

## 二、货币计量

### (一) 货币供给总量的划分

每个月中央银行都会报告有关货币总量的数据，它衡量的就是货币供给。央行通常会给出两种不同总额的数据，分别称为 M1 和 M2。M1 通常称为狭义货币，它的统计口径主要由通货和活期存款构成。**通货**(currency)也就是流通中的现金，是指非银行的居民或企业单位持有的纸币和硬币，不包括商业银行的库存现金。**活期存款**(demand deposits)是指可以开具支票的存款类别。我们日常生活中经常提到的“活期存款”指的是在商业银行等储蓄机构里的不定期储蓄存款，这两者的概念不同。M1 中的资产代表了现实购买力，也是流动性最强的资产，主要包括通货和活期存款。M2 通常称为广义货币，它的统计口径是在狭义货币 M1 的基础上加上流动性稍弱的特定资产——主要是银行储蓄存款和定期存款。储蓄存款是指在任何时间都能增加或减少存款余额的非交易型存款。定期存款是指只有在特定日期提取存款才免受惩罚性利息的银行存款。这两类存款经过一段时间或花费一定成本也能够转化为现金或支票存款，流动性比现实购买力稍差，可看作潜在的购买力。因此，国际货币基金组织(IMF)称其为“准货币”。IMF 对货币供给量的划分口径如下：

**M0＝流通于银行体系以外的现金(通货)**

**M1＝通货＋活期存款(私人活期存款、企业活期存款、邮政划汇)**

**M2＝M1＋储蓄存款＋定期存款＋政府短期债券**

事实上，关于货币供给量的层次划分并无定论，某些国家还会把其他各种流动性更弱的金融资产纳入货币供给的统计口径中，由此还会有统计口径更广泛的货币层次 M3 和 M4。另外，随着支付技术和金融市场的不断发展，各类金融资产的流动性也在发生变化。譬如，随着电子支付技术的普及，储蓄存款的流动性已经明显得到了提升，甚至已经比支票支付更加便捷；还有诸如零售货币市场共同基金份额之类的新型金融工具的出现，使得个人能够像使用储蓄存款那样使用货币市场共同基金份额来结算支付。就像早前的经济学家比较关注 M1 数据的变化，而近十多年来他们越来越关注 M2 数据了。

### (二) 中国的货币供给量的划分

我国中央银行即中国人民银行从 1994 年开始公布我国的货币供给量的数据。其间，2001 年、2002 年和 2011 年分别对纳入不同层次货币供给量的资产进行了调整。目前的划分如下：

**M0＝流通中的现金**

**M1＝M0＋企业活期存款＋机关团体存款＋农村存款＋个人持有的信用类存款**

**M2＝M1＋城乡居民储蓄存款＋企业存款中具有定期性质的存款＋外币存款＋**
**信托类存款＋证券客户保证金＋住房公积金中心存款＋**
**非存款类金融机构在存款类金融机构的存款**

**M3＝M2＋金融债券＋商业票据＋大额可转让存单等**

**表 2-1　中国的货币供给存量**　　2019 年 2 月(单位：亿元)

| | |
|---|---|
| 流通中的货币(M0)Currency in Circulation | 79 484.72 |
| 货币(M1)Money | 527 190.48 |
| 货币和准货币(M2)Money&Quasi money | 1 867 427.45 |

资料来源：中国人民银行.

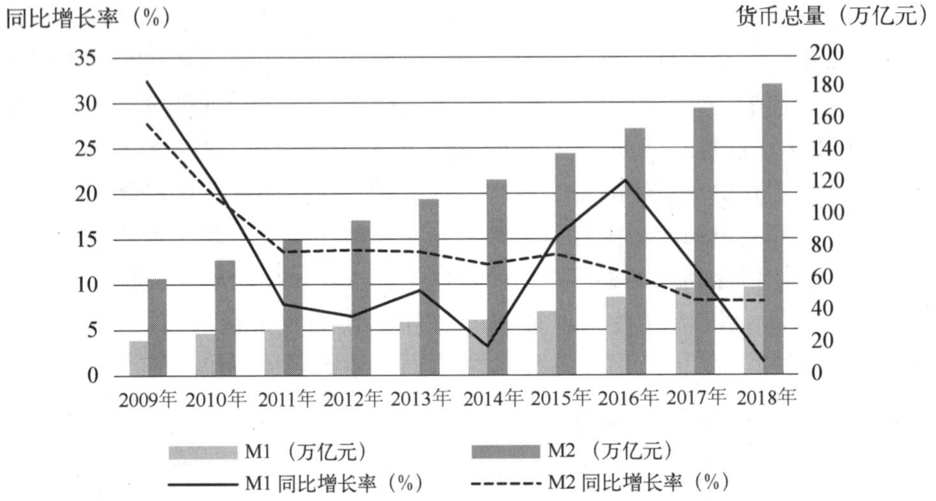


资料来源：中国人民银行.

**图 2-1　2009～2018 年货币总量 M1 和 M2 的变动情况**

## 专栏 2-3

### 世界主要发达国家货币层次的划分及其依据

货币层次的划分不是从来都有的，部分发达国家从 20 世纪 60 年代开始才划分货币层次。而划分的目的主要是便于中央银行控制货币供给，而且在划分的标准的问题上，各国经济学者都有不同的见解和说法。

要讨论货币层次的问题，首先必须弄明白货币的范围。在很多国家的货币统计指标中，货币的范畴不仅囊括流通中的纸币和辅币，而且包括银行存款，甚至包括有价证券和电子货币等。一般情况下，银行存款、有价证券等，与货币定义颇为相似但又被排除在货币定义之外，均称为准货币，而通货只是货币的一部分。可见货币包含的范围很大、很广，因此货币可以划分为许多层次。

关于货币层次的划分，各国有各自的划分标准，而且同一国家在不同时期的货币层次划分方法也可能有差别。基本的思路是按照货币的流动性来划分。

货币的流动性在大部分西方经济学家眼里实质上就是货币的变现能力。根据大部分西方经济学家对货币层次的归纳，一般情况下货币可分为以下几个层次：

**M1＝现金＋活期存款**

**M2＝M1＋在银行的储蓄存款＋在银行的定期存款**

**M3＝M2＋各种非银行金融机构的存款**

**M4＝M3＋金融机构以外的所有短期金融工具**

以上只是一般情况，具体到每个国家是不完全相同的。例如，有些国家只是简单地划分为M1(狭义货币量)和M2(广义货币量)。但某些大经济体，如美国、欧盟和日本等，对货币的划分却复杂很多。

1. 美国对货币层次的划分

目前，美国对货币层次的划分大致如下：

**M1＝通货＋活期存款＋其他支票存款**

**M2＝M1＋小额定期存款＋储蓄存款＋货币市场存款账户＋货币市场基金份额(非机构所有)＋隔日回购协议＋隔日欧洲美元＋合并调整**

**M3＝M2＋大面额定期存款＋货币市场基金份额(机构所有)＋定期回购协议定期欧洲美元＋合并调整**

**L＝M3＋短期财政部证券＋商业票据＋储蓄债券＋银行承兑票据**

2. 欧盟对货币层次的划分

欧盟在货币层次划分方面，相对美国有很大的差别。欧洲中央银行将货币分为狭义货币、中间货币和广义货币三个层次，具体划分如下：

**M1＝流通中现金＋隔夜存款**

**M2＝M1＋期限为两年以内的定期存款＋通知期限三个月以内的通知存款**

**M3＝M2＋回购协议＋货币市场基金(MMF)＋货币市场票据＋期限为两年以内的债券**

3. 日本对货币层次的划分

日本现行的货币层次划分为：

**M1＝现金＋活期存款**

**M2＋CD＝M1＋准货币＋可转让存单**

**M3＋CD＝M2＋CD＋邮政、农协、渔协、信用合作和劳动金库的存款以及货币信托和贷方信托存款**

此外，还有广义流动性等于“M3＋CD”加回购协议债券、金融债券、国家债券、投资信托和外国债券。

资料来源：百度百科，http://baike.baidu.com/view/2568060.htm.

## 本章小结

1. 货币是指任何一种在购买商品和服务的支付活动或者债务偿付的过程中被普遍接受的物品。货币具有四种重要的功能：交易媒介、计价单位、价值储藏手段和支付手段。作为交换商品和服务的一种手段，货币可以解决物物交换经济中存在的“需求的双重耦合”问题,从而降低了交易成本、促进了专业化和劳动分工的发展;作为计价单位,货币提供了衡量价值的统一标准,进一步降低了交易成本;货币还可以作为价值储藏工具,因为它是流动性最强的资产,尽管通货膨胀会削弱它的购买力;支付手段是随着商品赊账买卖的产生而出现的,在赊销赊购中,货币被用来清偿债务。

2. 支付体系是指经济运行过程中实施交易的方式,支付体系的演变历史也就是货币功能和体现形式的发展历史。商品货币既是商品,同时又充当了交易媒介,在货币史上,黄金等贵金属是主要的支付手段;随后出现了可兑换纸币,这类纸币的发行者承诺纸币可以兑换成规定数量的铸币或贵金属;在近代,以政府或银行的信用为基础发行的不兑现纸币以及支票等纸质货币成了主要的支付手段;当今,我们正在向电子支付系统发展,它脱离了纸质载体,通过计算机来完成支付。支付体系总是在朝着不断降低交易成本的方向发展。

3. 货币的计量可以根据资产的流动性划分为多种口径,在不同的国家有不同的统计口径,较为常用的是M1和M2。M1通常称为狭义货币,它的统计口径主要由通货和活期存款构成;M2通常称为广义货币,它的统计口径是在狭义货币M1的基础上加上流动性稍弱的特定资产——主要是银行储蓄存款和定期存款。两个指标之间既有联系也有差别,其运动趋势也不尽相同。

## 关键术语

| | | | | |
|---|---|---|---|---|
| 货币 | 物物交换 | 交易媒介 | 计价单位 | 价值储藏 |
| 流动性 | 商品货币 | 可兑换纸币 | 不兑现纸币 | 支票 |
| 电子货币 | 通货 | M1 | M2 | |

## 思考题

1. 为什么在古希腊,黄金比酒作为货币更合适?

2. 简述货币的本质和主要职能。

3. 恶性通货膨胀期间的货币通常被比喻为“烫手的山芋”,人们都急于出手而不愿意持有,为什么?货币的价值与价格水平之间是什么样的关系?

4. 将下列资产按流动性从高到低进行排列:

A. 通货　B. 定期存款　C. 股票　D. 住宅
E. 活期存款　F. 黄金

5. 下列资产分别包含在哪种货币供给量的计量指标(M1或M2)中?

A. 通货　B. 外币存款　C. 储蓄存款　D. 可开具支票的存款

6. 解释下面各种现象的出现对M1数量的影响:

(1) 借记卡的出现;
(2) 自动取款机的出现;
(3) 网上支付(如支付宝)的出现;
(4) 债券的利率上升。

# 第三章
# 利息与利率

对于利息，我们都不陌生，将钱存入银行会收到利息，向别人借钱后除了偿还本金外，一般还需要支付一定的利息，这一切似乎是理所当然的。在金融市场中，资金从那些拥有闲置资金的人手中转移到资金短缺的人手中，而利息就是这一借贷关系中借入资金的人支付给出让资金者的报酬。换句话说，这是借入资金的人应该支付的使用资金的成本。而出让资金者失去了使用资金进行当期消费或用于再生产获得收益的机会，同时还需要承担有可能发生的违约风险。所以，利息是储蓄者让渡资本使用权而索要的补偿。这种补偿由两部分组成：一是对机会成本的补偿，资金供给者将资金贷给借款人使用，也就失去了现在使用资金的机会，因此需要得到补偿；二是对违约风险的补偿，如果借款者的投资失败将导致其无法偿还本息，由此而给资金贷出者带来的风险，也需要由借款人给予补偿。

生活中，我们经常会听到各种各样的关于利率的讨论，如余额宝的 7 日年化收益率 4.18％、一年期贷款基准利率 6％、上海银行隔夜同业拆借利率 3.05％，这些利率代表什么含义？如何精确衡量资金借贷的成本或产生的收益？而利率水平的高低又会如何影响企业的借贷或是百姓的储蓄消费？准确理解利率的含义对我们理解各种经济活动非常有帮助。本章将重点解决这些问题。

## 第一节　利息与利率

### 一、利息和利率

具体来说，利息(interest)是指在信用关系中借款人(债务人)因使用了借入货币或资本而支付给贷款人(债权人)的报酬。因此，利息是借贷资本的增值额或使用借贷资本的代价，对于货币所有者来说，利息是其让渡资金使用权而应该获得的报酬；对于货币借入者来说，利息则是其取得资金使用权而应当付出的代价。

利率(interest rate)是一定时期内利息额同其相应本金的比率。利率是一种重要的经济杠杆，它对宏观经济运行和微观经济运行都有重要作用。

### 二、利率的分类

#### (一) 名义利率与实际利率

按照反映的实际收益水平，利率可分为名义利率和实际利率。

**名义利率**(nominal interest rate),是借贷过程中反映货币数量增长的比率,即不考虑物价上涨对利息收入影响时的利率。通常我们所说的利率指的就是名义利率。

**实际利率**(real interest rate)是根据物价水平(或通货膨胀)的预期变动进行相应调整的利率,实际利率更为准确地反映了真实借款成本。

我们可以举一个例子来说明名义利率与实际利率之间的关系。假如今天的面包是1元钱1个,银行的存款年利率是3%,一年后同样的面包价格上涨了2%,那么我们存在银行的1元钱在一年后可以购买的面包数量就是(1+3%)/(1+2%),比一年前增加了[(1+3%)/(1+2%)-1]个。银行的存款利率反映了我们货币数量的增长率,这也就是所谓的名义利率;而这个面包数量增加的比率可以看成我们实际财富的增长比率,可以把它理解为实际利率。

名义利率与实际利率之间的关系体现在著名的费雪方程中。如果表明名义利率为$i$,实际利率为$i_r$,预期通货膨胀率为$\pi^e$,那么:

$$1+i=(1+i_r)(1+\pi^e)\approx 1+i_r+\pi^e \tag{3-1}$$

我们也可以说,实际利率等于名义利率减去预期通货膨胀率:

$$i_r=i-\pi^e \tag{3-2}$$

**[例3-1]** 如果在1年内,名义利率为3%,预期的通货膨胀率是4%,那么实际利率是多少?

实际利率=3%-4%=-1%

虽然在年末现金数量增加了3%,但购买商品的价格多出了4%,因此,年末实际购买的商品减少了1%。

在这种情况下,对于资金借贷的双方来说,借款人更愿意借入资金来使用。因为在该年年末,按照不变的产品和服务来衡量,他需要偿还的金额反而减少了1%。因此,我们得出结论,实际利率越低,借款人借入资金的动力就越大,贷款人贷出资金的动力就越小。实际利率反映了真实的借款成本。

### (二) 基准利率与一般利率

按作用的大小与地位的不同,利率可分为基准利率与一般利率。

基准利率是金融市场上具有普遍参照作用、对整个利率体系的变动起主导作用的利率,其他利率水平或金融资产的价格均可根据基准利率水平来确定。这里的“其他利率”就是一般利率。

基准利率必须具备以下几个特征:

**1. 市场化**

基准利率必须是由市场供求关系决定的。只有市场机制才能形成无风险利率,也只有市场机制中市场化的无风险利率,其变化才能引导其他利率变化。

**2. 基础主导性**

基准利率在整个利率体系中处于基础性地位。

**3. 关联性**

基准利率所反映的市场供求状况能有效传递到其他金融市场和金融产品的价格上，因此它与其他利率或金融资产的价格具有较强的关联性。

### （三）固定利率与浮动利率

按借贷期内利率是否发生调整变化，可分为固定利率和浮动利率。

固定利率是指在整个借贷期内，由借贷双方事先约定的利率不因资金供求状况或其他因素的变化而变化，维持固定不变。

浮动利率是指在借贷期限内利率随着市场利率或其他因素的变化而进行相应调整。根据借贷双方的协定，由一方在规定的时间依据某种市场利率进行调整，一般调整期为半年。

### （四）官定利率与市场利率

按照决定方式，利率可分为官定利率和市场利率。

由一国货币管理当局或者中央银行根据国家经济发展和金融市场需要所确定的利率，通常被称为官定利率或官方利率，也称法定利率或管制利率，各金融机构必须执行，是国家为实现政策目标采取的一种经济手段。官定利率一般包括由中央银行统一规定的存、贷款利率，国债利率，法定存款准备金利率和再贷款利率等。

市场利率是由货币资金的供求关系来决定的，并随着市场供求关系的变化而变化。它反映的是不受非市场因素干预调整的结果。在市场机制发挥作用的情况下，由于自由竞争，信贷资金的供求会逐渐趋于平衡，经济学家将这种状态的市场利率称为“均衡利率”。

# 第二节　利息和收益率的计算以及现值与终值的运用

## 一、利息的基本计算方法

常用的利息的计算方法分为单利法和复利法两种。

### （一）单利法

单利法（simple interest method）是指在每一个计算利息的时间单位里（如年、季、月、日等），均以最初投入的本金（principal，$P$），按规定的利率（$i$）计息，这是一种上一期所产生的利息并不加入下一期的本金之中的计算利息的方法。单利法的特点是对利息不再付息，没有充分考虑到资金的时间价值。因此，单利法的利息计算相对比较简单，其计算公式为：

$$I_n = P \times i \times n \tag{3-3}$$

式中，$I_n$ 为 $n$ 期利息额，$P$ 为本金，$i$ 为利率，$n$ 为借贷期限。

**［例 3-2］**　如果银行发放一笔年利率为 10%，金额为 10 000 元的贷款，3 年产生的利息

是多少(以单利计算)?

$I = P \times i \times n = 10\,000 \times 10\% \times 3 = 3\,000$(元)

根据利息计算公式,我们可以得出用单利法计算 $n$ 期本利和($S$)的公式:

$$S = P + I_n = P + P \times i \times n = P(1 + i \times n) \tag{3-4}$$

在我国,银行存款和许多债券的利息计算是采用这种方法。

### (二) 复利法

复利法又称利滚利,是指按一定期限(如一年或一季)将一期所生利息加入本金后再计算下期利息,逐期滚算直至借贷期满的一种计息方法。复利法中,本金随着期限延长是逐渐增加的,更能反映利息的本质,同时充分体现资金的时间价值,所以更适于计算中长期借贷利息。

按此定义,我们可以得出各年的本利和。

第一年年末本利和为:$P(1+i)$

第二年年末本利和为:$P(1+i)(1+i) = P(1+i)^2$

……

第 $n$ 年年末本利和为:$P(1+i)^n$

**[例 3-3]** 如果银行发放一笔年利率为 10%,金额为 10 000 元的贷款,3 年产生的本息和是多少(以复利计算)?

$I = P \times (1+r)^n = 10\,000 \times (1+10\%)^3 = 13\,310$(元)

## 二、终值与现值

拥有金融资产在未来都会产生现金流的收入。譬如持有债券,其间可以获得利息收入,到期时还有本金的偿还收入。因此,要评估某项资产的价值,就需要确认这些现金流的价值。在这样做的过程中,有一个关键性的原则:这些收入的价值不仅仅取决于金额的大小,还应该与收到的时间相关,即使金额相同,但如果收到的时间不同,其价值也是不同的。

今天的 1 元钱比明天的 1 元钱更值钱,因为我们可以把这 1 元钱存入银行,然后获得利息。如何衡量 1 年之后或是 $N$ 年之后的 1 元钱的价值,我们需要引入“终值”的概念。

### (一) 终值

终值(future value,FV)是指现在的一笔资金或一系列收付款项按既定的利率计算所得到的在未来某个时点的价值,也就是本金和利息之和。通常情况下,终值都是按照复利法来计算的。

假如银行的存款年利率为 $i$,今天的 1 元钱一年后会增长到$(1+i)$元,两年后则会增长到$(1+i)^2$元,以此类推,在 $n$ 年后会增长到$(1+i)^n$元,由此我们可以得出:

今天的 1 元 = $n$ 年后的$(1+i)^n$元

终值的一般计算公式可以表述为:

$$FV_n = PV(1+i)^n \tag{3-5}$$

式中，$FV_n$ 为第 $n$ 年年末的本利和，即以复利计算的 $n$ 年年末终值，$PV$ 为初始本金即现值。

在复利终值公式中，$(1+i)^n$ 称为一次性收付款项的复利终值系数（future value interest factor），一般用符号 $(F/P, i, n)$ 表示。因此，一次性收付款项的终值即为其复利终值系数和初始本金的乘积：$FV_n = PV(F/P, i, n)$。

### （二）现值

清楚了今天的 1 元钱在未来的价值后，反过来可以去考虑未来的 1 元钱在今天的价值。从式(3-5)中，我们可以很简单地得出：

$$n\text{ 年后的 1 元} = \text{今天的}\frac{1}{(1+i)^n}\text{元}$$

现值(present value，PV)是指未来的一笔资金或一系列收付款项按既定的利率计算所得到的现在的价值，即由终值倒求现值，也称为贴现，所使用的利率又称作贴现率。其计算公式为：

$$PV = \frac{FV_n}{(1+i)^n} \tag{3-6}$$

式中，$PV$ 为现值，$FV_n$ 为净现金流终值，$i$ 为贴现率，$n$ 为贴现期数，$1/(1+i)^n$ 为一次性收付款项的贴现系数（present value interest factor），也称作复利现值系数，一般用符号 $(P/F, i, n)$ 表示。

式(3-6)还有一层关键的含义，也就是当贴现率(利率)上升时，未来现金流的现值会下降。任何一项资产在今天的价值，理论上可以看作是该资产未来产生的现金流在今天的现值和。所以，利率的上升往往带来的是资产价格的下跌。

### 专栏 3-1

**余额宝取消限购，但其年化收益率已普遍低于 3%**

天弘基金发布公告称，2019 年 4 月 10 日起取消天弘余额宝货币市场基金个人交易账户限额和限购。即从当日起，购买余额宝不再限制单日买入 2 万元以下、账户最高持有 10 万元以下。

天弘基金为余额宝背后的基金公司主体，管理约 70 只基金（包括 A、B 等类），其中规模最大的是天弘余额宝，2018 年年底规模为 1.13 万亿元，占总规模的八成以上。而天弘余额宝则是余额宝平台上的其中一只基金。

在取消限购之前，截至 2018 年底，天弘余额宝 2018 年的整体规模已降至 1.13 万亿元，较 2018 年一季末的峰值降幅达 33%。而其 7 天年化收益率普遍低于 3%，其中天弘余额宝的收益率更低，为 2.31%，几乎垫底。

上海证券基金评价研究中心分析师田慕慧认为，此次余额宝放宽限购，可能是出于以下四个方面的考量：

一是经过一段时间的调整，余额宝或已满足风险准备金监管要求；

二是其他货币基金在接入余额宝后，规模快速增长，余额宝不再是一家独大，对于整个金融市场的系统性风险也有所缓解；

三是收益的下行也降低了货币基金的吸引力，在一定程度上可能也是余额宝规模下降的原因，基金公司出于市场压力取消了限购；

四是天弘基金对于流动性风险控制已较有把握。

余额宝本质上是货币基金，通过聚集用户闲置的资金，存入想获得资金的银行，银行可以用这笔资金再投资风险较小的短期国债、银行承兑汇票等短期理财产品获得收益。在这个过程中，支付宝的资金规模越庞大，协议利率越高——某种程度上也决定了用户存入余额宝的利率。

4%～6.9%年化收益率的余额宝，2017 年因增长过快、规模巨大而引起监管关注。2017 年 6 月，余额宝已经吸收超过 1.4 万亿人民币资金，超过了招商银行的储蓄。2017 年 9 月证监会发布了《对投资基金流动性的风险管理规定》，要求加强对开放式基金流动性风险的管控，余额宝就是其中最大的一个。

为解决单只基金规模增长压力和单只基金集中度过高的问题，余额宝开始限购和接入其他基金。2017 年 5 月开始至今，余额宝经历了 4 次限购调整，限购额度从 100 万一直下调直至 2 万元，并从 2018 年 2 月 1 日开始，余额宝设置了每日申购总量，每天 9 点起发售，当天购完为止。随后开始接入其他基金，至今包括天保余额宝、中欧滚钱宝、诺安天天宝 A 等在内共有 13 只基金。用户在买入余额宝时，买到的基金是按收益率高低自动排序的基金。对用户来说，买到的还是最高收益率的那只基金，但天弘基金不再获得全部用户。

在此期间，由于货币市场流动性充裕，上海银行间同业拆放利率(Shibor)持续走低，与其挂钩的基金收益率一路下跌，货币基金的收益在各类理财中并不占优势，7 天年化收益率普遍在 3%左右。包括天弘余额宝在内的数十只基金，整体收益率在 3%上下浮动，与其他货币基金相比不再有竞争力。但用户购买余额宝的主要目的可能也不仅是理财收益，一般为其"零钱钱包"。从天弘基金披露的数据来看，2018 年天弘余额宝新增客户 1.14 亿户，整体客户数达到 5.88 亿户，但户均持有份额由 3 329.57 元降至 1 924.83 元。

现在，可收益的"闲置零钱"更多作为支付市场的竞争模式，2018 年微信上线了与余额宝功能相似的零钱通。行业机构此前给出的支付工具市场份额数据基本为支付宝、微信合计占据 90%以上的市场份额，大致分布是支付宝 55%、微信 40%、其他 5%。

资料来源：好奇心日报，http://www.qdaily.com/articles/62826.html.

**思考题：**

1. 假如余额宝的年化收益率为 3%，这代表了什么含义？
2. 与银行存款相比，余额宝的收益如何？你会选择余额宝作为理财方式吗？
3. 根据上述资料，分析余额宝的收益水平受哪些因素影响。

# 第三节 到期收益率

我们以**息票债券**(coupon bond)为例,来研究到期收益率的计算。息票债券在到期日之前,每年(或每半年)向债券持有人支付定额的利息,到期日再偿还事先规定的债券面值即本金。例如,5 年期的面值为 1 000 元的票面利率为 8%的息票债券,每年需向债券持有人支付 80 元(1 000×8%)的利息,到期日再向债券持有人偿还 1 000 元的面值。

那么假如现在有一债券面值为 100 元,期限为 3 年,每年的息票利息是 5 元,而这一债券目前的市场价格是 95 元。与某银行理财产品 5.4%的年化收益率相比,谁的利率更高呢?

**到期收益率**(yield to maturity,YTM),指的是使债务工具所有未来收益的现值与其今天的价值相等的利率,也被经济学家视为衡量利率的最精确的指标。

根据这一定义,我们来计算一下刚才这一债券的到期收益率。持有这一债券到期所能获得的收益包括每年的息票利息 5 元,共 3 年,以及第 3 年年末收到的本金 100 元。计算所有未来收益的现值,即一系列的支付的现值之和:

$$PV=\frac{5}{(1+i)^1}+\frac{5}{(1+i)^2}+\frac{105}{(1+i)^3}$$

目前这一债券的价格为 95 元,即 $PV=95$:

$$95=\frac{5}{(1+i)^1}+\frac{5}{(1+i)^2}+\frac{105}{(1+i)^3}$$

利用金融计算器或者 Excel 表格,我们可以计算出收益率 $i=6.9\%$,即持有这一债券到其到期日,能够获得的年化收益率为 6.9%,这一收益高于银行理财产品 5.4%的年化收益率。

因此,我们可以得出到期收益率的计算公式:

$$\boldsymbol{PV=\frac{C}{(1+i)^1}+\frac{C}{(1+i)^2}+\cdots+\frac{F}{(1+i)^n}} \tag{3-7}$$

其中,$PV$ 为债券的现价,$C$ 为每年的息票利息,$F$ 为债券的面值,$n$ 为距离到期日的年数。在这个计算公式中,现值、息票利息、面值、距离到期日的年数都是已知的,只有到期收益率是未知数,因此我们可以求解出这一公式中的到期收益率。我们需要借助金融计算器或者电脑来完成这一计算。

**[例 3-4]** 求解息票利率为 10%、面值为 1 000 元、到期收益率为 12.25%、期限为 8 年的债券的价格。

$n$=距离到期年限=8

$F$=债券面值=1 000(元)

$i$=年利率=12.25%

$C=PMT$=年息票利息=1 000×10%=100(元)

根据式(3-7),得到债券的价格为 889.20 元。

考察到期收益率的公式我们不难发现,如果息票债券的价格等于它的面值,那么到期收益率就等于票面利率。从另外一个角度也可以解释这一现象,如果我们把100元存入银行5年,银行存款年利率为5%,那么我们每年可以取出5元(100×5%)的利息,到了第五年年末可以取出100元的本金。这就与票面利率为5%、面值是100元的息票债券所产生的现金流是一样的,每年产生5元的利息,第五年年末收回100元本金,而这一债券的初始价格为100元。因此,如果息票债券出售价格等于面值,那它的到期收益率与票面利率必然相等。观察公式我们还可以发现,到期收益率与债券价格呈负相关关系,即到期收益率上升,债券价格下跌;到期收益率下降,债券价格上升。

有一种特殊的息票债券,没有到期日,不必偿还本金,这种债券被称为**永续债券**或者**统一债券**,永续债券的价格计算十分简单,即:

$$P_c = \frac{C}{i_c} \tag{3-8}$$

其中,$P_c$ 为永续债券的价格,$C$ 为年息票利息,$i_c$ 为永续债券的到期收益率。

**[例3-5]** 如果债券的价格为250元,永久地每年支付12.5元的利息,它的到期收益率是多少?

$i_c = \frac{C}{P_c} = \frac{12.5}{250} = 0.1 = 10\%$

这一公式不仅可以计算永续债券的到期收益率,还可以近似地估算长期息票债券的到期收益率。如果是长期债券,它在二三十年之后支付的本金和利息折现到当前时刻的价值会非常低,因此我们可以忽略不计,那么长期债券所形成的现金流就与永续债券是相似的,因此我们可以用永续债券的价格计算公式来估算长期息票债券的价格。$i_c$,即年息票利息除以债券价格,也被称为**当期收益率**(current yield),经常被用来作为长期债券利率的近似值。

## 第四节 回报率

我们刚才讲到了到期收益率,到期收益率强调的是持有这项资产到其到期日所产生的收益,那么很多时候,我们可能由于资金的需要,会在持有期内出售资产,那么这时你获得的回报率就不等于到期收益率,我们将这种情况下的收益率称为回报率。

**回报率**(return rate)才是衡量持有者在特定时间段持有某种有价证券所获得的收益的指标。那么持有者在这一特定时间段会获得两个方面的报酬:利息收入加上**资本利得**(capital gain)。利息收入是指在持有证券的这段时间,如持有股票的期间,你可能会获得现金股利,如果持有债券,你可能会获得息票利息,这部分利息收入我们用 $X$ 表示。资本利得则是指所持证券在这段时间的价格变动给持有者带来的收益,当然也有可能是损失,那我们称它为资本损失,这一部分资本利得或损失我们用$(P_1-P_0)$表示,$P_0$ 表示证券的初始价格，$P_1$ 表示证券出售时的价格。因此，在出售证券时你持有这一证券获得的总收益等于 $X+(P_1-P_0)$，那么在这段时间你所获得的收益率就等于总收益除以你购买证券的初始价格，我们称之为回报率 $R$，即：

$$R=\frac{(P_1-P_0)+X}{P_0} \tag{3-9}$$

**［例 3-6］** 你购买了某一债券，其价格从 90 元下跌到 75 元，在持有的这段时间你获得了 5 元的利息，那你的回报率是多少？

$R=[(75-90)+5]\div 90\times 100\%=-11.11\%$

从这个例子中，我们会发现，当价格下跌得足够大时，你的回报率会成为负值。因此，如果不是持有债券到它的到期日，我们不仅仅要关注获得的息票利息有多少，更重要的是要关注债券价格的涨跌，这才在更大程度上决定了回报率的高低。而利率的上升会导致债券价格的下跌，因此带来资产回报率的下降，我们将其称为**利率风险**(interest rate risk)。如果持有债券到它的到期日，这是不存在利率风险的。期限越长的债券，其价格波动受利率影响的程度就越大。

**［例 3-7］** 你购买了一只股票，初始价格是 56 元，持有的这段时间获得了 3 元股利，如果在 60 元价位时你将这只股票出售，回报率是多少？

$R=[(60-56)+3]\div 56\times 100\%=12.5\%$

## 专栏 3-2

### 负利率时代

所谓"负利率"，是指在某些经济情况下，存款利率(常指一年期定期存款的利率)小于同期 CPI 的上涨幅度。这时，居民的银行存款随着时间的推移，购买力逐渐降低，看起来就好像在"缩水"一样，故被形象地称为负利率。

2003 年前 8 个月我国居民消费价格总水平同比持续小幅增长，但从 9 月份开始快速上升，持续到 1 月份，物价指数同比增幅已达 3.2%。银行一年期存款利率仍然控制在 1.98%，考虑到 20%的利息税和物价上涨因素，实际利率为－1.616%。从理论上讲，负利率时代将引领中国进入理财多元化，银行里的 11 万亿元存款将解放到资本市场或者其他领域。但事实是，负利率及其连锁反应，并没有动摇工薪阶层的储蓄习惯。据分析，群众存钱主要是为孩子教育、防病防灾等。股市、基金、债券三大投资方式 2003 年的表现不尽如人意也证明了这一点。有人认为"负利率时代"如果持续下去并且金融市场的诚信规则能够更好地被执行，个人投资意识将慢慢苏醒。但另一种观点认为，如果今后负利率绝对值过大的话，央行将提高存款利率，那时中国的"负利率时代"就将结束。

2010 年 8 月份 CPI 同比上涨 3.5%，创 22 个月来新高。与此同时，银行一年期存款利率为 2.25%。居民一年期定期存款实际贬值达 1.25%。这意味着长期下来，居民一万元存款，一年后实际缩水超过 125 元。

简单的解释就是：比如你在2010年可以用100元买的东西，这时，银行存款利率为2.25%；而你在2011年，买那个物品要103.25元，这时，负利率就是1%。

2008年经济危机开始后，央行不断地下调存贷款利率来刺激经济，人民币存贷款利率连续五次下调：2008年9月16日、10月8日、10月29日、11月27日、12月23日。百日之内连续四次降息，历史罕见。其中，一年期存款利率从4.14%大幅调低至2.25%，而贷款利率越来越低，让越来越多的货币在市场上流动。另一方面，我国多年以来都超发货币。广义货币余额(M2)同比增长19.2%，增幅比上月提高1.6个百分点，8月人民币贷款增加5 452亿元，也超出市场预期，所以通胀是显而易见的。

中国的利率低是一个长期的现象，并不是突然有之。从历史上看，在1990年9月～2010年8月这240个月中，约有80个月出现了负利率现象，也就是说，在20年间，出现负利率的机会是33.3%。这是因为压低实际利率甚至纵容实际利率为负恰恰是中国金融体制支撑经济增长的一个关键要素。在低利率之下，银行信贷数量极大，从而大大地刺激了投资，拉动了经济。但是，这样的经济增长模式有着诸多隐患，例如，资产泡沫膨胀、环境污染、资源消耗恶劣、贫富分化加剧，经济未来增长空间受到严重压缩。

资料来源：百度百科(节选)https://baike.baidu.com/item/负利率时代/9977314.

**思考题：**

1. 为什么我们可以判断出央行降息后，实际利率为负值？
2. 实际利率为负值，对社会中的各种经济活动，如居民储蓄、企业投资等有何影响？

---

## 本章小结

1. 利息是借贷关系中借款人(债务人)支付给贷款人(债权人)的报酬。

2. 到期收益率是使债务工具所有未来收益的现值与其今天的价值相等的利率，是衡量利率最精确的指标。

3. 债券价格与利率是负向相关的：当利率上升时，债券价格下跌；当利率下降时，债券价格上升。

4. 回报率是指在持有证券的这段时间所获得的利息收入加上资本利得与证券初始价格的比值。回报率可能与以到期收益率衡量的利率相差很大。

5. 实际利率是名义利率减去预期通货膨胀率，与名义利率相比，实际利率能更好地衡量借款和贷款动力。

## 关键术语

| | | | | |
|---|---|---|---|---|
| 到期收益率 | 现值 | 终值 | 息票债券 | 票面利率 |
| 永续债券 | 当期收益率 | 实际利率 | 名义利率 | 回报率 |
| 利率风险 | | | | |

## 思考题

1. 当利率分别为5%和10%时,明天的100元在哪种情况下比今天的价值更高?

2. 如果利率为8%,一种债券在未来的3年时间分别向你支付1 000元、1 100元和1 200元,那么这种债券的现值是多少?

3. 一张20年期的息票债券,利率为10%,面值为1 000元,出售价格为2 000元。请写出该债券到期收益率的计算公式。

4. 假定某种债券的面值是100元,每年的息票利息是4元,期限为5年,并且价格是90元,写出该债券的到期收益率的计算公式。利用Excel表格或金融计算器计算到期收益率。假定在一年之后,债券价格从90元下跌到了85元,则债券在这一年的回报率是多少?

5. 如果住房贷款的利率从5%上升到10%,但是预期住宅价格将上涨7%,人们是否更愿意购买住宅?

6. 一笔100万元的普通贷款,要求5年后偿还200万元,其到期收益率是多少?

7. 如果债券的价格为2 000元,永久地每年支付100元利息,它的到期收益率是多少?

8. 年利息为70元,售价为700元的永续公债的到期收益率是多少?当期收益率是多少?解释永续公债的到期收益率与当期收益率之间的联系。

# 第四章
# 利率理论

金融市场是资金流通的场所，在这个市场中，资源配置的对象是资金，因此利率是衡量资金使用的价格水平的指标，而利率水平的高低同样也会决定资金流通的走向。因此，我们有必要研究利率水平到底是怎样决定的，有哪些因素会使它发生变化，均衡利率是如何形成的。在这之后，我们还要研究各种不同利率之间的联系。在现实经济生活中，利率的种类是千差万别的。如政府发行的债券，根据时间的长短，就能够分为短期债券、中期债券和长期债券，它们所对应的利率水平都是不相同的。因此，进一步分析利率的结构也是十分必要的。

## 第一节　债券市场的需求与供给

利率是资金的价格，是借款人使用贷款人的资金而支付给贷款人的报酬。经济学家通常认为，价格是由供给和需求决定的。在借贷市场上也是如此，利率是由资金的供给和需求决定的。借贷资金的市场各种多样，借贷工具也是形式多样。这一节我们以债券市场为例，来说明债券市场的供需是如何决定利率的，这些影响利率的因素在其他借贷市场上同样也是成立的。在上一章我们得到一个重要的事实：在债券市场中，债券的价格与利率负相关。一旦债券的价格确定了，利率水平也就被确定了。因此，在本节中通过分析债券市场的供给和需求来了解市场中的利率水平是如何决定的。

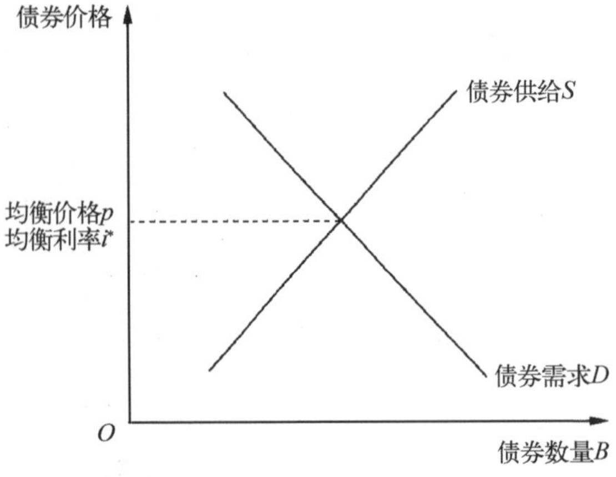


**图 4－1　债券市场的供给与需求**

### 一、债券的需求曲线与供给曲线

在分析债券的需求曲线时，我们假设除了债券价格和利率之外，所有的经济变量保持不变。当债券的利率即预期回报率逐渐增高时，相对于其他金融资产，我们不难判断，对债券的需求是会逐渐增加的。而债券的利率即预期回报率与债券的价格负相关，因此在图 4－1 中(横轴表示债券的数量，竖轴表示债券的价格)，债券的需求曲线是向下倾斜的，即在其他变量不变的情况下，债券的价格越低(相对应的，即债券的利率越高),对债券的需求量就越大。

同样,我们假设所有其他的经济变量保持不变,来分析债券的供给曲线。我们知道债券是政府或公司筹集资金的手段之一,因此当利率降低时,政府和公司更愿意通过发行债券的方式来筹集资金,因为这样可以降低筹集资金的成本,使市场中债券的供给水平增加。因此,债券的供给曲线是向上倾斜的,也就是在其他条件不变的情况下,随着债券价格的上升(即债券利率水平的下降),债券的供给数量也随之增加。

在经济学中,当市场的供给与需求趋于一致时,市场达到均衡状态。同样,在债券市场上,当债券的供给数量与需求的数量达到一致时,就实现了市场均衡,在这一均衡状态下的市场价格,就称为**均衡价格**,由于债券的价格对应了特定水平的利率,两者呈负相关关系,因此这一均衡价格同时对应了**均衡利率**。而这一均衡利率将如何变动,除了债券的价格和利率之外有哪些因素会引起债券需求量和供给量的变动,即需求曲线和供给曲线的位移,形成一个新的均衡利率水平,我们在下面的内容中接着分析。

## 二、影响债券需求的因素

债券的需求受四大因素的影响,这四大因素都会引起债券需求曲线的位移,以下将逐一分析。

### (一) 财富

当人们手中拥有的财富越多,可以自由支配的资金也就越多,也就可以用更多的自由支配资金来购买债券。因此,在其他因素不变的情况下,财富越多,对债券的需求量也就越大。也就是说,财富增加,债券需求曲线向右移动,如图 4－2(a)所示。

### (二) 预期回报率

投资者总是希望能够获得更高的回报,因此在其他条件不变的情况下,某一资产相对于其他资产的预期回报率越高,投资者对其的需求就越大。我们将从两个方面来考察预期回报率对债券需求产生的影响。

**1. 预期利率**

投资者一旦购买了债券,则他们的未来收益就被确定了,因为他们所能获得的利息水平由购买债券时的票面利率所决定。因此,当人们预期未来利率会上涨时,他们不会倾向于购买债券,因为这样会减少未来的潜在收益,相对而言债券的预期回报率就会下降。因此,当预期未来利率上涨时,对债券的需求减少,会导致债券的需求曲线向左移动,如图 4－2(b)所示。如果其他资产的预期回报率上升,也会影响债券的需求。当股票或房地产的预期回报率上升时,人们更愿意将资金投放到股票市场或房地产市场,因此,对债券的需求就会减少,从而导致需求曲线向左移动。

**2. 预期通货膨胀率**

同样,当人们预测到未来的通货膨胀率较高时,由于债券的收益是固定的,高通货膨胀率会因价格上涨而降低货币购买力,从而降低它的实际回报率,即预期通货膨胀率的上升降低了债券的预期回报率,会导致债券需求下降,债券需求曲线向左移动。

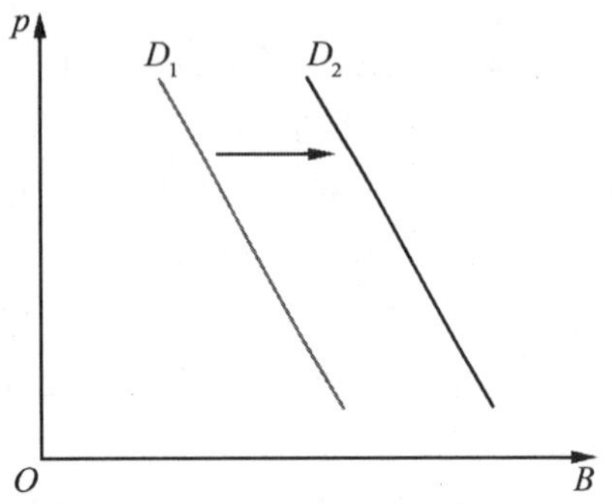


**图 4-2(a) 债券需求曲线向右移动**

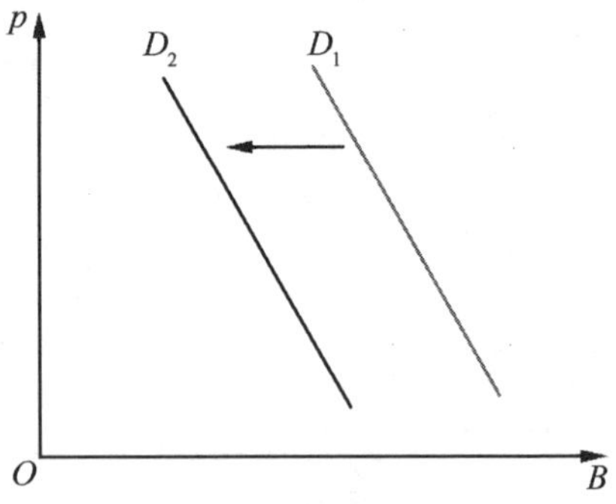


**图 4-2(b) 债券需求曲线向左移动**

#### (三) 风险

我们都知道投资者是理性的,在相同收益的情况下,会选择风险最小的投资产品,因此当投资产品风险增加时,对这一投资产品的需求必然减少。同样,如果债券市场的价格波动性增加,债券的风险即增加,那么投资者对债券的需求必然减少,即债券风险的增加会导致债券需求的下降,需求曲线向左移动。

#### (四) 流动性

投资产品的流动性也会影响投资者的需求,当投资者急需将资产转化成现金时,流动性越强,则变现越容易,损失的金额就越少。因此,在其他因素不变的情况下,债券的流动性越强,对债券的需求越高,债券需求曲线向右移动。

### 三、影响债券供给的因素

#### (一) 预期回报率

以下将从两个方面来考察预期回报率对债券供给的影响。

**1. 预期营利性**

当社会经济处在上升期时,进行公司的扩张、加大生产的投入都会带来比较理想的回报,因此公司会更愿意筹集资金进行这些投资,那么债券的供给就会增加,即在经济周期的扩张阶段,债券供给就会增加,供给曲线向右移动,如图 4-3(a)所示;反之,在经济衰退阶段,债券供给就会减少,供给曲线向左移动,如图 4-3(b)所示。

**2. 预期通货膨胀率**

对于通过发行债券筹集资金的债券发行人来说,预期通货膨胀率的上升能够降低其实际的借款成本,因此预期通胀率的上升会增加债券供给,推动债券供给曲线向右移动。

#### (二) 政府预算

当政府的支出大于收入时,会出现财政赤字,这时政府也有通过发行债券进行资金筹集的需求。因此,当政府财政赤字扩大时,就会倾向于发行更多的债券,即政府赤字越大,债券的供给量越大,债券供给曲线向右移动。

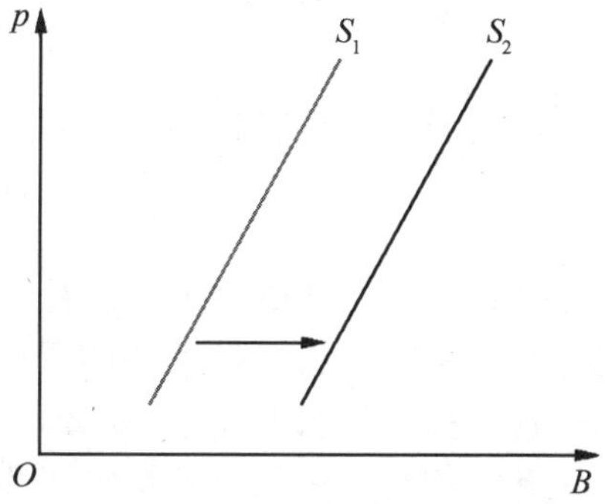


图 4-3(a) 债券供给曲线向右移动

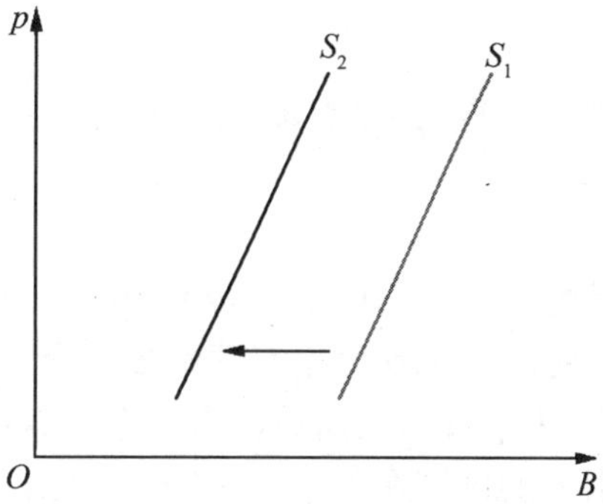


图 4-3(b) 债券供给曲线向左移动

## 专栏 4-1

### 费雪效应

经济学家欧文·费雪第一个明确指出了预期通货膨胀率与利率之间的联系：预期通货膨胀率的上升会引起利率的上升。我们通过分析债券市场的供给与需求变化来验证这两者之间的关系。

我们已经分别讨论过预期通货膨胀率的变化会给债券市场的供给与需求带来怎样的影响。如图 4-4 所示，当预期通货膨胀率上升时，由于实际借款成本的下降，债券的供给会增加，即债券供给曲线向右移动，从 $S_1$ 移至 $S_2$。而此时，由于债券所提供的预期回报率的下降，债券的需求会减少，需求曲线向左移动，即从 $D_1$ 移至 $D_2$，均衡点从 $P_1$ 移动至 $P_2$，均衡债券的价格从 $P_1$ 下降到 $P_2$，均衡利率随之上升。因此，很多经济学家认为，如果想要维持低水平的利率，那就应当将通货膨胀率控制在较低的水平上。

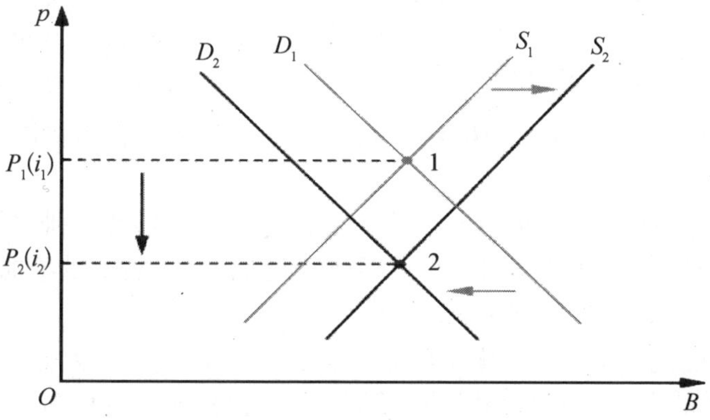


图 4-4 预期通货膨胀率变动的影响

## 第二节　流动性偏好理论：货币市场的供给与需求

流动性偏好理论(liquidity preference theory)认为，名义利率是由货币的供给和货币的需求所决定的。流动性偏好理论的一个重要的关键假设是：只存在两种类型的资产——货币和债券，人们拥有的所有财富只会以其中一种形式被持有，要么持有货币，要么购买债券。这两种财富的区别在于，货币是流动性最强的资产，因此人们可以用货币直接购买所需的物资或服务，而债券不可以。而相对于持有货币的零回报，持有债券的好处是能够获得收益，而这一收益水平就是市场中的利率水平。由于经济中的财富总量等于货币总量加上债券总量之和，因此当货币市场处于均衡时，债券市场同样处于均衡。随着利率水平的上升，由于持有货币的收益率为零，货币相对于债券的回报率下降，就会导致货币需求减少。

**货币供给**是指经济中的货币总量，它由中央银行控制。美国的中央银行是联邦储备体系，中国的中央银行是中国人民银行。出于当前我们分析的目的，我们假定中央银行以一种简单的方式控制着货币供给，那么央行增加货币供给会推动货币供给曲线向右位移。

刚才我们已经假设，只存在两种资产——货币和债券。那人们会如何决定是持有债券还是货币呢？**货币需求**就是人们选择以货币形式保有的财富数量。虽然货币的流动性很强，随时能购买物品或服务，但如果持有过多的货币，会牺牲持有债券带来的潜在收益。因此，当债券提供的回报越高，也就是债券的利率越高时，人们会越倾向于减少货币的持有转而购买债券。因此我们可以得出结论：利率越高，货币需求越少。如图 4－5 所示，货币需求是一条向下倾斜的曲线：更高的利率会减少货币需求量。而无论利率如何变动，货币供给始终固定在中央银行所选择的某一水平上。这意味着货币供给是无弹性的，是垂直于横轴的一条直线。**均衡名义利率**即是货币供给曲线和货币需求曲线的交点所对应的利率水平。

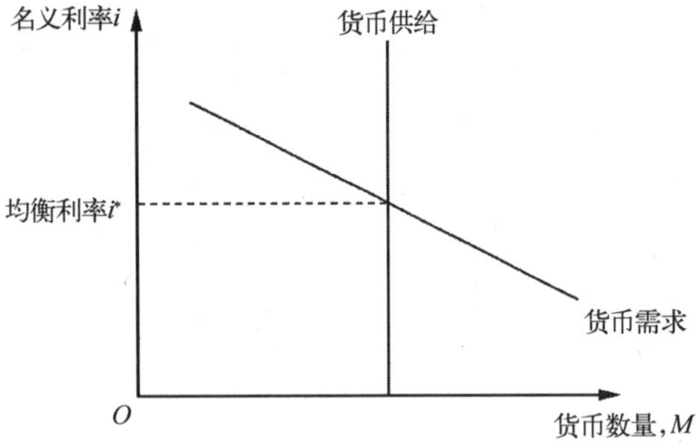

**图 4－5　货币市场的供给与需求**

在流动性偏好理论中，货币供给和货币需求的变动会引起均衡利率的改变。前面我们已经分析过货币供给完全由央行控制，当货币供给增加时，即货币供给曲线向右平移，均衡名义利率也会随之下降，如图 4－6 所示。

而货币需求会受到收入和价格水平的影响。随着经济扩张与收入增加，财富增长，人们愿意持有更多的货币，同时愿意利用货币进行更多的交易，于是货币需求增加会推动货币需求曲线向右移动，均衡利率随之上升，如图 4－7 所示。同样，当物价水平上升，货币价值降低时，人们会希望持有更多货币来满足购买需求。因此，物价水平的上升会导致货币需求增加，推动需求曲线向右位移。

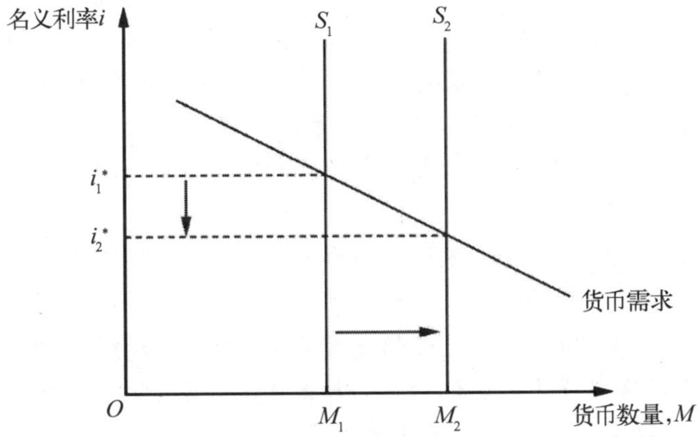


**图 4-6 货币供给增加引起名义利率的变化**

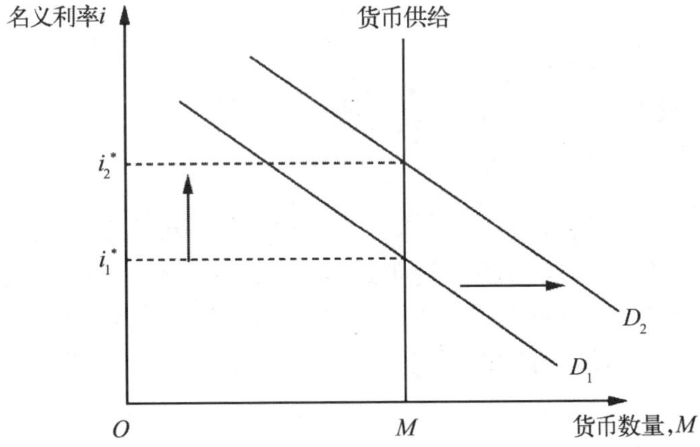


**图 4-7 货币需求增加引起名义利率的变化**

## 专栏 4-2

### 全球量化宽松货币政策对债券市场的影响

量化宽松(quantitative easing,QE)是近年来一些经济体在传统货币政策失灵时使用的创新型货币政策工具。实施该政策时，一般通过向金融机构和非金融机构购买金融资产的方式，向经济体注入流动性，以实现对经济的扩张性推动作用。2000 年后，日本、美国、英国、欧洲央行分别实施了量化宽松政策，对国内经济的刺激效果不一，但对债券收益率产生的影响较为明显。

截至目前，美国的量化宽松政策在全球范围内最典型、力度最大、效果相对比较明显。从 2007 年 8 月开始，美联储连续十次降息，隔夜拆借利率由 5.25%降至 0～0.25%，继续调低的空间十分有限。

在政策初期，由于市场对经济增速和通货膨胀回升的预期较弱，加之量化宽松向金融体系注入大量流动性,导致债券市场的资金供给突然放大,对债券的需求随之迅速增加。在此情况下,尽管国债和高等级信用债的收益率水平很低,但在经济形势不明朗的情况下,这些债券的避险功能得以凸显,这也是量化宽松初期债券收益率一路走低的重要原因。

在每次宽松政策出台后,不论是长期债券还是短期债券,收益率都有较为明显的下行。但一段时间后,长期债券的收益率会有较为明显的反弹。这是因为,当宽松进行到一定阶段,经济和通货膨胀形势开始向好,市场对政策退出的预期开始增强,进而对未来资金面的悲观情绪也开始回升,导致长期债券的收益率先开始回升。而短期债券更多受宽松资金面的引导,收益率回升不明显。

资料来源:姚秋,刘聪.全球量化宽松对债券市场的影响(节选)[J].银行家,2013(3).

**思考题:**

1. 美国政府为什么在2007年8月开始选择实施量化宽松的货币政策?
2. 通过债券市场的需求与供给理论,分析为什么量化宽松的货币政策使得利率水平降低。
3. 了解近年来其他国家的量化宽松货币政策。

## 第三节　利率的风险结构和期限结构

在前文分析中,我们把利率看成一个单一的利率,以便于理解。但在债券市场上,我们会观察到各式各样的利率,如具有相同期限的债券由于发行人不同,其收益率会有很大差异。而且,随着时间变化,不同到期期限的,即便由同一发行人发行的债券,其收益率也不同。因此,我们将分析利率波动的根源和原因。

### 一、利率的风险结构

期限相同的各债券利率之间的联系,我们称为**利率的风险结构**(risk structure of interest rate)。利率的风险结构受以下一些因素的影响:

#### (一)违约风险

债券由政府或公司发行,目的是筹集资金,而债券的发行人可能无法按照约定时间还本付息,因此投资者购买债券就会面临**违约风险**(default risk)。而不同的发行人其违约的可能性也不同,因此,各种债券的违约风险不同,导致利率之间存在差异。违约风险越大,对投资者的吸引力就越小,而发行人就必须通过支付更高的利息来吸引投资者。因此,违约风险较高的债券发行人会支付更高的利率。

国家政府往往通过发行债券的方式来弥补财政预算赤字,这类以政府信用为支持发行的债券被称为**国债**。不同国家的违约风险也存在很大差异。美国政府发行的国债几乎不会违约,因此美国政府债券被认为没有违约风险,市场上通常把美国短期国债——国库券所支付的利率当作无风险利率(risk free rate)的最佳参照标准。

我们可以借助**信用评级公司**(credit rating agencies),如穆迪投资者服务公司、标准普尔公司与惠誉评级公司这类债券评级机构给出的评级,来了解各个国家违约风险的大小。这些公司研究不同国家的政治和经济形势,并对政府违约的可能性做出评估。

公司发行的债券往往被认为其违约风险高于政府发行的债券,公司的偿债能力完全取决于公司经营的好坏,而政府可以借助征税甚至发行货币来避免违约。由于公司与公司之间的差异很大,因此公司债券的利率差异也非常大。投资者也可以借助信用评级机构来了解公司所发行债券的违约风险高低。

### (二) 流动性

债券的流动性各不相同,而流动性是指资产转变成现金的难易程度,因此投资者也非常重视所持有债券的流动性,因为他们可能需要在一些紧急情况下将债券出售以获得现金。因此,流动性越强的债券,越受投资者青睐。在其他条件相同的情况下,流动性越高的债券,利率越低。政府债券的流动性要好于公司债券。公司债券所支付的利率比政府债券要高,违约风险是其中的一个原因,另一个原因即为流动性。

### (三) 税收

为了提高某些债券的吸引力,债券发行人会通过免税的方式提高投资人的实际收益。比如美国的市政债券,它的利息支付是可以免缴联邦所得税的。我们举个简单的例子来说明。比如,国债的收益率是10%,但你面临35%的所得税税率,那么扣除税收之后,你的实际收益是6.5%;而市政债券的收益率为8%,低于国债,但它免缴所得税,那么它的实际收益依然为8%,高于国债的实际收益率6.5%。税收的差异会吸引投资者去购买此类债券,虽然此类债券的违约风险要稍高一些,但是其所支付的利率会比美国政府债券还要低。

## 二、利率的期限结构

期限,是距离到期的时间(time to maturity)的另一种说法。期限也是影响债券利率水平高低的另一重要因素。具有相同风险、流动性及税收待遇的债券,其利率随剩余到期日的时间长短而不同,这就是**利率的期限结构**(term structure of interest rates)。把期限不同,但风险、流动性都相同的债券的收益率连成一条曲线,这条曲线被称为**收益率曲线**(yield curve)。它是用来刻画债券的期限与利率之间关系的曲线,横轴为债券的期限,纵轴为债券的利率。常见的收益率曲线有三种可能的形状:水平的收益率曲线代表各种期限的债券利率相同,向上倾斜的收益率曲线则代表期限越长的债券利率越高,向下倾斜的收益率曲线则代表期限越短的债券利率越高(如图4-8所示)。

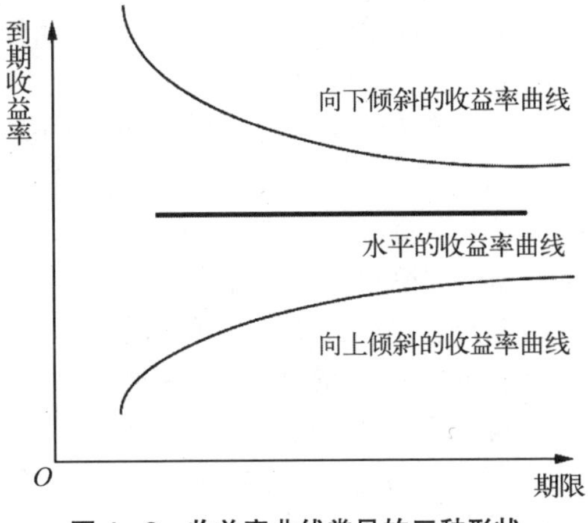

**图4-8 收益率曲线常见的三种形状**

通常的利率期限结构理论除了要回答收益

率曲线为何在不同的时点有不同的形状外，还要解释下列三个重要的经验事实：

事实1：不同到期期限的债券的利率总是随时间一起波动。

事实2：短期利率低，收益率曲线向上倾斜；长期利率低，收益率曲线向下倾斜。

事实3：收益率曲线几乎总是向上倾斜的。

### (一) 预期理论

**预期理论**(expectations theory)认为，长期债券的利率等于在其有效期内人们所预期的短期利率的平均值。预期理论关键的前提假定是，不同期限的证券间具有完全替代性，即投资者对于不同到期期限的债券没有特别的偏好。因此，投资者选择某种债券完全取决于该债券预期收益率的高低。

我们通过比较下面两种投资策略来理解预期理论：

(1) 购买1年期债券，当1年后到期时，再购买另一个1年期债券；

(2) 直接购买2年期债券，并持有至到期。

假如债券发行人同时发行1年期和2年期的债券，这两种投资策略所获得的回报就必须相等，否则投资者只会选择提供更高回报的债券方案。那么，较低回报的债券不得不提高自己的利率，最终会使不同期限的利息支付达到相等状态。即，假定目前1年期债券的利率为9%，预期下一年的1年期债券的利率会达到11%。如果采取第一种策略，即购买2个1年期债券，这两年，每年的预期回报率平均为(9%+11%)÷2=10%(简化算法)，因此，只有当2年期债券的年预期回报率等于10%时，市场利率才会达到均衡状态，而这个2年期长期债券的利率即等于两个1年期短期利率的平均值。

这一逻辑推理可以从只包括1年期和2年期债券的情形推广到包含更长期限的债券的情形。即 $n$ 期债券的利率等于当前的1年期债券的利率与未来的($n-1$)期的1年期债券利率的平均数，而投资者在当下并不知道未来的($n-1$)期的1年期债券的确切的利率水平，但是他们会对未来的利率做出理性预期。用公式表示为：

$$i_{nt}=\frac{i_t+i_{t+1}+i_{t+2}+i_{t+n-1}}{n} \tag{4-1}$$

用一个简单的数例可以更好地说明预期理论。如果预期在接下来的5年时间，1年期利率分别为2%、3%、4%、5%、6%，那么2年期利率应当等于(2%+3%)÷2=2.5%，5年期利率应当等于(2%+3%+4%+5%+6%)÷5=4%，同样可得，1～5年期的长期利率分别为2%、2.5%、3%、3.5%、4%。从这个例子也可以看出，预期短期利率的上升会使得收益率曲线向上倾斜，且期限越长，利率越高。

预期理论很好地解释了事实1，由于长期利率是未来短期利率预期的平均值，短期利率的上升会提高长期利率，短期利率和长期利率出现了同向运动的趋势。预期理论也能解释事实2，一般来说，如果短期利率低，人们预期它将升至某个正常水平，这会导致未来短期利率预期平均值上升，长期利率将大大高于当前的短期利率，收益率曲线因此向上倾斜；反之亦然。但是，预期利率无法解释事实3。实际生活中，短期利率预期可能上升，也可能下降。

### (二) 市场分割理论

**市场分割理论**(segmented markets theory)则将不同到期期限的债券市场看作完全独立和相互分割的。即投资者对债券的到期期限有强烈的偏好,长、短期债券是完全不能相互替代的。之所以认为债券之间是无法互相替代的,是因为无论是投资者还是借款者,他们完全在各自特定的期限内借贷资金,不会因为不同期限收益率的差异而放弃或改变他们的资金需求的期限范围。

根据市场分割理论,收益率曲线不同的形状可以由不同到期期限的债券的供求关系来解释。如果投资者的意愿持有期较短,愿意持有利率风险较小的短期债券,分割市场利率就可以较好地说明事实 3,即典型的收益率曲线总是向上倾斜的。因为大多数投资者是风险厌恶型的,他们偏好期限较短、风险较小的债券,对短期债券的需求比对长期债券的需求大,因此,短期债券价格较高、收益率较低,所以收益率曲线向上倾斜。

市场分割理论也有明显的缺陷,它无法解释事实 1 和事实 2。首先,市场分割理论将不同到期期限的债券市场看作完全分割的,那么某一到期期限债券的利率仅由它的供求决定,而不会影响其他到期期限的债券,因此这一理论无法解释事实 1。其次,由于该理论并不清楚短期利率水平的变化会对短期债券和长期债券的供求产生什么影响,因此也就无法解释为什么短期利率较低时,收益率曲线倾向于向上倾斜,即事实 2。

### (三) 流动性溢价理论

由于预期理论和市场分割理论都只能解释 3 个事实中的一部分,而将两种理论相结合,就能够完美地解释全部 3 个事实,这就得到了流动性溢价理论。

**流动性溢价理论**(liquidity premium theory)认为,长期债券的利率应当等于其期限内短期债券利率的平均值加上流动性溢价。即:

$$i_{nt} = \frac{i_t + i_{t+1} + i_{t+2} + i_{t+n-1}}{n} + l_{nt} \tag{4-2}$$

流动性溢价理论的前提假设是,不同到期期限的债券是可以相互替代的,但并非完全替代品,投资者对不同期限的债券存在偏好。投资者更偏好期限较短的债券,因为这些债券的利率风险相对较小。为了吸引投资者购买长期债券,必须向他们支付一定的流动性补偿,这一补偿即为流动性溢价。

流动性溢价理论可以很好地解释以下 3 个事实:

事实 1:由于短期利率上升,导致未来短期利率平均值更高,因此长期利率水平随之上升,所以不同期限的债券利率随时间一起波动。

事实 2:如果短期利率偏低,投资者通常预期它将上升至某个正常水平,长期利率将高于短期利率,收益率曲线则向上倾斜;相反,如果短期利率偏高,则投资者普遍预期其将下降,则长期利率低于短期利率,收益率曲线向下倾斜。

事实 3:由于投资者偏好短期债券,随着到期期限的延长,流动性溢价增加,即使预期未来短期利率的平均值不变,长期利率也仍然高于短期利率,因此,典型的收益率曲线是向上倾斜的。

根据流动性溢价理论,我们可以通过观察收益率曲线的斜度来判断市场对未来短期利率的预测。图 4－9(a)中陡峭上升的收益率曲线表明预期未来短期利率将上升。图 4－9(b)表明预期未来短期利率不变,由于有流动性补偿,收益率曲线会轻微上升。图 4－9(c)则表明预期未来短期利率有所下降,加上流动性溢价,则收益率曲线呈水平状。图 4－9(d)表明预期未来短期利率将大幅下降,即便有流动性溢价,收益率曲线也呈现下降趋势。

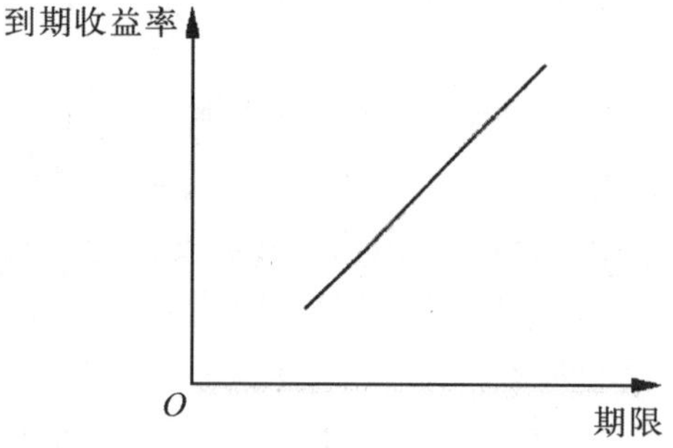


**图 4－9(a)　预期短期利率上升**

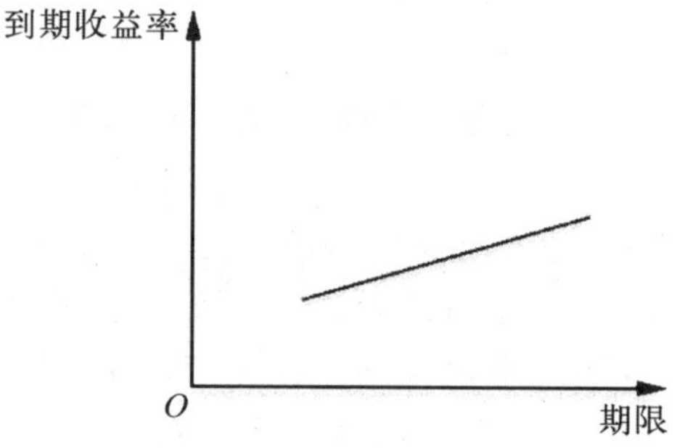


**图 4－9(b)　预期短期利率不变**

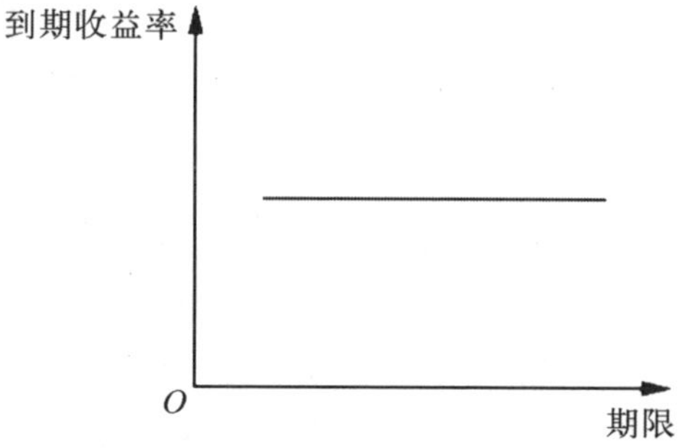


**图 4－9(c)　预期短期利率轻微下降**

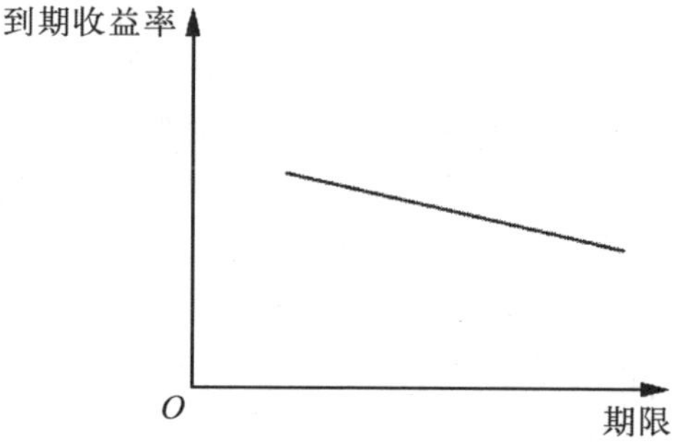


**图 4－9(d)　预期短期利率大幅下降**

**(四) 收益率曲线的作用**

理论上,收益率曲线的两个主要特征——收益率差和收益率水平都与通胀或通胀预期有关。根据预期理论,收益率差反映了未来短期利率的变化,而未来的短期利率则包含着未来实际利率和通胀预期的内容。由于实际利率在长期中的波动是比较小的,未来短期利率的上升主要反映了人们对未来通胀预期的上升。

经济学家的研究也发现,收益率曲线的不同形状反映了宏观经济周期的运行情况。在大部分情况下,当收益率曲线向上倾斜且长期利率与短期利率之间的利差不断扩大时,反映了人们对未来的经济发展处于乐观状态,企业扩大投资或生产的行为加大了对长期资本的需求,使得长期利率不断抬升,这时的经济发展往往进入了复苏和繁荣阶段;反之,当收益率曲线趋于平缓甚至出现倒挂时,往往预示着经济将进入衰退和萧条阶段。

由此可见,收益率曲线不仅可以作为判断市场对未来利率走势、未来通货膨胀和经济增长的工具,货币当局也可以通过一些政策措施,改变收益率曲线的形状,平滑经济活动中产生的波动,为经济发展服务。

收益率曲线同时也是分析利率走势和进行市场定价的基本工具,是进行投资的重要依据。在美国等发达市场经济国家,国债市场收益率实际上已成为金融市场的基准利率,也是投资者判断市场趋势的风向标。因为国债期限具有从短期到长期的多样性，不同期限及其对应的不同收益率，形成了债券市场的“基准收益率曲线”。市场因此而有了合理定价的基础，其他债券和各种金融资产均在这个曲线基础上，考虑风险溢价后确定合适的价格。

专栏4－3

### 构建人民币收益率曲线

说到衍生产品，就不能不说收益率曲线，收益率曲线不仅在衍生品的定价方面有着决定性的作用，即使在整个经济活动中，在大家所关心的许多经济现象中，它也有非常重要的发言权。打一个比方，如果说整个经济是在一只看不见的手操控下运行的，那么收益率曲线就是其中非常重要的一根手指。

收益率曲线其实就是收益率对时间的一维函数。我们知道，正如一般商品的价格是以货币来体现的一样，当货币也被作为普通商品来看待时，它的价格就通过汇率和利率(收益率)来体现，如果把货币这种商品作为一个整体来看，那它的价格就是通过收益率来体现的。当然，再稍微深究一点的话，货币的价格并非其他商品所体现的所有权转移的价格，而是一个使用权转移的价格。于是，收益率曲线也就是市场对于不同期限的资金使用价格的一种平衡。

**收益率曲线的种类**

这样看来，收益率曲线是一个很简单的概念，但是，通常在市场上出现的收益率曲线却好像纷繁复杂。比如，不同期限的存款对应不同的利率，形成一条存款的收益率曲线。如果我们去问银行借钱，比如房屋贷款，那么5年的贷款是一个利率，10年的又是一个利率，30年的则又是一个。而这些利率也与存款利率大大不同，这就是贷款的收益率曲线。

在金融市场中，还有许许多多的其他收益率曲线，如国库券收益率曲线、金融债收益率曲线、利率互换曲线等。

其实，它们都是在一根基础收益率曲线上衍生出来的。一般情况下，基础收益率曲线反映的仅仅是货币对时间所产生风险的补偿，所以，我们会发现正常情况下，时间越长，收益率越高，这反映的其实就是由于时间越长，不确定性就越高，所以就需要更高的收益率来补偿市场所承担的这种不确定性。对于其他的收益率曲线来说，绝大部分是因为在每一个时点上面的风险相对于基础收益率曲线在这个时点来说不一样，那它在这个时点的收益率就不一样。拿企业债收益率曲线打个比方，由于企业在每个时点都会有清算风险，市场就会要求更高的收益率来承担这些风险，所以企业债收益率曲线就会比基础收益率曲线要高。

**收益率曲线的作用**

由于收益率曲线是货币的价格体现，因此，收益率曲线最直接也最重要的用途就是在各种金融商品的定价上。目前市场上广为接受的金融产品的定价方法是现金流贴现，也就是说，一个金融商品的现价是由未来每个时点预期所接收的现金流经过风险调整后，用基础收益率曲线贴现所得。打个简单的比方，假设有一张面值100元的两年期股指连接债券，经过风险调整预期一年后的利息为5元钱，两年后的利息为10.25元钱，现在的基础收益率曲线显示，一年的收益率为3%，两年的收益率为5%，那么，这张股指连接债券现在的价格就是：

5/1.03＋110.25/1.052＝104.85(元)。

正是有了收益率曲线作为金融产品，特别是衍生产品定价的贴现因子，同时，20 世纪 70 年代布莱克、舒尔茨、默顿等人利用数学方法对未来的现金流进行了较好的预期，衍生产品才找到了一个被普遍接受的理论价格，才得以飞速发展。

由于收益率曲线在资产定价，尤其是在复杂的衍生产品定价方面具有非常重要的作用，所以，收益率曲线的缺失就会导致衍生产品发展的停滞，也会导致资产定价的困难。目前，中国金融运行的很多情况就与它有着千丝万缕的关系。

**人民币收益率曲线**

目前，中国的金融市场存在许多收益率曲线，其中最为人熟知的就是存贷款收益率曲线。但是究竟这些收益率曲线的定价功能怎么样呢？我们知道，市场的运行有自身的规律，市场中金融产品的定价有两种：一是市场供需双方通过交易达成，二是政府根据供需双方的价格平衡点来制定。前者是市场经济，后者是计划经济。中国存贷款收益率曲线就是典型的计划制订的收益率曲线。

再看衍生产品，衍生产品是为了应付市场经济中资产价格波动所产生的风险而创设的，它存在的最大意义在于可以对冲市场风险。但是在计划经济中，任何金融资产都是没有风险的，所以衍生性金融产品就没有存在的必要，而如果要利用政府规定的收益率曲线来为金融衍生品定价，这样得出的定价并不是市场所认可的价格。

除了存贷款收益率曲线，随着中国金融市场的发展，市场上出现了一些市场化的收益率曲线，如 Shibor 收益率曲线、IRS 收益率曲线、债券收益率曲线。短期的 Shibor 收益率曲线经过管理层的一番力推后，已经开始有了一些市场化基准收益率的雏形。但是一条完善的基础收益率曲线需要长期限的收益率的配合。一般来说，基础收益率曲线的中长端所使用的是国债的收益率，但是中国的国债由于有持至到期可以免税的好处，机构交投意愿一直不是很强，而且收益率也明显偏低，而基本等同国家风险的央行票据的发行，又仅局限于 3 年以下，因此，基础收益率曲线长端一直处于缺失状态。

人民币收益率曲线的缺失，大大制约了人民币相关衍生品的发展，特别是具有长期现金流的一些金融衍生产品。缺少了这些金融衍生产品，某些具有长期现金流特点的金融产品在中国的表现，就往往达到了出人意料的结果，比如中国的房地产市场和股票市场。

**完善人民币收益率曲线**

一般来说，股票的理论价值，等于它未来派息的现金流经过收益率曲线贴现后的现值；房屋的价值，应该等于它在未来 70 年每个月所收房租经过收益率曲线贴现以后的现值。如果这样计算，大家都知道，中国的房地产有很大的泡沫，大家也都知道，中国股市在 5 000 点的时候有很大的泡沫，但中国的股票还能涨，中国的房地产还在涨，这是为什么呢？

金融商品具有一种很特殊的属性，就是投机性，因此，它在短时间内的价格反映的是一种资金博弈的结果。举个例子，很多人都炒股票，但现在大家炒股票有多少人是奔着它每年派发的股息去的？应该说很少，绝大多数人都是觉得，这个股票能涨，能赚取差价，结果大家的资金都去投资，股价果然就上涨了。至于房价高企，恐怕也没什么人是冲着收房租去的，而房地产市场中牵涉到的资金和利益的博弈就更加复杂。中国屡次针对房地产市场的宏观调控的效果也不大。

其实，要解决泡沫的问题，主要是要改变资金利益的博弈方式。目前，泡沫的形成很大程度上是因为资金逐利方向的单一性，也就是说，只有买涨才能获取收益，资金看跌是没有任何收益的，于是，利益的单一性驱使资金不断地推高资产价格。在这种情况下，如果引入一些看跌的金融衍生品，就能很好地分流资金，拓宽资金获利渠道，从而改变中国股市一年走完十年牛市的情形发生。但是，由于完整收益率曲线的缺失，如果引入这些金融衍生品，缺少定价依据的衍生品将会给机构的风险监控带来问题，而这些问题经过衍生品的放大和分散后，会对整体中国经济带来前所未有的影响。

要完善人民币收益率曲线，短期内需要推动中长期低风险债券的发行，并鼓励银行间交易成员在二级市场活跃交易，从而形成市场化的长期收益率。在人民币基础收益率曲线完善的基础上，并在相关政策配合下，我们预计政策性的贷款收益率曲线将会被取消，市场会发展出依据企业信用偿付能力的信用曲线，最终，政策性的存款收益率曲线也会取消，所有的收益率都由市场决定。当完善的收益率曲线出现以后，人民币的衍生产品会有一个质的发展，从而为市场参与者提供更加优质的避险工具。

资料来源：许伟民、姚远.《金融实务》2008 年第 5 期.

**思考题：**

1. 收益率曲线有什么样的作用？

2. 目前我国市场上存在哪些收益率曲线？

3. 自 2008 年以来，我国在人民币收益率曲线市场化改革方面出台了哪些措施？取得了什么样的成就？

---

## 三、即期利率和远期利率

### （一）即期利率

在上一章中，是以相同的收益率（到期收益率）来对现金流折现确定债券的价格，即收益率不随时间而变化。这同实际情况是否一致呢？假如收益率不随时间变化，即期限长的债券与期限短的债券的收益率相同，期限长的债券由于其持有期长，其风险高于持有期短的债券，投资者会在收益率相同的情况下选择风险小的短期债券，长期限债券失去吸引力，导致价格下跌，收益率随之上升，而短期债券由于风险小而受到投资者的青睐，价格上升，导致收益率下降，最后达到平衡状态。因此收益率与时间不是无关的，而是有关的，公平的债券价格应该根据债券随时间改变的利率计算，也就是用**即期利率**（spot interest rate）计算。所谓即期利率，是指从即日起始的不同到期日的零息票债券的收益率，用 $R_t$ 表示从即日开始到期时刻为 $t$ 的即期利率，则面值为 1 元，期限为 $t$ 的零息债券的现值（价格）为：

$$P=\frac{1}{(1+R_t)^t} \tag{4-3}$$

未来现金流为 $C_1$, $C_2$, …, $C_T$ 的债券的当前价值应为：

$$P=\sum_{t=1}^{T}\frac{C_t}{(1+R_t)^t} \tag{4-4}$$

式(4-4)给出了在已知即期利率的情况下，对给定的债券计算其市场价格的方法。表

4－1 给出了一个 5 年期、年息票率为 6%、每年付息 1 次、票面价值为 100 元的债券按即期利率计算所得的当前价值(价格)。由表 4－1 可以看出计算所得价格为 97.85 元。

**表 4－1 用即期利率计算债券价格**

| 现 金 流 | *t* | 金 额 | 即期利率 | 折现因子 | 折现值 |
|---|---|---|---|---|---|
| 第 1 次付息 | 1 | 6 | 0.05 | 0.952 381 | 5.714 286 |
| 第 2 次付息 | 2 | 6 | 0.055 | 0.898 452 | 5.390 714 |
| 第 3 次付息 | 3 | 6 | 0.06 | 0.839 619 | 5.037 716 |
| 第 4 次付息 | 4 | 6 | 0.063 | 0.783 19 | 4.699 138 |
| 付息加本金 | 5 | 106 | 0.066 | 0.726 464 | 77.005 16 |
| 现值之和 | | | | | 97.847 02 |

利用即期利率折现计算债券的价格可以根据市场利率的变化,通过对相应折现率的调整,使债券价格灵活、正确地反映市场利率的各种变化。例如,当即期利率曲线发生向上非平行的移动,如短期即期利率向上移动的幅度超过长期即期利率向上移动的幅度(见图 4－10)。

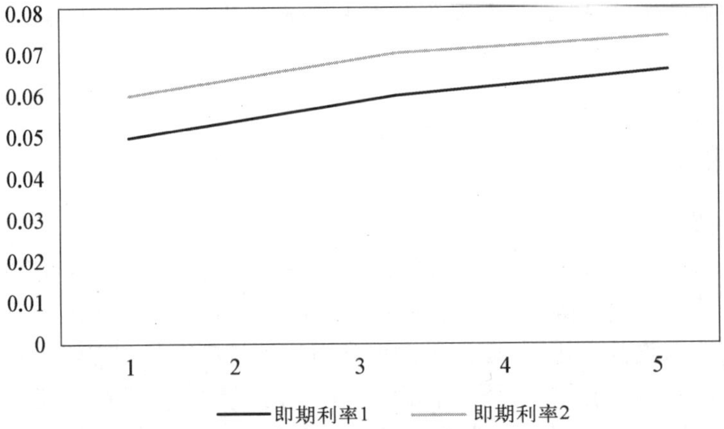


**图 4－10 即期利率变化图示**

在这种情况下,债券的价格由于即期利率的上升而下降。表 4－2 给出了对表 4－1 的例子用新的上升的即期利率计算债券价格的计算过程,所得价格为 94.57 元。

**表 4－2 即期利率上升后的债券价格**

| 现 金 流 | *t* | 金 额 | 即期利率 | 折现因子 | 折现值 |
|---|---|---|---|---|---|
| 第 1 次付息 | 1 | 6 | 0.06 | 0.943 396 | 5.660 377 |
| 第 2 次付息 | 2 | 6 | 0.065 | 0.881 659 | 5.289 956 |
| 第 3 次付息 | 3 | 6 | 0.07 | 0.816 298 | 4.897 787 |
| 第 4 次付息 | 4 | 6 | 0.072 | 0.757 218 | 4.543 307 |

续 表

| 现 金 流 | $t$ | 金 额 | 即期利率 | 折现因子 | 折现值 |
|---|---|---|---|---|---|
| 付息加本金 | 5 | 106 | 0.074 | 0.699 808 | 74.179 6 |
| 现值之和 | | | | | 94.571 02 |

根据上述计算，如果按表 4-1 计算所得债券的市场价格为 97.85 元，按这个市场价格计算其到期收益率为 6.6%，高于市场价格为 100 元(面值)时的到期收益率(6%)。当市场即期利率曲线上升时，债券价格下跌，正如表 4-2 所示，债券价格下跌至 94.57 元，则该债券的到期收益率将上升至 7.334%。

### (二) 远期利率

远期利率(forward rate)是指以未来某一天作为起始时间的一定期限的借款所使用的即期利率，例如，半年后开始的 1 年期贷款，其利率就是半年后的 1 年期远期利率。远期利率是未来的投资平衡率，对于不存在套利机会的市场，远期利率应使得不同期限的投资回报相等。以一年后开始的一年期债券为例，设当前 1 年期和 2 年期债券的即期利率分别为 $R_1$ 和 $R_2$，记 1 年后的 1 年期远期利率的期望值为 $F_{1,2}$。对于一个资金有 2 年使用期的投资者而言，他可以选择一个 2 年期，或者先投资一个 1 年期，第 2 年再投资一个 1 年期，由于市场无套利机会，对于这两种投资方式而言，收益应该是相同的，也就是有：

$$(1+R_2)^2=(1+R_1)(1+F_{1,2}) \tag{4-5}$$

例如，$R_1=4\%$，$R_2=4.5\%$，则可以算得 $F_{1,2}=5\%$。

对于更一般的情况，远期利率与即期利率之间有关系式：

$$(1+R_T)^T=(1+R_1)(1+F_{1,2})(1+F_{2,3})\cdots(1+F_{T-1,T}) \tag{4-6}$$

式中，$F_{i,i+1}$ 为从 $i$ 到 $i+1$ 时段的远期利率。

在一个斜率上升的期限结构中，有 $F_{1,2}>R_2$，因而得出 $y_2<R_2$ 的结论。图 4-11 给

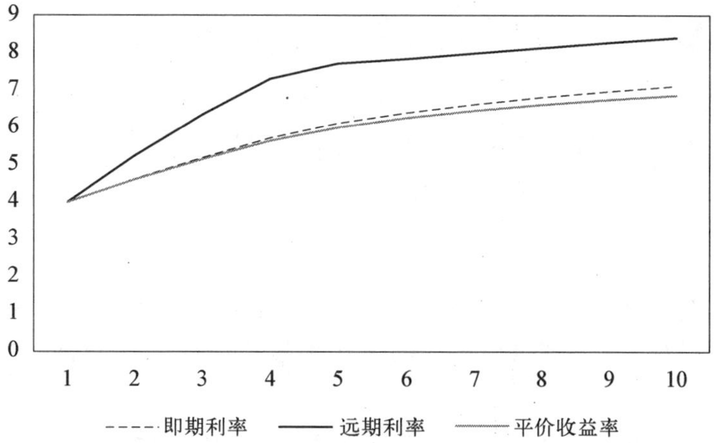


**图 4-11 收益率曲线**

出了斜率上升的期限结构中远期利率曲线、即期利率曲线和到期(平价)收益率曲线之间的关系。这里平价收益率曲线处于最低位置,即期利率曲线介于平价收益率和远期收益率曲线之间,但同平价收益率曲线的距离不大,而远期收益率曲线明显高于即期利率曲线,更高于平价收益率曲线,而随着期限的延长,曲线之间的距离也在增大。

对于斜率下降的利率期限结构,情况则刚好相反,到期(平价)收益率曲线处于最高位置,即期利率曲线略低于平价收益率曲线,远期利率曲线则明显低于即期利率曲线。

## 本章小结

1. 债券的需求与供给理论研究的是市场中利率水平是如何被确定的。财富、预期回报率、风险或流动性等因素会引起债券的需求变化,而投资机会的吸引力、借款的实际成本或政府的财政预算会引起债券供给的变化,这些需求和供给的变化都会带来利率水平的变化。

2. 流动性偏好理论认为,利率水平是由货币供给和货币需求水平决定的。并且认为,由央行控制的货币供给发生变化时,会引起利率变化。

3. 期限相同的各债券利率之间的联系,称为利率的风险结构。造成到期期限相同的债券利率差异的原因有违约风险、流动性和税收因素。债券的违约风险越大,其相对于其他债券的利率就越高;债券的流动性越强,它的利率就越低;具有免税特征的债券的利率低于不具备免税特征的债券的利率。

4. 预期理论认为,长期利率等于在其有效期内人们所预期的短期利率的平均值;相反,分割市场理论认为,某一到期期限债券的利率仅仅由该市场的供求状况决定。

5. 流动性溢价理论认为,长期债券的利率应当等于其期限内短期债券利率的平均值加上流动性溢价。根据流动性溢价理论,通过观察收益率曲线的斜度可以判断市场对未来短期利率的预测。陡峭上升的收益率曲线表明预期未来短期利率将上升;平缓上升的收益率曲线预期未来短期利率不变;平坦的收益率曲线则表明预期未来短期利率有所下降;向下倾斜的收益率曲线表明预期未来短期利率将大幅下降。

## 关键术语

需求曲线　供给曲线　流动性偏好理论　预期理论　分割市场理论
流动性溢价理论　收益率曲线　利率的风险结构　利率的期限结构

## 思考题

1. 为什么国债利率低于大额可转让定期存单的利率?

2. 降低所得税税率会对市政债券的利率产生怎样的影响? 国债的利率是否会受到影响? 如果有影响,是什么影响?

3. 运用流动性偏好利率和债券的供求理论说明,为什么利率是顺周期的(即,经济扩张时,利率上升;经济衰退时,利率下跌)。

4. 央行减少货币供给的一个重要途径是向公众出售债券。运用供求理论说明该行动对利率的影响。这与运用流动性偏好理论得到的结论是否一致?

5. 假定预期利率是正确的期限结构理论,根据下列未来 5 年的 1 年期利率,计算 1～5 年期限结构中的利率,并绘制出收益率曲线:

(a) 7%,8%,9%,9%,9%

(b) 10%,9%,8%,8%,8%

6. 如果相对于长期债券,投资者更加偏好短期债券,那么收益率曲线会发生怎样的变化?

7. 第 5 题中,如果存在流动性溢价,预期在接下来的 5 年时间里,1～5 年期债券的流动性溢价分别为 0、0.25%、0.5%、0.75%、1.0%,分别计算 1～5 年期的长期利率。

8. 如果不同到期期限的债券具有较好的替代性,那它们的利率就很可能同向运动。这种说法是否正确,还是不确定?请给出理由。

9. 如果收益率曲线突然变得陡峭,你会如何预测未来利率?

10. 如果预期未来短期利率突然下跌,收益率曲线的形状会发生怎样的变化?

# 第五章
# 证券市场

“你不理财,财不理你”,在当今社会,积极理财的观念正逐步取代传统的收入支出式的家庭经济模式,而被众多的中国家庭所接受。越来越多的普通大众逐渐开始在市场的引导下进行证券投资,证券市场正在对我国国民经济的发展和居民生活水平的提高发挥越来越重要的作用。本章主要阐述证券的定义、分类和特征,以及证券市场的定义、特征和基本功能,最后简单介绍证券市场上的常见投资工具。

## 第一节　证券

证券(security)实际上是一种契约,是对于发行者未来收益或资产的一种索取权。更具体地说,证券是指各类记载并代表一定权利的法律凭证,它用以证明持有人有权依其所持凭证记载的内容而取得应有的权益。从一般意义上来说,证券是一种记载着权利的书面凭证书,它表明证券持有人或第三者有权取得该证券拥有的特定权益,或证明其曾经发生过的行为。证券可以采取纸面形式或证券监管机构规定的其他形式。

### 一、有价证券的定义

**有价证券**是指标有票面金额,用于证明持有人或该证券指定的特定主体对特定财产拥有所有权或债权的凭证。证券本身并没有价值,但由于它代表着一定量的财产权利,所以证券持有人可凭该证券直接取得一定量的商品、货币,或是取得利息、股息等收入。很多证券可以在交易市场上买卖和流通,其交易价格通常由市场的供需所决定。

在日常生活中,**虚拟资本**是指独立于实际资本之外的一种资本存在形式,本身并不能在生产过程中发挥作用。而有价证券是虚拟资本的一种典型形式,虚拟资本以有价证券形式存在,并能给持有者带来一定的收益。

### 二、有价证券的分类

有价证券可从广义和狭义两个层面来看,广义的有价证券包括商品证券、货币证券和资本证券,而狭义的有价证券即指资本证券。**商品证券**是证明持有人拥有商品所有权或使用权的凭证,取得这种证券就等于取得这种商品的所有权,持有人对这种证券所代表的商品所有权受法律保护。常见的商品证券有提货单、运货单、仓库栈单等。**货币证券**是指本身能使持有人或第三者取得货币索取权的有价证券。货币证券主要包括两大类：一类是商业证券，主要是商业汇票和商业本票；另一类是银行证券，主要是银行汇票、银行本票和支票。资本证券是指由金融投资或与金融投资有直接联系的活动而产生的证券，持有人有一定的收入请求权。资本证券是有价证券的主要形式。

对有价证券的分类，可以根据不同标准来划分。

(1) 按证券所代表的权利性质的不同，有价证券可分为股票、债券和其他证券三大类。

(2) 按证券发行主体的不同，有价证券可分为政府证券、政府机构证券和公司(企业)证券。**政府证券**通常是指由中央政府或地方政府发行的债券。中央政府发行的证券通常是债券，**中央政府债券**也称国债，通常由一国财政部发行。地方政府发行的证券通常也是债券，**地方政府债券**由地方政府发行，通常以地方税或其他收入偿还。政府机构证券是由经批准的政府机构发行的证券。公司(企业)证券是公司(企业)为筹措资金而发行的有价证券，公司(企业)证券包括的范围比较广泛，主要有股票、公司(企业)债券及商业票据等。此外，在公司(企业)证券中，通常将银行及非银行金融机构发行的证券称为**金融证券**，其中金融债券比较常见。

(3) 按是否在证券交易所挂牌交易，有价证券可分为上市证券与非上市证券。

**上市证券**是指经证券主管机关核准发行，并经证券交易所依法审核同意，允许在证券交易所内公开买卖的证券。非上市证券是指未申请上市或不符合证券交易所上市条件的证券。非上市证券不允许在证券交易所内交易，但可以在其他证券交易市场交易。凭证式国债和普通开放式基金份额属于非上市证券。

(4) 按募集资金方式的不同，有价证券可分为**公募证券**和**私募证券**。

公募证券是指发行人通过中介机构向不特定的社会公众投资者公开发行的证券，其审核较严格并采取公示制度。私募证券是指向少数特定的投资者发行的证券，其审查条件相对宽松，投资者也较少，不采取公示制度。目前我国信托投资公司发行的集合资金信托计划以及商业银行和证券公司发行的理财计划均属私募证券。另外，上市公司如采取定向增发方式发行的有价证券也属私募证券。

## 三、有价证券的特征

### (一) 收益性

证券代表的是对一定数额的某种特定资产的所有权或债权，投资者持有证券也就同时拥有取得这部分资产增值收益的权利，因而证券本身具有收益性。

### (二) 流动性

证券的流动性是指证券持有人在不造成资金损失的前提下，以证券换取现金的特性。证券具有极高的流动性必须满足三个条件：很容易变现、变现的交易成本极小、本金保持相对稳定。证券的流动性可通过到期兑付、承兑、贴现、转让等方式实现。不同证券的流动性是不同的。

### (三) 风险性

证券的风险性是指实际收益与预期收益的背离，即收益的不确定性。从整体上说，证券的风险与其收益成正比。通常情况下，风险越大的证券，投资者要求的预期收益越高；风险越小的证券，预期收益越低。

**(四) 期限性**

债券一般有明确的还本付息期限，债券的期限具有法律约束力，是对融资双方权益的保护。股票一般没有期限性，可以视为永久证券。

## 第二节　证券市场

证券市场(security market)是股票、债券、投资基金份额等有价证券发行和交易的场所。证券市场是市场经济发展到一定阶段的产物，是为解决资本供求矛盾和流动性而产生的市场。

### 一、证券市场的特征

从广义上讲，**证券市场**是指一切以证券为对象的交易关系的总和。从经济学的角度讲，证券市场是指通过自由竞争的方式，根据供需关系来决定有价证券价格的一种交易机制。证券市场与商品市场相比较，它们的交易对象不同、决定交易价格的因素不同、交易方式不同、交易关系不同、交易周期不同、市场风险不同。证券市场具有以下三个显著特征：

第一，证券市场是价值直接交换的场所。有价证券都是价值的直接代表，它们本质上是价值的一种直接表现形式。虽然证券交易的对象是各种各样的有价证券，但由于它们是价值的直接表现形式，因此，证券市场本质上是价值的直接交换场所。

第二，证券市场是财产权利直接交换的场所。证券市场上的交易对象是作为经济权益凭证的股票、债券、投资基金等有价证券，它们本身就是一定量财产权利的代表，因此证券市场实际上是财产权利的直接交换场所。

第三，证券市场是风险直接交换的场所。有价证券既是一定收益权利的代表，同时也是一定风险的代表。有价证券的交换在转让出一定收益权的同时，也把该有价证券所特有的风险转让出去，因此从风险的角度分析，证券市场也是风险的直接交换场所。

### 二、证券市场的结构

**(一) 层次结构**

这是一种按证券进入市场的顺序而形成的结构关系，按这种顺序关系划分，证券市场的构成可分为发行市场和交易市场。**证券发行市场**又称“一级市场”或“初级市场”，是发行人以筹集资金为目的，按照一定的法律规定和发行程序，向投资者出售新证券所形成的市场。**证券流通市场**又称“二级市场”或“次级市场”，是已发行的证券通过买卖交易实现流通转让的市场。证券发行市场是流通市场的基础和前提，有了发行市场的证券供应，才有流通市场的证券交易。证券发行的种类、数量和发行方式决定着流通市场的规模和运行。流通市场是证券得以持续扩大发行的必要条件，为证券的转让提供市场条件，创造证券的流动性，其交易的活跃程度反过来也会影响发行市场的规模。此外，流通市场的交易价格制约和影响着证券的发行价格，是证券发行时需要考虑的重要因素。

### （二）多层次资本市场

证券市场的层次性还体现为区域分布、覆盖公司类型、上市交易制度以及监管要求的多样性。根据所服务和覆盖的上市公司类型，可分为全球性市场、全国性市场、区域性市场等类型；根据上市公司规模、监管要求等差异，可分为主板市场、二板市场（如我国的创业板、新三板市场等）。

### （三）品种结构

这是依据有价证券的品种而形成的结构关系。这种结构关系的构成主要有股票市场、债券市场、基金市场、衍生品市场等。股票市场的发行人为股份有限公司。债券的发行人有中央政府、地方政府、中央政府机构、金融机构、公司或是企业。债券有固定的票面利率和期限，因此，与股票市场价格不同，债券的市场价格比较稳定。基金市场是基金份额发行和流通的市场。封闭式基金在证券交易所挂牌交易，开放式基金则通过投资者向基金管理公司申购和赎回实现流通转让。

### （四）交易场所结构

按交易活动是否在固定场所进行，证券市场可分为**场内市场**和**场外市场**。场内市场是指有固定场所的证券交易所市场。通常场内市场实行的是集中清算制度，如我国沪深 A 股市场；而场外市场的交易方一般由交易对手间直接达成交易，如我国银行同业拆借市场。在互联网高度发展的今天，交易场所的空间形式已经越来越不重要。目前已有越来越多的证券交易不在有形的场内市场进行，而是通过经纪人或交易商的电传、电报、电话、网络等洽谈成交。

## 三、证券市场的基本功能

### （一）筹资—投资功能

证券市场的筹资功能是指证券市场为资金需求者筹集资金的功能。这一功能的另一作用是为资金供给者提供投资对象。在证券市场上交易的任何证券，既是筹资的工具，也是投资的工具。在经济运行过程中，既有资金盈余者，又有资金短缺者。资金盈余者为了使自己的资金价值增值，就必须寻找投资对象。在证券市场上，资金盈余者可以通过买入证券而实现投资；而资金短缺者为了发展自己的业务，就要向社会寻找资金。为了筹集资金，资者短缺者就可以通过发行各种证券来达到筹资的目的。

### （二）资本定价功能

证券市场的第二个基本功能就是为资本决定价格。证券是资本的存在形式，所以，证券的价格实际上是证券所代表的资本的价格。证券的价格是证券市场上证券供求双方共同作用的结果。证券市场的运行形成了证券需求者和证券供给者的竞争关系,这种竞争的结果是:能产生高投资回报的资本,市场的需求就大,其相应的证券价格就高;反之,证券的价格就低。因此,证券市场是资本定价市场化的具体体现。

**(三) 资本配置功能**

证券市场的资本配置功能是指通过证券价格引导资本的流动而实现资本的合理配置的功能。证券投资者对证券的收益十分敏感,而证券收益率在很大程度上取决于企业的经济效益。那些发展前景被市场认可的企业更容易在证券市场上发行证券,从而获得提供企业发展的资金。同时通过证券交易,证券市场上的资金也会流向那些能提供高预期回报的企业。而能提供高报酬率的证券一般来自那些经营好、发展潜力巨大的企业,或者是来自新兴行业的企业。由于这些证券的预期报酬率高,因此其市场价格也就相应高,从而其筹资能力就强。这样,证券市场就引导资本流向能产生高报酬率的企业或行业,从而使资本产生尽可能高的效率,进而实现资本的合理配置。

## 四、证券市场参与者

证券市场的参与者包括证券发行人、证券投资人、证券市场中介机构、自律性组织和证券监管机构。这些主体各司其职,充分发挥其本身的作用,构成了一个完整的证券市场参与体系。

**(一) 证券发行人**

证券发行人是指为筹措资金而发行债券、股票等证券的发行主体,主要包括:

**1. 公司**

企业的组织形式可分为独资制、合伙制和公司制。现代股份制公司主要采取股份有限公司和有限责任公司两种形式。

**2. 金融机构**

通常企业可分为金融企业和非金融企业。欧美等西方国家能够发行证券的金融机构,一般是股份公司,所以将金融机构发行的证券归入了公司证券。而我国和日本则把金融机构发行的债券定义为金融债券,从而突出了金融机构作为证券市场发行主体的地位。但股份制的金融机构发行的股票并没有定义为金融证券,而是归类于一般的公司股票。

**3. 政府和政府机构**

政府发行各位证券的目的有两个:一是弥补财政赤字,二是对经济运行进行调控。随着国家干预经济理论的兴起,政府(中央政府和地方政府)和中央政府直属机构已成为证券发行的主体之一,但政府发行证券的品种仅限于债券。由于中央政府拥有税收、货币发行等特权,通常情况下,中央政府债券被认为是一个经济体中违约风险最低的债券,尤其是短期国债。短期国债经常被视为**"无风险证券"**,相对应的证券收益率被称为"无风险利率"。无风险利率是金融市场上最重要的价格指标。

**(二) 证券投资人**

证券投资人是指通过证券进行投资的各类机构法人和自然人。相应地,证券投资人可分为机构投资者和个人投资者两大类。机构投资者主要有政府机构、金融机构、企业和事业法人及各类基金等。

**1. 机构投资者**

(1) 政府机构。作为政府机构，参与证券投资的目的主要是调剂资金余缺和进行宏观调控。当各级政府及政府机构出现资金剩余时，可通过购买政府债券、金融债券投资于证券市场。中央银行以公开市场操作作为政策手段，通过买卖政府债券或金融债券，影响货币供应量进行宏观调控。我国国有资产管理部门或其授权部门持有国有股，履行国有资产的保值增值和通过国家控股、参股来支配更多社会资源的职责。

(2) 金融机构。参与证券投资的金融机构包括证券经营机构、银行业金融机构、保险公司以及其他金融机构。证券经营机构是证券市场上最活跃的投资者，以其自有资本、营运资金和受托投资资金进行证券投资。银行业金融机构投资一般仅限于政府债券和地方政府债券，而且通常以短期国债作为其超额储备的持有形式。银行业金融机构经银监会批准后，也可通过理财计划募集资金进行有价证券投资。三是保险公司及保险资产管理公司，目前保险公司已经超过共同基金成为全球最大的机构投资者，除大量投资于各类政府债券、高等级公司债券外，还广泛涉足基金和股票投资。机构投资者还包括合格境外机构投资者(QFII)，我国 QFII 可投资范围有证交所挂牌交易的股票、债券、证券投资基金、权证等，还可参与新股和可转债发行，股票增发和配股的申购。

(3) 企业和事业法人。企业可以用自己的积累资金或暂时不用的闲置资金进行证券投资。各类企业可参与股票配售，也可投资股票二级市场；事业法人可用自有资金和有权自行支配的预算外资金进行证券投资。

(4) 各类基金。基金性质的机构投资者包括证券投资基金、社保基金、企业年金和社会公益基金。

**2. 个人投资者**

在证券市场发展的初期，市场参与者主要是个人投资者，即以自然人身份从事股票买卖的投资者。一般的股民就是指以自然人身份从事股票买卖的投资者。

### (三) 证券市场中介机构

证券市场中介机构是指为证券的发行与交易提供服务的各类机构。中介机构是连接证券投资人与筹资人的桥梁，是证券市场运行的组织系统。在证券市场起中介作用的机构是证券公司和其他证券服务机构，通常把两者合称为证券市场中介机构。

**1. 证券公司**

证券公司又称证券商，是指依照《中华人民共和国公司法》(以下简称《公司法》)规定和经国务院监督管理机构批准从事证券经营业务的有限责任公司或股份有限公司。证券公司的主要业务有证券经纪、证券投资咨询、财务顾问、证券承销和保荐、证券自营、证券资产管理、其他证券业务等。我国证券监督管理部门按照审慎监管的原则，根据各项业务的风险程度，设定分类准入条件。2004 年，根据《国务院关于推进资本市场改革开放和稳定发展的若干意见》的精神，中国证监会、中国证券业协会在现有监管框架下制定了“创新试点公司”的评审办法，允许认可的证券公司从事集合理财、权证创设等创新业务。

**2. 证券服务机构**

证券服务机构是指依法设立的从事证券服务业务的法人机构,主要包括证券登记结算公司、证券投资咨询公司、会计师事务所、资产评估机构、律师事务所和证券信用评级机构等。

证券市场功能的发挥在很大程度上取决于证券市场中介机构的活动。通过它们的经营服务活动,证券需求者与证券供应者之间的联系得以加强,不仅保证了各种证券的发行和交易,而且起到了维持证券市场秩序的作用。

**专栏 5-1**

### 阿里巴巴的上市之路

**一、2007 年阿里巴巴赴港上市**

早在 2006 年,马云就开始了阿里巴巴 B2B 上市的规划。2006 年,阿里巴巴将旗下业务分拆为五个独立的子公司:阿里巴巴公司、淘宝网、支付宝、阿里软件、中国雅虎。当时,阿里巴巴只有 B2B 业务是阿里集团唯一稳定盈利的业务,淘宝网等其他业务当时虽然拥有巨量的交易额,但此时依然以提供免费服务为主,没有找到明确的盈利模式。因此,此次上市除了投资人要求退出套现之外,融资也可以为其他业务"输血"。

2007 年一季度各 B2B 电子商务平台的当季营收总额为 7.3 亿元,第二季度为 8 亿元,较上个季度增长了 9.7%,第二季度阿里巴巴的市场份额达到 50%,仍然位居第一。虽然环球资源的付费用户数相对较少,但高端用户群体加上较高的会费使其 2007 年第二季度的营收额稳居第二,占市场总营收额比例达到 21.2%。

这次上市共募集资金达 14.9 亿美元,创下中国互联网公司融资之最;同时是 2007 年全球最大规模的科技公司 IPO,也是自 2003 年 8 月谷歌上市以来最大的互联网企业 IPO 项目。

此次上市的主承销商为摩根士丹利,洛希尔公司担任其财务顾问。

11 月 6 日,阿里巴巴在香港联交所以每股 13.5 港元挂牌上市,最终报收于 39.95 港元。阿里巴巴股价急升令其市盈率陡然升至约 300 倍,已经远远超过在美国上市的互联网企业百度高达 202 倍的市盈率。

**二、2012 年阿里巴巴退市,私有化过程**

2012 年 2 月,阿里巴巴集团正式向其子公司 B2B 董事会提出私有化邀约,并于 6 月 20 日下午从香港联交所撤销上市地位。以当初的发行价 13.5 港币的价格收购其公开发行的股份,并予以注销,为阿里集团的整体上市做准备。

马云回应称,只有着眼于未来才能有美好明天。局部的小调整已经没有办法对 B2B 进行根本性的完善。将阿里巴巴私有化可让阿里集团免于承受拥有上市子公司所需面临的压力,能够制定对客户最有利的长远规划。

马云还强调,出于对 B2B 股东负责,阿里巴巴下决心把 B2B 私有化,对业务进行全面的调整、改革和升级。就像当年上市是阿里巴巴发展的起点而不是终点一样,今天的私有化也绝不是终点而是一个新的起点。

**三、2014年阿里巴巴赴美上市**

香港是阿里巴巴上市首选地点，但是阿里巴巴与港交所一直处于博弈状态。虽然马云以及蔡崇信先后发声解释合伙人制度，同时软银、雅虎两大股东也纷纷支持阿里合伙人制度，但是港交所以及香港证监会并未对合伙人制度放行。

尔后，阿里巴巴高调宣布了"合伙人"制度，也表明自身强硬立场，即坚持阿里巴巴上市地点必须容纳合伙人制度，让阿里巴巴管理层在上市后可以推荐超过半数董事会成员。然而，香港政府的最终表态，让阿里巴巴历经半年的努力付诸东流。

2013年10月10日，阿里巴巴集团CEO陆兆禧在媒体见面会上表示，今天的香港市场，对新兴企业的治理结构创新，还需要时间研究和消化，阿里决定不选择在香港上市。2014年9月，阿里巴巴赴美上市。

**四、六大投行细分阿里IPO筹备**

参与此次阿里巴巴首次公开发行的投行有六家，它们为瑞士信贷银行、德意志银行、高盛、摩根大通、摩根士丹利和花旗集团。在阿里巴巴上市发行中，各投行承担不同的任务，其中，瑞士信贷银行和摩根士丹利共同起草了招股书，并帮助阿里巴巴准备材料和路演，同时控制禁售协议；摩根大通主要为阿里巴巴提供交易规模和估值建议；高盛担任股价稳定机构；花旗集团负责承销机构的培训工作。另外还需提到的一家欧洲最老牌的投行——Rothschild，中文为罗斯柴尔德，被委任为六大承销商以外的协调行。

资料来源：中国产经新闻，http://tech.hexun.com/2015-06-30/177140023.html.

**思考题：**

1. 什么是投资银行，其主要业务涵盖哪些方面？
2. 投资银行在阿里巴巴上市过程中起到哪些重要作用？
3. 阿里巴巴为何选择在美国上市？

---

## 第三节 货币市场

**货币市场**(money market)是短期资金市场，是指期限在一年以内的金融资产交易的市场，是证券市场的重要组成部分。由于该市场所容纳的金融资产主要是政府、银行及工商企业发行的短期信用工具，具有期限短、流动性强和风险小的特点，在货币供应量层次划分上被置于现金货币和存款货币之后，因此，它被称为**"准货币"**。货币市场投资工具的特征主要体现在以下三个方面：(1) 低风险、低收益；(2) 期限短、流动性高；(3) 交易量大、交易频繁。

### 一、货币市场的构成

一个有效率的货币市场应该是一个具有广度、深度和弹性的市场，其市场容量大，信息流动迅速，交易成本低，交易活跃且持续，能吸引众多的投资者和投机者参与。货币市场是固定收益市场的一部分,由变现能力极强的超短期债务证券组成。大多数这类证券的交易面值很大,因此个人投资者无力购买,但是他们很容易买到货币市场基金。这些共同基金汇集投资者的资金,并以他们的名义购买各种货币市场证券。货币市场主要由**同业拆借市场**、**票据市场**、**大额可转让定期存单(CDs)市场**、**国库券市场**、**消费信贷市场**和**回购协议市场**六个子市场构成。

## 二、货币市场的类型

货币市场根据不同的借贷或交易方式和业务,可细分为以下几类子市场:

### (一) 银行短期信贷市场

银行短期信贷市场是指国际银行同业间的拆放,以及银行对工商企业提供短期信贷资金的场所。该市场是在资本国际化的过程中发展起来的,其功能在于解决临时性的短期流动资金的不足。短期信贷市场的拆放期是长短不一的。最短为日拆,一般多为1周、1个月、3个月和6个月,最长不超过1年。在国际上,拆放利率以伦敦同业拆放利率(LIBOR,London Interbank Offered Rate)为基础。该市场交易方式较为简便,存、贷款都是每天通过电话联系进行,贷款不必担保。

在我国,银行短期信贷市场集中在上海的全国银行间同业拆借中心。其利率称为上海银行间同业拆放利率(SHIBOR,Shanghai Interbank Offered Rate),被称为中国的LIBOR。发行隔夜、1周、2周、1个月、2个月、6个月、9个月、1年共8个品种。由18家大型银行组成报价银行团。

### (二) 短期证券市场

短期证券是指信用良好的工商企业为筹集短期资金而开出的票据。它可通过银行发行,票面金额不限,期限一般为4～6个月,交易按票面金额贴现的方式进行。短期证券是指经银行承兑过的商业票据。票据一经银行承兑,其信用就得以提高,从而易于流通。由于银行信用较高,故其流动性比商业承兑票据更强。短期证券市场是指进行短期证券发行与买卖的场所。其期限一般不到1年,这里的短期证券包括国库券、可转让定期存款单、商业票据、银行承兑票据等,它们的最大特点是具有较大的流动性和安全性。各国的短期信用工具种类繁多,名称也不一样,但实质上都属于信用票据。

### (三) 贴现市场

贴现市场是指对未到期票据,通过贴现方式进行资金融通而形成的交易市场。贴现市场的主要经营者是贴现公司。贴现交易的信用票据主要有政府国库券、短期债券、银行承兑票据和部分商业票据等。

## 三、货币市场的功能

货币市场产生和发展的初始动力是为了保持资金的流动性,它借助于各种短期资金融通工具将资金需求者和资金供应者联系起来,既满足了资金需求者的短期资金需要,又为资金盈余者的暂时闲置资金提供了获取盈利的机会。但这只是货币市场的表面功用,将货币市场置于金融市场以至市场经济的大环境中可以发现,货币市场的功能远不只如此。货币市场既从微观上为银行、企业提供灵活的管理手段,使它们在对资金的安全性、流动性、营利性相统一的管理上更方便灵活,又为中央银行实施货币政策以调控宏观经济提供手段,为保证金融市场的发展发挥巨大作用。

### (一) 短期资金融通功能

市场经济条件下的各种经济行为主体客观上有资金盈余方和资金不足方之分,从期间上可分为一年期以上的长期性资金余缺和一年期以内的短期性资金余缺两大类,相对于资本市场为中长期资金的供需提供服务,货币市场则为季节性、临时性资金的融通提供可行之径。相对长期投资性资金需求来说,短期性、临时性资金需求是微观经济行为主体最基本的也是最经常的资金需求。因为短期的临时性、季节性资金不足是由于日常经济行为的频繁性所造成的,是必然的、经常的。如果这种资金缺口不能得到弥补,那就连社会的简单再生产也不能维系,或者只能使商品经济处于初级水平。所以,短期资金融通功能是货币市场的一个基本功能。

### (二) 管理功能

货币市场的管理功能主要是指通过其业务活动的开展,促使微观经济行为主体加强自身管理,提高经营水平和盈利能力。

**1. 同业拆借市场、证券回购市场等有利于商业银行业务经营水平的提高和利润最大化目标的**

同业拆借和证券回购是商业银行在货币市场上融通短期资金的主渠道。充分发达的同业拆借市场和证券回购市场可以适时有度地调节商业银行准备金的盈余和亏缺,使商业银行无须为了应付提取或兑现而保有大量的超额准备金,从而将各种可以用于高收益的资产得以充分运用,可谓一举两得。为此,商业银行要运用科学的方法进行资金的流动性管理,使得商业银行资产负债管理跃上一个新的台阶。

**2. 票据市场有利于以营利为目的的企业加强经营管理,提高自身信用水平**

票据市场从票据行为上可以分为票据发行市场、票据承兑市场、票据贴现市场,从签发主体上可以分为普通企业票据和银行票据。只有信誉优良、经营业绩良好的主体才有资格签发票据并在发行、承兑、贴现各环节得到社会的认可和接受,不同信用等级的主体所签发和承兑的票据在权利义务关系上有明显的区别,如利率的高低、票据流动能力的强弱、抵押或质押的金额的大小等。所以,试图从票据市场上获得短期资金来源的企业必须是信誉优良的企业,而只有管理科学、效益优良的企业才符合这样的条件。

### (三) 政策传导功能

货币市场具有传导货币政策的功能。众所周知,市场经济国家的中央银行实施货币政策主要是通过再贴现政策、法定存款准备金政策、公开市场业务等的运用来影响市场利率和调节货币供应量以实现宏观经济调控目标的,在这个过程中货币市场发挥了基础性作用。

**1. 同业拆借市场是传导中央银行货币政策的重要渠道**

中央银行通过同业拆借市场传导货币政策借助于对同业拆放利率和商业银行超额准备金的影响。首先,同业拆放利率是市场利率体系中对中央银行的货币政策反应最为敏感和直接的利率之一,成为中央银行货币政策变化的"信号灯"。这是因为,在发达的金融市场上,同业拆借活动涉及范围广、交易量大、交易频繁,同业拆放利率成为确定其他市场利率的基础利率。国际上已形成在同业拆放利率的基础上加减协议幅度来确定利率的方法,尤其是伦敦同业拆借利率更成为国际上通用的基础利率。中央银行通过货币政策工具的操作,首先传导影响同业拆放利率,继而影响整个市场利率体系,从而达到调节货币供应量和调节宏观经济的目的。

**2. 票据市场为中央银行提供了宏观调控的载体和渠道**

传统的观念认为票据市场仅限于清算,甚至短期资金融通功能也经常被忽略。实际上,除了上述两个基本功能外,票据市场还为中央银行执行货币政策提供了重要载体。首先,再贴现政策必须在票据市场实施。一般情况下,中央银行提高再贴现率,会起到收缩票据市场的作用;反之则扩展票据市场。同时,中央银行通过票据市场信息的反馈,适时调整再贴现率,通过货币政策中介目标的变动,达到货币政策最终目标的实现。另外,随着票据市场的不断完善和发展,票据市场的稳定性不断增强,会形成一种处于均衡状态下随市场规律自由变动的、供求双方均能接受的市场价格,反映在资金价格上就是市场利率,它无疑是中央银行利率政策的重要参考。其次,多种多样的票据是中央银行进行公开市场业务操作的工具之一,中央银行通过买进或卖出票据投放或回笼货币,可以灵活地调节货币供应量,以实现货币政策的最终目标。

**3. 国库券等短期债券是中央银行进行公开市场业务操作的主要工具**

公开市场业务与存款准备金政策和再贴现政策相比有明显优势,它使中央银行处于主动地位。其规模根据宏观经济的需要可大可小,交易方法和步骤可以随意安排,不会对货币供给产生很大的冲击。同时,其操作的隐蔽性不会改变人们的心理预期,因此易于达到理想的效果。但是,开展公开市场业务操作需要中央银行具有相当规模、种类齐全的多种有价证券,其中国债尤其是短期国债是主要品种。因此,具有普遍接受性的各种期限的国库券成为中央银行进行公开市场业务操作的主要工具。

**4. 促进资本市场尤其是证券市场发展的功能**

货币市场和资本市场作为金融市场的核心组成部分,前者是后者规范运作和发展的物质基础。首先,发达的货币市场为资本市场提供了稳定充裕的资金来源。从资金供给角度看,资金盈余方提供的资金层次是由短期到长期、由临时性到投资性的,因此货币市场在资金供给者与资本市场之间搭建了一个"资金池"。资本市场参加者的必不可少的短期资金可以从货币市场得到满足,而从资本市场退出的资金也能在货币市场找到出路。因此,货币市场和资本市场就如一对"孪生兄弟",不可偏废任何一方。其次,货币市场的良性发展减少了由于资金供求变化对社会造成的冲击。从长期市场退下来的资金有了出路,短期游资对市场的冲击力大减,投机活动得到了最大可能的抑制。因此,只有货币市场发展健全了,金融市场上的资金才能得到合理的配置,从世界上大多数发达国家金融市场的发展历程中可以总结出"先货币市场,后资本市场"是金融市场发展的基本规律。

# 第四节 资本市场

**资本市场**(capital market)亦称长期证券市场,是指期限在一年以上的各种资金借贷和证券交易的证券市场。资本市场是政府、企业、个人筹措长期资金的市场,包括长期借贷市场和长期证券市场。在长期借贷中,一般是银行对个人提供的消费信贷;在长期证券市场中,主要是股票市场和长期债券市场。资本市场中的交易对象是一年以上的长期证券。因为在长期金融活动中,涉及资金期限长、风险大,具有长期较稳定收入,类似于资本投入,故称之为资本市场。资本市场中的证券种类远远多于货币市场中的证券种类,因此可以将资本市场细分为三个子市场:中长期债券市场、股票市场以及期权和期货衍生工具市场。这里先介绍前两种子市场,后一种专门放在第五节介绍。

## 一、中长期债券市场

### (一) 债券的概念

**债券**(bonds)是政府、金融机构、工商企业等机构直接向社会借债筹措资金时,向投资者发行,承诺按一定利率支付利息并按约定条件偿还本金的债权债务凭证。债券也称为固定收益型证券,承诺向投资者支付固定的收益流,或按某一特定公式计算的现金流。债券的本质是债务的证明书,具有法律效力。简单来说,债券就是可以流通买卖的借款凭证,债券购买者与发行者之间是一种债权债务关系,债券发行人即债务人(debtors),投资者(或债券持有人)即债权人(creditors)。资本市场上的债券主要是指中长期债券。债券上规定资金借贷的权责关系主要有三点:一是所借贷货币的数额,二是借款时间,三是在借贷时间内应有的补偿或代价是多少(即债券的利息)。所以,债券在发行时会确定相应的票面要素。

### (二) 债券的票面要素

**1. 债券的票面价值**

债券的票面价值是债券票面标明的货币价值,是债券发行人承诺在债券到期日偿还给债券持有人的金额。债券的票面价值要标明的内容主要有币种和票面金额。票面金额高低不同,可以适应不同的投资对象,同时也会产生不同的发行成本。票面金额定得较低,有利于小额投资者,购买持有者分布面广,但债券本身的印刷及发行工作量大,费用可能较高;票面金额定得较高,有利于少数大额投资者认购,发行成本也会相应减少,但使小额投资者无法参与。因此,债券票面金额的确定要根据债券的发行对象、市场资金供给情况及债券发行费用等因素综合考虑。

**2. 债券的到期期限**

债券的到期期限是指债券从发行之日起至偿清本息之日止的时间,也是债券发行人承诺承担合同义务的全部时间。决定偿还期限的主要因素有资金使用方向、市场利率变化、债券变现能力。

**3. 债券的票面利率**

债券的票面利率是指在债券上标识的利率，一年的利息与票面金额的比例，即在数额上债券每年应付给债券持有人的利息总额与债券总面值的百分比。票面利率的高低直接影响证券发行人的筹资成本和投资者的投资收益，一般是证券发行人根据债券本身的情况和对市场条件分析以及证券管理当局对票面利率的管理指导等因素决定的。影响债券票面利率的因素有借贷资金市场利率水平、筹资者的资信以及债券期限的长短。

**4. 债券发行者名称**

这一要素指明了该债券的债务主体。债券的发行主体可以是政府、金融机构和股份公司等。

今天，绝大部分债券都以电子形式存在，债券发行者以公布条例或公告形式向社会公开宣布债券的这些基本要素。此外，还有一些债券附有其他特殊性权利，如分期偿还、选择权、附有赎回选择权、附有出售选择权、附有可转换条款、附有交换条款、附有新股认购条款等。

### (三) 债券的种类

**1. 按利息结算方式可分为定息债券、浮息债券以及零息债券**

定息债券就是息票利率是固定的；浮息就是浮动的利率，一般是以一个标准利率为基准，高于或低于该利率的一定数额进行浮动，在国际借贷上最常用的浮动基准利率就是伦敦银行同业拆放利率(LIBOR)；零息债券则是没有息票利率的债券，也就是说，在到期日之前都不会得到任何利息支付。

**2. 按计价货币可分为本币债券和外币债券**

本币债券是以本国货币作为结算单位的债券，定期获得利息、到期归还本金及利息皆以本币支付。在我国，人民币债券占据当前中国债券市场的绝大部分份额，达到托管量和交易结算量的99%以上。外币债券是指以外币表示的、构成债权债务关系的有价债券。外币可转换债券、大额可转让存单、商业票据视为外币债券进行管理。外币债券是企业获得外汇融资的重要渠道之一。外币债券与国内银行外汇贷款和国际银行贷款构成了间接吸收外资的三大来源。

**3. 按发行方可分为政府债券、金融债券和公司债券**

政府债券包括国债和地方政府债。国债，是国家以其信用为基础，通过向社会筹集资金所形成的债权债务关系。地方政府债包括由中央财政代理发行和地方政府自主发行的由地方政府负责偿还的债券。金融债券是由银行和非银行金融机构发行的债券。我国目前的金融债券主要由国家开发银行、进出口银行等政策性银行发行。金融债券包括政策性金融债、商业银行债券、特种金融债券、非银行金融机构债券、证券公司债、证券公司短期融资券等。公司债券是公司依照法定程序发行，约定在一定期限内还本付息的债券。公司债券的发行主体是股份公司，但也可以是非股份公司的企业发行债券，所以，一般归类时，公司债券和企业发行的债券合在一起，可直接称为公司债券，包括中央企业债券和地方企业债券。

### (四) 债券的价格与收益

**1. 债券的价格**

债券价格是指债券发行时的价格。理论上，债券的面值就是它的价格。但实际上，由于发行者的种种考虑或资金市场上供求关系、利息率的变化，债券的市场价格常常脱离它的面值，有时高于面值，有时低于面值。也就是说，债券的面值是固定的，但它的价格却是经常变化的。发行者计息还本，是以债券的面值为依据，而不是以其价格为依据的。债券价格主要分为发行价格和交易价格。由于债券的利息和本金的偿还都发生在未来的数月或者数年以后，投资者愿意为这些收益权支付的价格取决于未来获得的货币的价值和现在所持有的现金价值的比较。**所以，债券的价值应该是各个期间所支付的利息的现值与到期时支付的本金的现值。**

$$\text{债券价值}=\text{利息现值}+\text{面值现值} \tag{5-1}$$

如果我们假设债券的到期日为 $T$，利率为 $r$，债券的价值可表示为：

$$\text{债券价格}=\sum_{t=1}^{T}\frac{\text{利息}}{(1+r)^t}+\frac{\text{面值}}{(1+r)^T} \tag{5-2}$$

从式(5-2)中的累积求和公式可知，求当前时刻债券的价格需要把利息收益的现值相加，每次利息的贴现都基于其支付的时间。等式右边第一项是一系列利息的现值，第二项是债券到期日支付面值的现值。从债券价值公式看出，利率越高，债权人所获收益的现值就越低。因此，**债券的价格随着市场利率的上升而下降**，这是债券定价中一个极其重要的普遍规律。

图 5-1 反映了面值为 1 000 元、30 年期、票面利率为 8%的债券价格与一定范围内的利率水平之间的关系。其中，当利率为 8%时，债券以面值出售；当利率大于 8%时，债券的价格小于面值，即折价出售；当利率小于 8%时，债券的价格大于面值，即溢价出售。从图 5-1 中曲线的形状可以观察到利率的上升导致的价格下跌的幅度要小于相同程度的利率的下降导致的价格上升的幅度。债券价格的这一特性被称为凸性，凸性反映了随着利率的逐渐上升，所引起的债券价格的下降幅度是逐步减小的。因此，价格曲线在利率较高时会变得平稳。

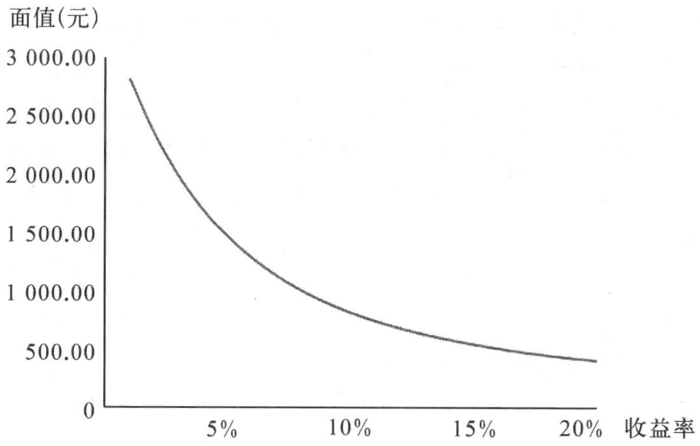


**图 5-1 债券价格与收益率的关系**

**2. 债券的收益率**

债券的当前收益仅度量债券所提供的现金收入(它是债券价格的某一百分比)，而不考虑任何预期资本损益。我们希望有一个指标,既可以解释当前收入,又可以说明债券在整个存续期内的价格涨跌。到期收益率(yield to maturity,YTM)就是总收益率的标准度量,是指买入债券后持有至期满得到的收益,包括利息收入和资本损益与买入债券的实际价格之比率。这个收益率是指按复利计算的收益率,它是能使未来现金流入现值等于债券买入价格的贴现率。假设 $F$ 为债券的面值,$C$ 为按票面利率每年支付的利息,$P_0$ 为债券当前市场价格,$r$ 为到期收益率,则:

$$P_0 = \sum_{t=1}^{n} \frac{C_t}{(1+r)^t} + \frac{F}{(1+r)^n} \tag{5-3}$$

**[例 5-1]** 如果票面金额为 1 000 元的 2 年期债券,第一年支付 60 元利息,第二年支付 50 元利息,现在的市场价格为 950 元,则该债券的到期收益率为多少?

$$950 = \frac{60}{(1+r)} + \frac{50}{(1+r)^2} + \frac{1\,000}{(1+r)^2}$$

到期收益率 $YTM = r = 5.5\%$

从例 5-1 可以看出,对溢价债券而言(债券以高于面值的价格出售),票面利率高于到期收益率;对折价债券而言(债券以低于面值的价格出售),票面利率低于到期收益率。通常我们听到人们谈论的债券收益,大多指的是到期收益率。

### 专栏 5-2

#### 首只外资法人银行金融债券成功发行

2010 年 5 月 20 日,首只外资法人银行发行的人民币金融债券在银行间债券市场顺利登陆。该只债券由三菱东京日联银行(中国)有限公司发行,发行金额 10 亿元,期限 2 年,发行利率为 3 个月 Shibor 加 48 个基点。

上海新世纪资信评估投资服务有限公司给予发行人该只债券 AAA 的债项评级,给予发行人 AAA 的主体评级,评级展望稳定。

本次发行由中国银行作为独家主承销商,中国工商银行、中国农业银行、招商银行、国家开发银行、上海浦东发展银行、中国邮政储蓄银行、南京银行、中银国际证券、平安证券、海通证券 10 家国内领先的金融机构作为承销团参与投标,获得超过 2 倍的超额认购,体现了投资者对发行人的认可与肯定。

2010 年 4 月,中国人民银行向该行颁发了在银行间债券市场发行金融债券的行政许可。此次,外资法人银行成功发行人民币金融债券体现了国家主管部门对建设上海国际金融中心的支持,是上海建设国际金融中心的重要成果之一。

此次首只外资法人银行金融债券的成功发行也得益于近年来银行间债券市场信用产品的快速发展。2004 年开始,国内商业银行发行次级金融债券,成为银行间市场面市的首批信用产品。此后,我国金融市场的改革开放不断深入,在政府主管部门的倡导下,商业银行金融债券、短期融资券、中期票据、资产支持证券、非银行金融机构债券等产品纷纷出炉,发行量大幅上升。随着发行人群体的不断扩大,市场投资者对信用产品的认知度逐步提高,对优质商业银行发行的金融债券尤为青睐。

资料来源：中证网.

**思考题：**

什么是外资法人金融债券？它的发行需要哪些条件？

## 二、股票市场

**股票**(stock)是一种有价证券，它是股份有限公司签发的证明股东所持有股份的凭证。股票市场也称为权益市场，因为股票代表对公司的所有权份额。每份普通股都赋予股东参与公司治理的一份投票权，同时也代表对公司收益的一份索取权。普通股作为资本市场上最重要的一种投资工具，具有两个特点：一是**剩余追索权**(residual claim)；二是**有限责任**(limited liability)。

剩余追索权是指股东对公司资产和权益的追索权位于最后一位。当公司清算资产时，普通股股东只有在其他索偿人如税务部门、公司员工、供应商、债券持有者和其他债权人等都得到补偿后，才能对剩余资产享有索偿权。对于未处于清算中的公司，普通股股东只对扣除利息和税收之后的运营收益享有索偿权。公司管理层可以将剩余收益以现金股利的形式发放给股东，也可以将其再投资到公司的业务中以增加股票价值。

有限责任是指公司经营失败时，股东的最高损失是其原始投资额。也就是说，投资有限责任公司的股份，最坏的情况就是投资者的投资本金全军覆没而不会给投资者带来除本金金额以外的负债。从另一个角度来说，如果债权人借钱给一家有限责任公司，公司在破产清算时资本不够偿还债务，那么作为债权人，也会有一定的损失，但没有权利要求企业的股东承担高于自己投资本金的债务。

### （一）股票的性质

**1. 股票是有价证券**

持有有价证券，一方面表示拥有一定价值量的财产，另一方面也表明有价证券持有人可以行使该证券所代表的权利。虽然股票本身没有价值，但股票是一种代表财产权的有价证券；股票与它代表的财产权有不可分离的关系。

**2. 股票是要式证券**

股票应具备《公司法》规定的有关内容，如果缺少规定的要件，股票就无法律效力。

**3. 股票是证权证券**

证券可分为设权证券和证权证券。设权证券是指证券所代表的权利本来不存在，而是随着证券的制作而产生，即权利的发生是以证券的制作和存在为条件的。证权证券是指证券是权利的一种物化的外在形式，它是权利的载体，权利是已经存在的。

**4. 股票是资本证券**

股票是投入股份公司资本份额的证券化，属于资本证券。股票独立于真实资本之外，在股票市场进行着独立的价值运动，是一种虚拟资本。

**5. 股票是综合权利证券**

股票不属于物权证券，也不属于债权证券，而是一种综合权利证券。股东权是一种综合权利,股东依法享有资产收益、重大决策、选择管理者等权利。

**(二) 股票的类型**

**1. 按股东享有权利的不同,股票可分为普通股票和优先股票**

普通股票是最基本、最常见的一种股票,其持有者享有股东的基本权利和义务。普通股票的权利完全随公司盈利的高低而变化。在公司盈利较多时,普通股票股东可获得较高的股利收益,但在公司盈利和剩余财产的分配顺序上列在债权人和优先股票股东之后,故其承担的风险也比较高。优先股票的股息率是固定的,其持有者的股东权利受到一定限制,但在公司盈利和剩余财产的分配上比普通股票股东享有优先权。

**2. 按是否记载股东姓名,股票可分为记名股票和不记名股票**

股份有限公司向发起人、法人发行的股票,应当为记名股票。记名股票有以下特点:(1) 股东权利归属于记名股东。(2) 可以一次或分次缴纳出资。(3) 转让相对复杂或受限制。(4) 便于挂失,相对安全。

发行无记名股票的,公司应当记载其股票数量、编号及发行日期。无记名股票有以下特点:(1) 股东权利归属股票的持有人。(2) 认购股票时要求一次缴纳出资。(3) 转让相对简便。(4) 安全性较差。

**3. 按票面是否记载金额,股票可分为有面额股票和无面额股票**

有面额股票,是指在股票票面上记载一定金额的股票。这一记载的金额也称为票面金额、票面价值或股票面值。无面额股票是指在股票票面上不记载股票面额,只注明它在公司总股本中所占比例的股票。目前世界上很多国家(包括中国)的公司法规定不允许发行这种股票。

专栏 5-3

**我国证券市场股票的基本类型**

根据股票的上市地点和所面对的投资者的不同,我国上市公司的股票可划分为:

(1) A股,也称为人民币普通股票、流通股、社会公众股、普通股,是指那些在中国大陆注册、在中国大陆上市的普通股票,以人民币认购和交易。1990年,我国A股股票一共只有10只,至1997年年底,A股股票增加到720只,A股总股本为1 646亿股,总市值为17 529亿元人民币,占国内生产总值的比率为22.7%。1997年A股年成交量为4 471亿股,年成交金额为30 295亿元人民币。我国A股股票市场经过几年快速发展,已经初具规模。

(2) B股也称为人民币特种股票,是指那些在中国大陆注册、在中国大陆上市的特种股票。以人民币标明面值,只能以外币认购和交易。B股公司的注册地和上市地都在境内。只不过投资者在境外或在中国香港、澳门及台湾。

(3) H股,也称为国企股,是指国有企业在中国香港(Hong Kong)上市的股票。

(4) S股,是指那些主要生产或者经营等核心业务在中国大陆,而企业的注册地在新加坡(Singapore)或者其他国家和地区,但是在新加坡交易所上市挂牌的企业股票。

(5) N股,是指那些在中国大陆注册、在纽约(New York)上市的外资股。自1993年在我国香港发行青岛啤酒H股以来,我国先后挑选了4批共77家境外上市预选企业,这些企业都处于各行业领先地位,这在一定程度上体现了中国经济的整体发展水平和增长潜力。到1997年年底,已经有42家境外上市预选企业经过改制在境外上市,包括上海石化、镇海化工、庆铃汽车、北京大唐电力、南方航空等。其中有31家在我国香港上市,6家在我国香港和纽约同时上市,2家在我国香港和伦敦同时上市,2家单独在纽约上市(N股),1家单独在新加坡上市(S股)。42家境外上市企业累计筹集外资95.6亿美元。

根据上市公司业绩的不同,我国证券市场股票可划分为:

(1) ST股,是指境内上市公司连续两年亏损,被特别处理的股票。

(2) *ST股,是指境内上市公司连续三年亏损的股票。摘帽是指原来是ST的,现在去掉ST了。

(3) 垃圾股,是指经营亏损或违规的公司的股票。

(4) 绩优股,是指公司经营很好,业绩很好,每股收益0.5元以上的股票。

(5) 蓝筹股,是指在其所属行业内占有重要支配性地位、业绩优良、成交活跃、红利优厚的大公司股票。

(6) 红筹股,是指那些在我国香港上市,但由中资企业直接控制或持有三成半股权以上的上市公司股份。

(7) 题材股,是指具有某种特别内涵的股票,而这一内涵通常会被当作一种选股和炒作题材,成为股市的热点。

---

**(三) 股票的价值**

股票的价值主要体现在每股权益比率和对公司成长的预期上。如果每股权益比率越高,那么相应的股票价值就越高;反之则越低。如果公司发展非常好,规模不断扩大,效益不断提高,能够不断分红,那么,股票价值就越高;反之则越低。

股票的价格可分为面值、发行价格、账面价值、清算价格、内在价值及市场价值六种。

**1. 面值**

股票的面值是股份公司在所发行的股票票面上标明的票面金额,它以元/股为单位,其作用是用来表明每一张股票所包含的资本数额。在我国上海和深圳证券交易所流通的股票的面值均为“壹元”,即每股一元。

**2. 发行价格**

当股票上市发行时,上市公司从公司自身利益以及确保股票上市成功等角度出发,对上市的股票不按面值发行,而制定一个较为合理的价格来发行,这个价格就称为股票的发行价格。

**3. 账面价值**

股票的账面价值又称为股票净值,也称为每股净资产,是用会计统计的方法计算出来的每股股票所包含的资产净值。其计算方法是用公司的净资产(包括注册资金、各种公积金、累积盈余等，不包括债务)除以总股本，得到的就是每股的净值。股份公司的账面价值越高，则股东实际拥有的资产就越多。由于账面价值是财务统计、计算的结果，数据较精确而且可信度很高，所以它是股票投资者评估和分析上市公司实力的重要依据之一。

**4. 清算价格**

股票的清算价格是指在股份公司破产或倒闭后进行清算时，每股股票所代表的实际价值。从理论上讲，股票的每股清算价格应与股票的账面价值一致，但企业在破产清算时，其财产价值是以实际的销售价格来计算的，而在进行财产处置时，其售价一般会低于实际价值。所以，股票的清算价格就会与股票的净值不相一致。股票的清算价格只是在股份公司因破产或其他原因丧失法人资格而进行清算时才被作为确定股票价格的依据，在股票的发行和流通过程中没有意义。

**5. 内在价值**

股票的内在价值又称理论价值，是指利用基本面数据使用某种股价评估方法求得的股票价值。

**6. 市场价值**

股票的市场价值是指股票在交易过程中交易双方达成的成交价，通常所指的股票价格就是指市场价值。股票的市价直接反映股票市场的行情，是股民购买股票的依据。由于受众多因素的影响，股票的市价处于经常性的变化之中。股票价格是股票市场价值的集中体现，因此这一价格又称为股票行市。

投资者采取相应投资策略的依据主要是从股票的内在价值与市场价值的大小来判断的。如果投资者求得股票的内在价值高于市场价值，说明当前时刻股票被低估，应采取买入的投资策略；反之，如果投资者求得股票的内在价值低于市场价值，说明当前时刻股票被高估，应采取卖出的投资策略。

### (四) 股票的内在价值与收益率

在股票投资中，如果我们可以预期未来的股价，是不是会对我们的投资带来很大的帮助？事实上，对于股票未来价格的估算是非常困难的。但是，我们可以了解一些关于股价估算的理论方法，在以后的学习或实践操作中可以深入研究这个问题。股价估算实际上就是要估计股票的内在价值，计算方法是把股利和最终出售股票的所得用适当的风险调整**必要收益率**(required rate of return)进行贴现得到的。在描述必要收益率之前，需要简单介绍**持有期收益率**(holding period return)这个概念。

在股票投资中，经常用持有期收益率来衡量投资者投资收益的高低。持有期收益率是指投资者持有股票期间的股息或红利收入与买卖价差占股票买入价格的比例。其计算公式如下：

$$\text{持有期收益率}=(\text{当期红利}+\text{股价变化})\div\text{总投资金额} \tag{5-4}$$

股价变动占总投资额的比例称为资本利得收益率，而当期红利占总投资额的比例称为股利收益率。所以，从式(5-4)可以得到股票的持有期收益率就等于股票的资本利得收益率与股利收益率之和。

**[例5-2]** 投资者A在今天买入一只股票,现价为10元,股数为100股,假设投资持有期为一年。到明年的这一天,A将卖出这100股股票,股价为11元,交易手续费忽略不计,且在这一年内该公司有一次股利分红,每股分红0.5元,那么A的投资收益率为多少?

投资者A的持有期收益率=150÷(100×10)=15%

资本利得率=100÷1 000×100%=10%

当期收益率=50÷1 000×100%=5%

在对股票进行估值,也就是计算股票的内在价值时,我们是根据股票能为投资者带来的所有现金回报的现值求得的。也就是把股利和最终出售股票的所得用适当的风险贴现率进行贴现得到的。必要收益率,又称最低必要报酬率或最低要求的收益率,表示投资者对某资产合理要求的最低收益率。所以在贴现的时候,必要收益率就作为贴现率进行折算。

**[例5-3]** 承例5-2,投资者A投资于某股票,投资持有期为1年,当前股价为10元,1年后股价为11元,该公司这一年内会进行一次红利派发,每股0.5元。据统计,该公司的必要收益率为12%,求这只股票的现值(内在价值)。

核心问题就是求出现值,也就是未来现金流的贴现值。先分析案例中未来的现金流是什么。

(1) 现金红利=0.5×100=50(元)

(2) 卖出股票所得=11×100=1 100(元)

这两笔就是未来将发生的现金流,是以收入的形式发生的。这两笔钱贴现到投资者A投资的那一天就是这笔投资的现值。

$$V_0=\frac{500+1\,100}{1+Y}=\frac{1\,150}{1+12\%}=1\,026.79(\text{元})>1\,000(\text{元})$$

初始投资为1 000元,未来现金流的现值为1 026.79元,可以看出这笔投资的现值大于初始投资,所以值得投资,是一个好项目。进一步简化,得到一股股票的现值,也就是股票价格的现值,只要将总数除以股数即可。

$$V_0=\frac{500+1\,100}{(1+Y)\times 100}=\frac{1\,150}{(1+12\%)\times 100}=10.27(\text{元})>10(\text{元})$$

综上所述:

$$\boldsymbol{V_0=\frac{[E(D_1)+E(P_1)]}{1+Y}} \tag{5-5}$$

式(5-5)就是内在价值法估算股票价格的公式。

### (五) 股利贴现模型

假设投资者A买入的股票,计划持有1年。该股票的内在价值是年末公司派发的股利$D_1$与预期售价$P_1$的现值。预期售价和股利并不已知,因此我们计算的内在价值并不确定,而是一个期望值,所以我们用$P_1$代替$E(P_1)$,得到当前时刻股票的内在价值。

$$\boldsymbol{V_0=\frac{D_1+P_1}{1+Y}} \tag{5-6}$$

尽管根据公司历年的财务报表和经营情况,可以预测年末公司派发的股利。但是,我们应该怎样估计年末的价格 $P_1$ 呢? 根据式(5-6),可得:

$$V_1 = \frac{D_2 + P_2}{1+Y} \tag{5-7}$$

若假设下一年股票将会以内在价值被销售,即 $V_1 = P_1$,将其代入式(5-7),可得:

$$V_0 = \frac{D_1}{1+Y} + \frac{D_2 + P_2}{(1+Y)^2} \tag{5-8}$$

该式可以解释为持有期 2 年的股利现值和售价现值之和。不过,$P_2$ 的价格也是未知的,我们需要继续用刚才的办法,用下一期的股利和售价现值进行替代。可以得到:

$$V_0 = \frac{D_1}{1+Y} + \frac{D_2}{(1+Y)^2} + \cdots + \frac{D_n + P_n}{(1+Y)^n} \tag{5-9}$$

事实上,股票现值就是一系列收入和最终收入的现值之和,且股票的股利不确定,没有固定的到期日,最终售价也不能确定,所以式(5-9)可以无限地替代下去,得到:

$$V_0 = \frac{D_1}{1+Y} + \frac{D_2}{(1+Y)^2} + \frac{D_3}{(1+Y)^3} + \cdots \tag{5-10}$$

式(5-10)说明股票的价格等于无限期内所有预期股利的现值之和,该式就是股利贴现模型(dividend discount model,DDM)的表达式。式(5-10)很容易让人认为股利贴现模型只注重股利,而忽略了资本利得也是投资者投资股票的一个动机,这种观点是不正确的。事实上,式(5-5)已经说明了资本利得(反映在预期售价 $P_1$ 中)是股票价值的一部分。股利贴现模型说明股票的未来售价取决于投资者现在对股利的预期。

### (六) 固定增长的股利贴现模型(戈登模型)

式(5-8)在对股票进行估价时的作用并不是很大,因为它要求的数据量太大,需要无数个未来股利的预期值和未来股价的预期值,这实在很难办到。为了使股利贴现模型更具有实用性,我们需要引入一个简化的模型。通常我们假设,未来的股利是成一定的比例等比例增长的,这个比例就是股利增长率 $g$,而 $g$ 一般是固定的。假设 $g=0.05$,现在已经支付的股利为 3.81 元,预测未来的股利:

$D_1 = D_0(1+g) = 3.81 \times (1+0.05) = 4$

$D_2 = D_0(1+g)^2 = 3.81 \times (1+0.05)^2 = 4.20$

$D_3 = D_0(1+g)^3 = 3.81 \times (1+0.05)^3 = 4.41$

⋮

把这些股利的预测值代入式(5-5),可得出内在价值为:

$$V_0 = \frac{D_0(1+g)}{1+Y} + \frac{D_0(1+g)^2}{(1+Y)^2} + \frac{D_0(1+g)^3}{(1+Y)^3} + \cdots$$

该式可以进一步简化为:

$$V_0 = \frac{D_0(1+g)}{Y-g} \tag{5-11}$$

式(5－11)称为固定增长的股利贴现模型(constant growth DDM),简称固定增长模型,或称戈登模型。该模型类似于永续年金的计算公式。若股利不增长($g=0$),那么股利现金流就是简单的永续年金。根据戈登模型表达式,可以将股票内在价值的决定因素归纳为未来股利、必要收益率和股利增长率几个因素。在未来股利和必要收益率都不变的情况下,股利增长率的增长会使内在价值增高,反之内在价值会降低;而在股利和股利增长率都不变的情况下,必要收益率的增高会使股价降低,原因是必要收益率增高,使得未来现金流的贴现因子变大,进而使得未来现金流也就是股利的贴现值变小;股利与内在价值的关系就更直观,在其他条件都不变的情况下,股利与内在价值是同向变化的。但在实际情况下,股价估算并不是用一个简单的公式就能准确计算的,更多时候会用分段式股利贴现得到一个相对准确的内在价值,本书不做详细介绍。

## 第五节　衍生工具市场

### 一、金融衍生工具市场的产生与发展

**金融衍生工具**(derivatives),又称金融衍生产品,与基础性金融工具相对应,是指在一定的基础性金融工具的基础上派生出来的金融工具,一般表现为一些合约,其价值由作为标的物的基础性金融工具的价格决定。目前,在国际金融市场上最为普遍运用的衍生工具有金融远期、金融期货、金融期权和互换。

#### (一) 金融衍生工具的特点

(1) 价值受制于基础性金融工具。金融衍生工具是由传统的基础性金融工具派生出来的。由于它是衍生物,不能独立存在,因此其价值的大小在相当程度上受制于相应的基础性金融工具价格的变动。

(2) 具有高杠杆性和高风险性。金融衍生工具在运作时多采用财务杠杆方式,即采用缴纳保证金的方式进入市场交易。市场的参与者只需动用少量资金即可买卖交易金额巨大的金融合约。期货交易的保证金和期权交易中的期权费都属于这种情况。近年来,一些国际性大型金融机构在衍生工具交易方面的失利真实地显现了金融衍生工具交易的高风险性:2008年,法国兴业银行交易员热罗姆·盖维耶尔在未经授权的情况下大量购买欧洲股指期货,最终给银行造成49亿欧元损失。

(3) 构造复杂,设计灵活。相对于基础性金融工具而言,金融衍生工具具有构造复杂、设计灵活的特征。

#### (二) 金融衍生工具市场的功能

创设与交易金融衍生工具的市场被称为金融衍生工具市场。金融衍生工具市场主要有三大功能:

第一,价格发现功能。衍生工具的市场价格会伴随着交易者对交易标的物未来价格预

期的改变而波动。因此,如果市场竞争是充分和有效的,那么,衍生工具的市场价格就是对标的物未来价格的事先发现,能够相对准确地反映交易者对标的物未来价格的预期。

第二,套期保值功能(又称风险管理功能)。套期保值是金融衍生工具市场最早具有的基本功能。所谓套期保值,是指交易者为了配合现货市场交易,而在期货等金融衍生工具市场上进行与现货市场方向相反的交易,以便达到转移、规避价格变动风险的交易行为。

第三,投机获利手段。投机的目的是获取价差。投机者的投机行为完全是一种买空卖空的行为。当投机者预测资产价格会上升时,便做多头,买进期货等金融合约,并在价格涨到自己理想的价位时适时卖出合约平仓,从而获得价差收益;相反,当投机者预测资产价格会下跌时,便做空头,卖出期货等金融合约,并在价格下跌过程中适时买回相同的期货合约平仓,获取高卖低买的差价收益。

综上所述,金融衍生工具市场在为市场参与者提供灵活便利的避险工具的同时,也促成了巨大的世界性投机活动,加剧了国际金融市场的不稳定性。

#### (三) 金融衍生工具市场的产生与发展

为了避免或减少因汇率、利率过分波动所引起的市场风险,金融衍生工具市场应运而生。1972 年 5 月,美国芝加哥商品交易所推出了外汇期货合约,这是第一笔金融期货合约在交易所内上市交易,意味着现代意义上的金融衍生工具产生。金融衍生工具市场自 20 世纪 70 年代产生以来,发展迅速。

### 二、金融远期合约市场

#### (一) 金融远期合约的含义

**金融远期合约**(financial forword contract)是指交易双方约定在未来某一个确定的时间,按照某一确定的价格买卖一定数量的某种金融资产的合约。金融远期合约是由交易双方通过谈判后签署的非标准化合约,远期合约一般不在规范的交易所内进行交易,而是在场外市场进行交易。所以,远期合约的流动性较差。

#### (二) 远期利率协议

金融远期合约的种类主要有远期利率协议、远期外汇合约等。远期利率协议是交易双方承诺在某一个特定时期内按双方协议利率借贷一笔确定金额的名义本金的协议。远期利率协议的买方是名义借款人,其订立远期利率协议的目的主要是规避利率上升的风险或者从利率上升中牟利;远期利率协议的卖方是名义贷款人,其订立远期利率协议的目的主要是规避利率下降的风险或者从利率下降中谋利。

**[例 5-4]** 假设 A 公司在 6 个月之后需要 1 笔金额为 1 000 万美元的资金,为期 3 个月,其财务经理预测届时利率将上涨,因此,为锁定其资金成本,2019 年 4 月 8 日(星期一),该公司与某银行签订了一份协议利率为 5.9%,名义本金为 1 000 万美元的 6×9 远期利率协议。

在该远期利率协议中,合同金额为 1 000 万,合同货币为美元,2019 年 4 月 8 日为交易日(远期利率协议成交的日期),5.9%为协议利率(也称合同利率),“6×9”的意思是指起算日和结算日(名义借贷开始的日期)之间为6个月,起算日至名义贷款最终到期日之间为9个月。交易日与起算日一般时隔2个交易日。在本例中,交易日是2019年4月8日(星期一),那么,起算日就是2019年4月10日(星期三),结算日则是2019年10月10日(星期四),到期日为2020年1月10日(星期五)。结算日至到期日之间的天数为远期利率协议的合同期,本协议的合同期为2019年10月10日至2020年1月10日。在结算日之前的2个交易日(本协议中的2008年10月8日)为确定日,即确定参照利率的日期。远期利率协议通常选择确定日的伦敦银行间同业拆放利率(Libor)作为参照利率。如果确定日的参照利率超过协议约定的利率,那么卖方就要向买方支付一笔结算金,用以补偿买方在实际借款中因利率上升而造成的损失。一般来说,实际借款利息是在贷款到期时支付的,而结算金则是在结算日支付的,因此结算金并不等于因利率上升而给买方造成的额外利息支出,而等于额外利息支出在结算日的贴现值。远期利率协议最重要的功能在于通过固定将来实际支付的利率而避免了利率变动风险。

## 三、金融期货市场

### (一) 金融期货合约的含义

**金融期货合约**(futures)是指交易双方同意在约定的将来某个日期按约定的条件买入或卖出一定标准数量的某种金融工具的标准化合约。金融期货合约都是在交易所内进行的交易,交易双方不直接接触,而是各自与交易所的清算部或专设清算公司结算。金融期货合约还克服了远期合约流动性差的特点,具有很强的流动性。另外,金融期货交易采取盯市原则,每天进行结算。

### (二) 金融期货合约的种类

依据合约标的物的不同,金融期货可分为外汇期货、利率期货、股票价格指数期货和股票期货。

**1. 外汇期货(货币期货)**

外汇期货是以外汇为标的物的期货合约,是金融期货中最早出现的品种。

**[例5-5]**　如果A公司3个月后需要买入某种外汇,则为了规避汇率上升的风险,它可在期货市场上买进外汇期货;相反,如果A公司现在持有某种外汇,则为了规避汇率下降的风险,它可在期货市场上卖出外汇期货。

如表5-1所示,A公司3个月后需要1笔300 000 000日元的款项,由于担心未来日元兑美元升值,故在期货市场上买入24份为期3个月的日元期货合约,每份合约规模为12 500 000日元,日元对美元的期货价格为0.008 211(即1日元兑0.008 211美元)。3个月后,日元升值,日元对美元的即期汇率由3个月前的1日元兑0.008 095美元升至1日元兑0.008 293美元,A公司在现汇市场以1日元兑0.008 293美元的汇率水平买入300 000 000日元,买入成本较3个月前增加了59 400美元。但在期货市场上,A公司获利30 000美元。由此可见,通过买入外汇期货,A公司在一定程度上规避了汇率波动的风险。

表 5-1 现货市场与期货市场的交易

| 日 期 | 现 货 市 场 | 期 货 市 场 |
| --- | --- | --- |
| 目前 | 3 个月后需要 1 笔 300 000 000 日元的款项<br>目前的即期汇率＝0.008 095(USD/JY) | 担心未来日兑美元升值买进 24 份日元期货<br>日元期货价格＝0.008 211(USD/JY) |
| 3 个月后 | 以美元兑换 300 000 000 日元<br>当时日元即期汇率＝0.008 293(USD/JY) | 卖出 24 份日元期货<br>日元期货报价＝0.008 311(USD/JY) |
| | JY 300 000 000×(0.008 293－0.008 095)<br>＝59 400(美元)<br>购买成本增加 59 400 美元 | 24×JY 12 500 000×(0.008 311－0.008 211)<br>＝30 000(美元)<br>获利 30 000 美元 |

**2. 利率期货**

利率期货是以一定数量的与利率相关的某种金融工具,即各种固定利率的有价证券为标的物的金融期货品种。

**[例 5-6]** 美国短期国库券期限在 1 年以内,采用贴现方式发行。短期国库券期货一般以 90 天期的国库券为标的资产,每份合约的规模为 100 万美元。短期国库券期货的报价以百分比表示,例如,当短期国库券的收益率为 6.25%时,则期货报价＝100%－6.25%＝93.75%,在交易所的显示屏上显示为 93.75,这又被称为 IMM 指数。当收益率上升为 6.35%时,报价变成 93.65;当收益率下降为 6.15%时,报价为 93.85。从该公式可以看出,当市场利率(收益率)上升时,IMM 指数下降,期货价格下跌;反之,市场利率下降,IMM 指数上升,期货价格上升。但上述 93.85 仅是 IMM 指数报价形式,并非利率期货的价格,每 1 份(100 万美元)短期国库券期货合约价格的计算公式为:

$$\boldsymbol{F}=[1-90/360\times(1-\text{IMM 指数}\%)]\times1\,000\,000 \tag{5-12}$$

当 IMM 指数为 93.75 时,按照上述公式计算的 1 份期货合约的价格为 984 375 美元。根据交易规则,90 天期限的国库券期货合约最低价格波动幅度为 1 个基点(0.01%),对应金额为 25 美元。也就是说,收益率上升 10 个基点,则每份标准的理论期货合约价格将下降 250 美元。当市场利率上升 10 个基点时,IMM 指数为 93.65%,期货价格将减少 250 美元,为 984 125 美元。

假设投资者计划 1 个月后以 90 天国库券收益率借入 3 个月期的 1 亿美元资金,当前 90 天国库券收益率为 6.25%,因担心 1 个月后利率上升增加借款成本,该投资者决定用利率期货进行套期保值:卖出 100 份 3 个月后交割的短期国库券期货合约,价值为 98 437 500 美元。3 个月后,90 天国库券收益率上升到 6.35%,该投资者计划借款 1 亿美元,利息成本将增加 25 000 美元(90÷360×0.1%×1 亿)。但该投资者可在期货市场上买入 100 份当月交割的短期国库券期货合约,价值为 98 412 500 美元,将原有空头期货头寸平仓,获利 25 000 美元,正好抵消了增加的利息成本,有效地规避了利率风险。

**3. 股票价格指数期货**

股票价格指数期货是以股票价格指数作为标的物的期货交易。

**[例 5-7]** 合约标的物为沪深 300 指数,报价单位为指数点,每点 300 元。股指期货交

易实行保证金制度。现假设客户A在某一期货公司开立了期货交易账户,并往账户上存入保证金50万元,准备进行股指期货交易。2006年12月2日,客户A买入沪深300股指期货仿真0703合约5手,成交价2 000点,每点300元,则这笔期货合约价值为:

2 000×300×5=3 000 000(元)

如果同一天平仓2手,成交价为2 100点,当日结算价为2 150点,假定保证金比例为15%,手续费为0.01%,则客户账户情况为:

当日平仓盈余=(2 100-2 000)×300×2=60 000(元)

当日持仓盈余=(2 150-2 000)×300×3=135 000(元)

当日盈余总额=60 000+135 000=195 000(元)

手续费=2 000×300×5×0.000 1+2 100×300×2×0.000 1=426(元)

当日权益=500 000+195 000-426=694 574(元)

保证金占用=2 150×300×3×15%=290 250(元)

可用资金=694 574-290 250=404 324(元)

股票价格指数期货兼有套期保值和投资获利的功能。

## 四、金融期权市场

### (一) 金融期权的基本含义

**金融期权**(option)是指赋予其购买方在规定期限内按买卖双方约定的价格购买或出售一定数量某种金融资产的权利的合约。金融期权合约的主要内容包括:

(1) 期权合约的买方与卖方。期权合约的买方是买进期权、付出期权费的投资者,也称期权持有者或期权多头。期权合约的卖方是卖出期权、收取期权费的投资者。

(2) 期权费。期权费又称权利金、期权价格或保险费,是指期权买方为获得期权合约所赋予的权利而向期权卖方支付的费用。

(3) 合约中标的资产的数量。

(4) 执行价格。

(5) 到期日。

### (二) 金融期权的种类

#### 1. 按期权的权利性质划分,可分为看涨期权和看跌期权

**看涨期权**(call option)也称认购期权,是指赋予期权买方在给定时间或在此时间以前的任一时刻以执行价格(exercise price)从期权卖方手中买入一定数量的某种金融资产权利的期权合约。投资者通常会在预期某种金融资产的价格将要上涨时买入看涨期权。**看跌期权**(put option)也称认沽期权,是指赋予期权买方在给定时间或在此时间以前的任一时刻以执行价格卖给期权卖方一定数量的某种金融资产权利的期权合约。投资者通常会在预期某种金融资产的价格将要下跌时买入看跌期权。

#### 2. 按期权的行权时间划分,可分为欧式期权和美式期权

**欧式期权**是只允许期权的持有者在期权到期日行权的期权合约。**美式期权**则允许期权持有者在期权到期日前的任何时间执行期权合约。在其他情况一定时,美式期权的期权费

通常比欧式期权的期权费要高一些。

**3. 按期权合约的标的物的资产划分,可分为股票期权、外汇期权、期货期权**

股票期权是指以单一股票作为标的资产的期权合约。外汇期权是指以各种货币为标的资产的期权合约。期货期权是指以各种期货合约为资产的期权合约。

**表 5-2 金融期权合约与金融期货合约的区别**

| | 金融期权合约 | 金融期货合约 |
|---|---|---|
| 标准化程度与交易场所 | 既有标准化合约,也有非标准化合约。标准化合约在交易所内进行交易,非标准化合约在场外进行交易 | 都是标准化合约,都在交易所内进行交易 |
| 交易双方的权利与义务 | 交易双方的权利和义务是不平等的。合约的买方只拥有权利,不承担义务;相反,合约的卖方只承担义务,不拥有权利。当合约的买方行权时,卖方必须承担相应的义务 | 交易双方的权利和义务是平等的。除非用相反的合约冲销,这种权利和义务在到期日必须行使,也只能在到期日行使 |
| 盈亏风险承担 | 合约买方损失有限(以期权费为限),盈利可能无限;合约卖方损失可能无限,但盈利有限(以期权费为限) | 交易双方所承担的盈亏风险都是无限的 |
| 保证金要求 | 合约买方不用缴纳保证金,合约卖方需要缴纳保证金 | 交易的买卖双方都需要缴纳保证金 |
| 结算方式 | 到期结算 | 每日结算 |

## 五、金融互换市场

**金融互换**(financial swaps)市场是指交易双方利用各自筹资机会的相对优势,以商定的条件将不同币种或不同利息的资产或负债在约定的期限内互相交换,以避免将来汇率和利率变动的风险,获得常规筹资方法难以得到的币种或较低的利息,实现筹资成本降低的一种交易活动。金融互换市场的原理是比较优势理论。只要满足以下两个条件就可以进行互换:第一,双方对对方的资产或负债均有需求;第二,双方在两种资产或负债上存在比较优势。金融互换包括两种类型,即利率互换和货币互换。

### (一) 利率互换

利率互换是指交易双方对两笔币种与金额相同,期限一样,但付息方法不同的资金进行互相交换利率的一种预约业务。双方进行利率互换的原因是双方在固定利率和浮动利率的市场上,各自具有比较优势。

**[例 5-8]** 假定 A、B 两个公司都想通过发行债券的方式借入 5 年期的、价值 100 万美元的货币借款,但 A 公司想以固定利率方式借入资金,而 B 公司想以浮动利率借入资金。两家公司信用等级不同,A 公司信用等级低于 B 公司,故市场向它们提供的利率也不同,如表 5-3 所示。

表 5-3 A、B 两家公司发行 5 年期债券的市场利率水平

| | 固定利率 | 浮动利率 |
|---|---|---|
| A 公司 | 16% | Libor+2% |
| B 公司 | 14% | Libor+1% |

A 公司无论是在发行浮动利率债券还是在发行固定利率债券上成本均高于 B 公司，但其在发行浮动利率债券上有比较优势，B 公司在发行固定利率债券上有比较优势。双方利用各自的比较优势，A 公司发行浮动利率债券，利率为 Libor+2%；B 公司发行固定利率债券，利率为 14%，然后进行利率互换。由于本金相同，故双方不必交换本金，而只交换利息的现金流。通过商业银行等互换中介，A、B 公司达成了利率互换协议。通过利率互换，A、B 公司降低了各自的筹资成本。

**(二) 货币互换**

货币互换是指交易双方互相交换金额相同、期限相同、计算利率方法相同，但货币币种不同的两笔资金及其利息的业务。

## 本章小结

1. 证券是指各类记载并代表一定权利的法律凭证，它用以证明持有人有权依其所持凭证记载的内容而取得应有的权益。证券是指用以证明或设定权利所做成的书面凭证，它表明证券持有人或第三者有权取得该证券拥有的特定权益，或证明其曾经发生过的行为。

2. 证券市场是股票、债券、投资基金份额等有价证券发行和交易的场所。证券市场是市场经济发展到一定阶段的产物，是为解决资本供求矛盾和流动性而产生的市场。

3. 证券市场中介机构是指为证券的发行与交易提供服务的各类机构。中介机构是连接证券投资人与筹资人的桥梁，是证券市场运行的组织系统。在证券市场起中介作用的机构是证券公司和其他证券服务机构，通常把两者合称为证券市场中介机构。

4. 货币市场是短期资金市场，是指融资期限在一年以下的证券市场，是证券市场的重要组成部分。由于该市场所容纳的金融工具主要是政府、银行及工商企业发行的短期信用工具，具有期限短、流动性强和风险小的特点。

5. 资本市场(capital market)亦称长期证券市场，是指期限在一年以上各种资金借贷和证券交易的证券市场。资本市场是政府、企业、个人筹措长期资金的市场，包括长期借贷市场和长期证券市场。

6. 债券(bonds)是政府、金融机构、工商企业等机构直接向社会借债筹措资金时，向投资者发行，承诺按一定利率支付利息并按约定条件偿还本金的债权债务凭证。债券就是可以流通买卖的借款凭证或者说借据，债券购买者与发行者之间是一种债权债务关系，债券发行人即债务人，债券持有人即债权人。

7. 债券的价格随着市场利率的上升而下降。利率的上升导致的价格下跌的幅度要小

于相同程度的利率的下降导致的价格上升的幅度。

8. 股票是一种有价证券,它是股份有限公司签发的证明股东所持有股份的凭证。每份普通股都赋予股东在年度股东大会上对任何公司治理事务的一份投票权,同时也代表对公司财务利益的一份索取权。

9. 金融衍生工具是指建立在基础产品或基础变量之上,其价格取决于基础金融产品价格(或数量)变动的派生金融产品。

10. 金融衍生工具,又称金融衍生产品,是指在一定的基础性金融工具的基础上派生出来的金融工具,一般表现为一些合约,其价值由作为标的物的基础性金融工具的价格决定。

11. 金融期货合约是指交易双方同意在约定的将来某个日期按约定的条件买入或卖出一定标准数量的某种金融工具的标准化合约。

12. 金融期权是指赋予其购买方在规定期限内按买卖双方约定的价格购买或出售一定数量某种金融资产的权利的合约。

## 关键术语

| | | | | |
|---|---|---|---|---|
| 有价证券 | 证券市场 | 货币市场 | 资本市场 | 债券价值 |
| 到期收益率 | 股利贴现模型 | 戈登模型 | 金融衍生产品 | 期货与期权 |

## 思考题

1. 广义的证券包括哪几种,其典型代表有哪些?狭义的证券主要是指哪种证券?

2. 什么是一级市场?什么是二级市场?两者的关系怎样?

3. 证券市场的参与者包括哪些主体?这些主体的作用是如何体现的?

4. 货币市场工具有哪些特点?

5. 通过中央银行实施货币政策,货币市场的政策传导作用是如何传递的?

6. 普通股、优先股以及公司债券之间的主要区别是什么?

7. 四特公司持有甲公司的债券还有4年到期,其债券面值为1 000元,票面利率为8%,每年付息一次。若该债券当期市价为825元,计算债券到期的收益率。

8. ABC公司刚刚派发了每股3元的年度股利,预期股利以8%的固定增长率增长,该公司股票的必要收益率为16%,该股票的内在价值是多少?

9. 按照金融衍生工具自身交易的方法及特点分类,金融衍生工具可以分为哪几类?

10. 下列各项中,哪种证券的售价将会更高?

a. 利率为9%的10年期长期国债和利率为10%的10年期长期国债。

b. 期限为3个月、执行价格为每股40元的看涨期权和期限为3个月、执行价格为每股35元的看涨期权。

c. 执行价格为每股50元的看跌期权和标的物为另一只股票、执行价格为每股60元的看跌期权,股票和期权的其他相关特点均相同。

# 第六章
# 外汇市场

## 第一节　外汇与汇率

在国际贸易中，常常涉及各国货币之间的相互兑换。例如，我国在进口外国商品、支付外国人员工资以及购买外国服务时，必须将人民币兑换成外国货币。不同货币之间的交易在外汇市场进行，外汇市场的交易决定了货币兑换的比率，该比率又决定了购买外国商品和金融资产的成本。

### 一、外汇概述

**外汇**(foreign exchange)是国际汇兑的简称。从动态角度看，外汇是指人们将一种货币兑换成另一种货币，清偿国际债权债务关系的行为，是一种国际汇兑活动。而从静态的角度看，外汇一般是指以外币表示的用于进行国际结算的支付手段。根据1996年实施的《中华人民共和国外汇管理条例》的解释，外汇是指下列以外币表示的可以用作国际清偿的支付手段和资产：(1) 外币现钞，包括纸币、铸币；(2) 外币支付凭证或者支付工具，包括票据、银行存款凭证、银行卡等；(3) 特别提款权；(4) 其他外汇资产。

然而，并不是所有的外国货币都能成为外汇。一个国家的货币要在国际上被广泛运用和接受并成为通用的外汇，必须具备以下几个特点：

(1) 外币性。外币性是指外汇必须是外国货币而非本国货币。比如，美国居民不能把美元当作外汇，但是美元对于其他国家居民而言就是外汇。

(2) 可自由兑换性。可自由兑换性是指外汇能自由兑换成本国货币或者其他货币，这一特点使得外汇的购买力能在世界各国之间自由转移，从而实现支付手段的功能，使国际债务得到清偿。人民币在1996年实现了经常项目下的可自由兑换，但截至2019年，在资本和金融项目下人民币没有实现自由兑换，虽然目前人民币不是自由兑换货币，但近年来人民币国际化正在稳步发展。据环球同业银行金融电信协会2018年1月统计，人民币在国际支付货币中的份额为1.66%，为全球第五大支付货币。

(3) 普遍可接受性。普遍可接受性就是外币在国际经济往来中被广泛使用和接受。

(4) 可偿性。可偿性是指外币所代表的资产必须是在外国能得到偿付的货币债权。例如，出票人开出，但是银行拒付的汇票，就不能实现国际汇兑，货币的债权无法清偿。

## 二、汇率的概念和报价方式

如同商品有价格一样,外汇也有价格。外汇是可以在国际市场上自由兑换、自由买卖的资产,可以被看作一种特殊的商品。而汇率就是这种特殊商品的“价格”。**外汇汇率**(foreign exchange rate)就是一国货币与另一国货币的比价,或者说是以一种货币所表示的另一种货币的价格。与一般商品价格不同的是,外汇汇率具有双向性的特点,既可以用本币表示外币价格,又可以用外币表示本币价格。

在外汇市场上,汇率的标价精确到小数点后四位。汇率的最小变化单位为一个基点,即最后一位数字的变化。一个**基点**(basis point)也可以被定义为“百分之零点零一”(0.01%)或“一个百分点的一百分之一”。譬如当美元兑换人民币汇率由1美元=6.1452人民币变化为1美元=6.1462人民币时,我们也可以说“美元兑人民币的汇率变化了10个基点”。出现在汇率中的两种货币,如1美元=6.1452人民币,我们把前面的货币作为标准货币,也称报价货币。通常的汇率报价就是用这种货币的一个单位或者100个单位作为标准,折算成一定数量的另一种货币(即报价货币)。人们将各种标价法下数量固定不变的货币称作**基准货币**(base currency),把数量变化的货币称作**标价货币**(quoted currency)。

根据标价货币的不同,常用的汇率报价方式有直接标价法、间接标价法和美元标价法。

**直接标价法**(direct quotation)是指以本国货币来表示外国货币的价格。也就是说,以一定单位的外国货币为标准,将其折算成一定数额的本国货币。在这种标价法下,外币数额固定不变,本币数额则随着本、外币的币值变化而变化。例如,在东京外汇市场,1美元=121.51日元;在纽约外汇市场,1欧元=1.1213美元。在直接标价法下,汇率数值上升说明外币升值、本币贬值;反之,则表示外币贬值、本币升值。

**间接标价法**(indirect quotation)是指以一定单位的本国货币为标准,将其折算成一定数额的外国货币。在这种标价法下,本币数额固定不变,外币数额则随着本、外币的币值变化而变化。例如,在伦敦外汇市场上,1英镑=1.5141美元。在间接标价法下,汇率数值上升说明外币贬值、本币升值;反之,则表示外币升值、本币贬值。

**美元标价法**是指以一定单位的美元为标准来计算应兑换多少其他货币的汇率表示方法。美元标价法的目的是在简化报价的同时可以广泛地比较各种货币的汇价。美元标价法又称纽约标价法,是指在纽约国际金融市场上,除对英镑用直接标价法外,对其他外国货币用间接标价法的标价方法。美元标价法由美国在1978年9月1日制定并执行,目前是国际金融市场上通行的标价法。

## 三、汇率的分类

### (一)根据外汇买卖的角度不同,汇率可以分为买入汇率、卖出汇率和中间汇率

**买入汇率**(buying rate)又称买入价,是指银行买入外汇时的汇率。

**卖出汇率**(selling rate)是指银行卖出外汇时的汇率。在直接标价法下,外币折合本币的买入价比卖出价低,银行通过低买高卖获得收益。不同外汇市场的标价方式不同,如法兰克福外汇市场使用直接标价法,前者为买入价,后者为卖出价;伦敦外汇市场使用间接标价法,前者为卖出价,后者为买入价。

**中间汇率**(middle rate)也称中间价,即买入价和卖出价的算数平均。此外,如果银行买入的是外币现钞,由于外币现钞不能在交易当地流通,需要把现钞运往国外,所以它不仅不能立即获得存款利息,还要支付运费和保管费,因此银行现钞买入价低于现汇买入价。

### (二) 根据外汇是否受货币当局管制,汇率可以分为法定汇率和市场汇率

**法定汇率**又称官方汇率,是指由国家货币金融管理当局以法律形式对本国货币规定并公布的汇率,因而官方的外汇交易都应该以法定汇率为标准。例如,在金本位制度下,流通中的货币是以一定重量和成色的黄金铸造成的金币。货币的价值就是铸币的含金量,法定汇率就是两种货币含金量之比。

**市场汇率**是指外汇市场上买卖双方达成交易的实际汇率。它是外汇市场上真正起作用的汇率,随着市场供求关系的变化而自由波动,受市场机制调节。

中国银行外汇牌价示例如表 6-1 所示。

**表 6-1　中国银行外汇牌价**

| 货币名称 | 现汇买入价 | 现钞买入价 | 现汇卖出价 | 现钞卖出价 | 中行折算价 | 发布日期 |
|---|---|---|---|---|---|---|
| 澳大利亚元 | 478.42 | 463.55 | 481.93 | 483.11 | 478.27 | 2019/4/10 |
| 巴西里亚尔 | | 167.44 | | 183.14 | 174.42 | 2019/4/10 |
| 加拿大元 | 502.37 | 486.51 | 506.07 | 507.3 | 503.5 | 2019/4/10 |
| 瑞士法郎 | 668.61 | 647.98 | 673.31 | 675.52 | 671.27 | 2019/4/10 |
| 丹麦克朗 | 100.93 | 97.82 | 101.75 | 102.03 | 101.26 | 2019/4/10 |
| 欧　元 | 754.03 | 730.6 | 759.59 | 761.28 | 755.95 | 2019/4/10 |
| 英　镑 | 874.84 | 847.66 | 881.28 | 883.43 | 876.13 | 2019/4/10 |
| 港　币 | 85.5 | 84.82 | 85.84 | 85.84 | 85.62 | 2019/4/10 |
| 印度尼西亚卢比 | | 0.045 8 | | 0.049 | 0.047 4 | 2019/4/10 |
| 印度卢比 | | 9.128 2 | | 10.293 4 | 9.691 5 | 2019/4/10 |
| 日　元 | 6.018 9 | 5.831 9 | 6.063 2 | 6.066 5 | 6.038 6 | 2019/4/10 |
| 韩国元 | 0.586 9 | 0.566 3 | 0.591 7 | 0.613 2 | 0.588 1 | 2019/4/10 |
| 澳门元 | 83.13 | 80.35 | 83.46 | 86.14 | 83.24 | 2019/4/10 |
| 马来西亚林吉特 | 164.41 | | 165.9 | | 163.88 | 2019/4/10 |
| 挪威克朗 | 78.5 | 76.08 | 79.14 | 79.36 | 78.43 | 2019/4/10 |
| 新西兰元 | 451.47 | 437.54 | 454.65 | 460.22 | 452.94 | 2019/4/10 |
| 菲律宾比索 | 12.89 | 12.49 | 12.99 | 13.6 | 12.9 | 2019/4/10 |
| 俄罗斯卢布 | 10.33 | 9.7 | 10.41 | 10.81 | 10.34 | 2019/4/10 |
| 沙特里亚尔 | | 174.07 | | 183.13 | 178.94 | 2019/4/10 |
| 瑞典克朗 | 72.29 | 70.06 | 72.87 | 73.07 | 72.51 | 2019/4/10 |

续 表

| 货币名称 | 现汇买入价 | 现钞买入价 | 现汇卖出价 | 现钞卖出价 | 中行折算价 | 发布日期 |
|---|---|---|---|---|---|---|
| 新加坡元 | 494.53 | 479.27 | 498.01 | 499.5 | 495.8 | 2019/4/10 |
| 泰国铢 | 21.03 | 20.38 | 21.19 | 21.84 | 21.11 | 2019/4/10 |
| 土耳其里拉 | 117.77 | 112 | 118.71 | 133.94 | 118.04 | 2019/4/10 |
| 新台币 | | 21.02 | | 22.67 | 21.77 | 2019/4/10 |
| 美元 | 670.24 | 664.79 | 673.08 | 673.08 | 671.1 | 2019/4/10 |
| 南非兰特 | 47.71 | 44.05 | 48.03 | 51.69 | 47.65 | 2019/4/10 |

专栏 6-1

### 中国汇率制度

自 2005 年 7 月 21 日起,我国开始实行以市场供求为基础、参考一篮子货币进行调节、有管理的浮动汇率制度。本次汇率机制改革的主要内容包括三个方面:

(1) 实行以市场供求为基础、参考一篮子货币进行调节、有管理的浮动汇率制度。人民币汇率不再盯住单一美元,而是参照一篮子货币、根据市场供求关系来进行浮动。这里的“一篮子货币”,是指按照我国对外经济发展的实际情况,选择若干种主要货币,赋予相应的权重,组成一个货币篮子。同时,根据国内外经济金融形势,以市场供求为基础,参考一篮子货币计算人民币多边汇率指数的变化,对人民币汇率进行管理和调节,维护人民币汇率在合理均衡水平上的基本稳定。篮子内的货币构成,将综合考虑在我国对外贸易、外债、外商直接投资等外经贸活动中占较大比重的主要国家、地区及其货币。参考一篮子表明外币之间的汇率变化会影响人民币汇率,但参考一篮子货币不等于盯住一篮子货币,它还需要将市场供求关系作为另一重要依据,据此形成有管理的浮动汇率。这将有利于增加汇率弹性,抑制单边投机,维护多边汇率。

(2) 中国人民银行于每个工作日闭市后公布当日银行间外汇市场美元等交易货币对人民币汇率的收盘价,作为下一个工作日该货币对人民币交易的中间价格。现阶段,每日银行间外汇市场美元对人民币的交易价仍在人民银行公布的美元交易中间价上下 0.3%的幅度内浮动,非美元货币对人民币的交易价在人民银行公布的该货币交易中间价 3%的幅度内浮动率稳定。

(3) 2005 年 7 月 21 日 19 时,美元对人民币的交易价格调整为 1 美元兑 8.11 元人民币,作为次日银行间外汇市场上外汇指定银行之间交易的中间价,外汇指定银行可自此时起调整对客户的挂牌汇价。这是一次性地小幅升值 2%,并不是指人民币汇率第一步调整 2%,事后还会有进一步的调整。因为人民币汇率制度改革重在人民币汇率形成机制的改革,而非人民币汇率水平在数量上的增减。这一调整幅度主要是根据我国贸易顺差程度和结构调整的需要来确定的,同时也考虑了国内企业进行结构调整的适应能力。

资料来源:中国人民银行.

**思考题：**

1. 搜集相关材料，了解我国汇率制度的历史沿革。
2. 央行在外汇市场中起到什么样的作用？

# 第二节 外汇市场概述

外汇市场是指投资者、进出口商和银行买卖外汇以及清算国际债权债务的市场。简言之，外汇市场是各种货币互相交换的场所。由于各国使用的货币种类不同，在国际债务清偿时，就存在着各国货币之间兑换的问题，这个问题的解决则要依靠外汇交易。通常认为，国际贸易是外汇市场建立的最主要原因。国际贸易中债权债务的清偿要使用一定数量的一种货币去兑换另一种货币，而这种交易需要在外汇市场中进行。

## 一、外汇市场的分类

依据发展程度、市场参与者、有无固定场所和受管制程度，外汇市场可分为以下几种类型：

### （一）地区性的外汇市场和国际性的外汇市场

外汇市场依据其发展程度可以分为地区性和国际性的外汇市场。地区性的外汇市场是指外汇银行和当地居民进行交易的场所。地区性的外汇交易市场交易的币种仅限于本国货币与世界上少数几种货币，交易量较小，如韩国的首尔外汇市场。

国际性的外汇市场是指外汇银行与境内外居民进行外汇交易的市场。交易主要通过现代电信手段实现，如电话、电报、电传和 SWIFT 交易系统等方式。交易币种包括世界各国的货币，种类繁多，交易量巨大。国际性的外汇市场与地区性的外汇市场相比更加自由开放，基本没有资金流动方面的限制，交易成本低廉，可进行 24 小时不间断的交易。目前国际性的外汇市场主要有纽约、伦敦、中国香港等地的外汇市场。

### （二）广义的外汇市场和狭义的外汇市场

按市场参与者的不同又可以将外汇市场分为广义的外汇市场和狭义的外汇市场。

广义的外汇市场又称客户市场，是银行与客户之间的外汇买卖市场。客户由于国际贸易、国际投资产生的国际债权债务需要与银行进行外汇买卖，这些交易构成了外汇市场最基本的业务。客户市场主要是零售市场，以小额交易为主，交易量小但交易成本高，买卖外汇的价差较大。

狭义的外汇市场又称银行间市场，是指外汇银行为了轧平其外汇资金头寸而进行抛补交易或金融性交易的市场。一方面，外汇银行与客户交易过程中买卖外汇的数量不对等，必然导致外汇头寸产生。为了规避汇率波动对暴露头寸带来的风险，外汇银行进行相应的套期保值操作。另一方面,中央银行由于宏观经济的调控目标,也会在银行间市场上进行公开市场操作。银行间外汇市场是一个批发市场,交易量巨大,通常最低交易单位为 100 万美元,因此交易成本较低,买卖价差较小。银行间市场是外汇交易的主要市场。

### (三) 有形外汇市场和无形外汇市场

有形外汇市场又称大陆式外汇市场,是指从事交易的当事人能在固定的交易场所和规定的营业时间内集中交易的场所,如比利时布鲁塞尔和上海等地的外汇市场。这种外汇市场交易通常为即期外汇交易,交易量小,市场活跃程度低。

无形外汇市场又称英美式外汇市场,是指没有具体的交易场所,也没有规定的开盘和收盘时间,而是由进行外汇交易的银行和经纪人通过现代通信工具连接的通信网络完成外汇交易。目前美国、英国等欧美发达国家大多采用这种交易方式。无形外汇市场交易品种多,交易活跃,交易量大,有逐步取代有形市场的趋势。

### (四) 管制外汇市场和自由外汇市场

根据国家对外汇的管制程度,外汇市场可以分为管制外汇市场和自由外汇市场。自由外汇市场是指政府、机构和个人可以买卖任何币种、任何数量外汇的市场,汇率由市场决定。这种市场主要存在于西方发达国家。而管制外汇市场与自由外汇市场是相对的概念,即外汇市场存在一定程度的管制。一些发展中国家也存在公开外汇市场,但采用的是固定汇率制度,外汇交易的数额和币种都受到严格限制。随着经济一体化和全球化的步伐加快,管制的外汇市场将逐步向自由的外汇市场过渡。

## 二、外汇市场的功能

### (一) 实现购买力的国际转移

实现购买力的国际转移是外汇市场的基本功能。国际贸易使得国家之间产生债权债务关系,为了清偿债务,需要进行国际支付。在支付过程中,债务人一般要通过外汇市场把本国货币兑换成债权人所在国的货币,然后支付给债权人。这个过程也就是购买力国际转移的过程。例如,美国进口商从德国进口汽车,德国出口商要求用欧元支付。美国进口商要完成该笔交易,就必须在外汇市场上将美元兑换成欧元以完成支付。这样,外汇市场就使美元的购买力从美国转移到了德国。

### (二) 反映和调节外汇供求关系

一国对外经济贸易的收支以及资本金融项目的变化最终反映到外汇市场供求状况上。政府、企业、个人通过外汇市场可以解决自己的外汇供求问题。例如,银行在接受外汇买卖的需求后,会在银行间市场购进或出售外汇,从而自然产生外汇供求。除此之外,银行因自身需求也会进行外汇交易。这些交易在市场上通过竞价形成了汇率。

### (三) 提供国际资金融通

外汇市场是外汇资金的集散中心,是全世界资本再分配的重要渠道,同时也为银行外汇业务提供平衡头寸的资金来源。由于闲置的外汇资金涌入外汇市场,外汇需求者可以在其中筹得所需资金。这对促进国际贸易的发展,促进投资的国际化起着积极的作用。此外,外汇市场也为国际金融资本的输出、垄断扩张以及投机等活动提供了场所。

#### (四) 规避汇率风险

在浮动汇率制度下,汇率的剧烈变动对一些未来支出与收入以外币表示的进出口商、投资者以及跨国企业等都会产生汇率风险。外汇市场通过各种外汇交易活动(如远期外汇买卖、外汇期货或期权等)来减少或抵消汇率风险,保证国际贸易的稳步发展。

### 三、外汇市场的特征

自20世纪70年代以来,随着经济金融一体化和自由化的不断深入,金融产品的不断创新,国际外汇市场迅猛发展,目前整个国际外汇市场的日交易量已超过4万亿美元,成为全球最大的金融市场,而且它还在以非常快的速度增加。当今国际外汇市场的主要特征如下:

#### (一) 全球化

由于现代通信技术被广泛应用于银行业,各国外汇市场之间已形成一个快捷发达的通信网络。任何一个外汇市场的信息可以在瞬间传递到世界各地,使得各国外汇市场连成一体。由于地理位置差异,时差使得世界各主要金融中心的交易时间相互衔接,形成一个全天候的全球外汇交易市场,投资者在任何时间都可以参与其中。

整个西欧的外汇市场已经统一了营业时间,欧洲外汇市场的营业时间从上午9点开始,至欧洲时间下午2点关闭时,纽约外汇市场开始营业。当纽约外汇市场下午3点关闭时,正值旧金山时间中午12点。旧金山市场关闭后,交易中心又转至日本东京,之后依次为中国香港、新加坡,最后回到欧洲。这些交易市场按照时区顺序活动,周而复始,使得国际外汇交易24小时不间断地进行。这种连续的交易为投资者提供了无限的交易时间和空间,有利于投资者寻找到最佳的交易时机从而实现利润最大化。

#### (二) 各外汇市场之间的汇率差异日益缩小

借助发达的通信网络,交易者可以随时随地获得有关汇率的信息。一些大型跨国金融机构可以通过在海外的子公司或分支机构,在各个时区的密集交易时段积极活动。当今的外汇市场能使外汇的供求关系在全世界范围内而不是在某一地区内决定,这就使得各主要金融市场的外汇行情在任何时间点上趋于一致,而不会出现显著差异。即使在某一时间点上存在汇差,投机者也会很快知晓消息,通过套汇等抛补性操作最终使得各地区之间的价差消失。

#### (三) 汇率波动频繁

自20世纪70年代之后,由于西方国家普遍采用浮动汇率制度,汇率波动越发频繁。特别是自20世纪80年代以来,世界各国经济发展不平衡以及外汇市场运行机制存在着差异,这为国际投机家进行外汇投机创造了机会,由此加剧了汇率波动,加大了外汇市场风险。例如1997年,针对东南亚某些国家经济上出现的问题,以索罗斯为代表的国际投机家大肆炒作,导致这些国家的货币大幅贬值,引发了亚洲金融危机,并对这些国家的经济造成了巨大破坏。

**(四) 各种金融创新工具不断出现**

由于外汇市场的全球化以及汇率风险的加大,银行未来防范风险迫切需要更多的金融工具和交易方式进行避险和投机,于是各种外汇衍生工具被创造出来。近几十年来,外汇交易形式发展迅速,目前主流的交易类型为外汇掉期交易。**外汇掉期**(foreign exchange swap)是金融掉期产品的一种。金融掉期又称金融互换,是指交易双方按照预先约定的汇率、利率等条件,在一定期限内,相互交换一组资金,达到规避风险的目的。掉期交易是银行规避汇率风险和管理流动性的主要手段,约占外汇交易总量的80%。

**(五) 交易币种集中**

虽然国际外汇市场的交易量巨大,但是交易的主要币种却不多。当今外汇市场上主要的交易币种有美元、英镑、欧元、瑞士法郎、澳元、加元和日元等几种国际性货币。由于美国的全球经济霸主地位,在目前的国际外汇交易中绝大多数交易都将美元作为基础货币,因此,以美元为核心的外汇交易占有80%以上的交易量。

## 第三节 外汇市场的结构

现代外汇市场通常是一个分散的由经纪商、交易员、通信设备、电脑终端以及坐落在世界各地的商业银行组成的24小时不间断的、非主权货币头寸交易活动的市场。外汇市场的参与者包含外汇供给者和需求者,这些参与者的交易目的不同,对市场的影响也不同。

### 一、外汇市场的参与者

**(一) 商业银行**

商业银行是外汇市场最主要的参与者,是外汇市场上外汇供求的媒介,其他市场参与者都是通过商业银行完成外汇交易的。参与外汇交易的商业银行主要包括经营外汇业务的本国银行、外国银行在本国的分支机构等。各发达国家的商业银行通常都有外汇买卖以及承办外汇存款、汇兑、贴现等业务。在一些实行外汇管制的国家中,外汇业务由各国中央银行指定或授权经营外汇业务的银行办理。

商业银行在外汇市场中的功能主要有:

(1) 为客户提供外汇买卖的金融服务,如外汇存贷业务、汇兑业务,接受进出口商委托办理进出口结汇业务以及信用证业务等。

(2) 从事银行间的外汇调整交易。商业银行作为中介进行外汇交易时,经常会出现买卖外汇数量不平衡的情况,为了规避汇率变动带来的风险,商业银行将使用自身的外汇账户买卖外汇以弥补差额。在某些情况下，若商业银行预期汇率会出现上涨或下跌，也会故意留下外汇“敞口”来获得利润。

(3) 充当造市者，形成对客户交易的汇率，以及在造市过程中进行套汇与套利投机，以便获得利润。

### (二) 中央银行

中央银行也是外汇市场的重要参与者，其参与外汇交易的目的主要有储备管理和汇率管理。中央银行在经营本国的官方外汇储备时，其角色与一般的商业银行相同。但在汇率剧烈波动时，中央银行为稳定汇率，实现本国货币政策，也经常通过市场交易进行干预。中央银行干预外汇市场通常通过经纪人或指定的外汇银行进行，根据市场的情况做出冲销或非冲销操作来影响外汇市场。中央银行在外汇市场上发挥的这种监督市场运行、干预汇率走势的行为表明，中央银行既是外汇市场的参与者，又是外汇市场的实际操纵者。对于一个有效的外汇市场来说，中央银行对外汇市场有绝对的影响力，其他参与者都密切注视着中央银行在外汇市场上的动作，并以此为依据制定有利于自己的交易策略。

### (三) 外汇经纪商

外汇经纪商是指专门从事介绍成交或代客买卖外汇，从中收取手续费的公司或汇兑商。经纪商分为两种：一般的经纪商用自己的资金参与外汇买卖，并自负盈亏；而某些经纪商仅以收取佣金为目的，代客买卖外汇，他们又被称为掮客。外汇经纪商依靠其与银行的密切联系，掌握外汇供求形势，并利用现代化通信工具接洽外汇交易，促使市场参与者找到合适的交易价格和交易对手。外汇经纪商大多从事数额较大的外汇买卖，与商业银行有密切的交易往来，但与实际的外汇需求者和供给者的交易不多。

### (四) 外汇交易商

外汇交易商是指专门从事外汇交易、经营外国票据业务的公司或个人。外汇交易商利用时间与空间的差异获取外汇买卖价格上的差额利润。外汇交易商包括银行、信托公司以及外汇交易员等。外汇交易商的交易需要通过外汇经纪商来完成。

### (五) 外汇实际需求者与供给者

外汇的实际需求者与供给者主要包括进出口商、企事业单位、游客、对外投资者以及外汇市场上的投机者和套利者等。这些外汇的最终需求者与供给者彼此之间都是通过外汇银行间接交易来完成外汇买卖的。

## 二、外汇市场的交易层次

外汇市场的参与者共同构成了外汇市场的三个层次。

第一个层次为银行与客户之间的外汇交易。客户出于各种各样的动机，需要向外汇银行买卖外汇。银行在与顾客的交易中，一方面将外汇卖给需要外汇的客户，另一方面又从有多余外汇的客户手中买入外汇。实际上银行在外汇的实际需求者与供给者之间起中介的作用,并利用买卖的价差获取利润。

第二个层次为银行同业之间的外汇交易。商业银行在与客户的外汇交易中,不可避免地要出现买进与卖出的外汇不平衡的情况。如果卖出多于买进,则产生空头头寸;如果买进更多,则产生多头头寸。当头寸存在时,外汇汇率的波动会给银行带来风险。为避免这种风险,银行在经营外汇业务时常遵循“买卖平衡”的原则。因此,银行在出现外汇多头时,会将多余的外汇向别的银行卖出;而出现空头时则向别的银行买入外汇以弥补外汇短缺。当然,商业银行并不会在买卖外汇之后立即平衡头寸。它们会根据对汇率的预测以及自身资金状况来选择最合适的时机进行操作。此外,银行还出于投机、套利、套汇等目的从事同业的外汇交易。银行间的同业外汇交易占到了外汇交易总额的90%以上。

第三个层次为商业银行与中央银行之间的交易。中央银行为干预外汇市场而进行的外汇交易是通过商业银行进行的。通过与商业银行的交易,可以调节市场上的货币供求关系,从而使得汇率稳定在某一区间内。如果某种外币兑本币的汇率低于临界值,中央银行会在外汇市场上买入这种货币,增加市场对该外币的需求量,促使银行调高其汇率;反之,中央银行认为该种货币的汇率偏高,则会向银行出售该外汇储备,促使其汇率下降。

## 第四节　外汇市场的主要交易品种

### 一、即期交易

**即期外汇交易**(spot foreign exchange transactions)又称现汇交易,是指交易双方成交签约后在两个营业日内办理交割的外汇买卖。由于在早期的外汇交易中,即期交易通常通过电报的方式传递付款委托书,划拨交易双方的资金,而外汇交易时间又恰好是电报公司业务高峰期,费用高昂。为了节约交易成本,交易双方约定在第二天清晨将付款委托书以电报方式发出,从而获得电报公司的隔夜优惠价。尽管当今的银行间电子清算系统已经可以做到当天划拨资金,但因全球各市场之间存在时差,即期外汇交易的交割也要在第二个营业日办理。如果交割的那一天恰逢银行节假日,则顺延到下一个交易日。

例如,英国银行与美国银行于2019年1月24日(星期四)进行欧元买卖,交割日应为1月26日,但1月26日和1月27日为周末,则顺延至1月28日(星期一)。

在外汇市场上,即期汇率通常采用双向报价的方式,即报价者同时报出买入价和卖出价,买入价在左边,卖出价在右边。银行同业间的报价大多数是针对美元的,美元往往在外汇交易中扮演基础货币的角色。例如,USD/CNY=6.129 0/6.153 6,报价银行打算用6.129 0元人民币的价格买入1美元,而卖出1美元得6.153 6元人民币。

即期交易的方式可分为汇出汇款、汇入汇款、出口收汇和进口付汇四种类型。其中汇出汇款和汇入汇款是基本的外汇交易方式,可以用于一切目的,如交易结算、资本投资、投机等。按照汇款的方式不同又可分为电汇、信汇、票汇等。当客户需要向外国支付外币时,如有外币可直接支付;若无外币,则需要将本币兑换成外币,委托银行向国外的收款人汇出外汇。而当收款人收到外币支付的汇款时,可以存入自己的外币账户,也可以将外汇收入结售给银行取得本币。通常办理汇款的外国银行事先就将外币资金转入结售汇款银行的结算账户中。

出口收汇主要用于国际贸易中的出口商。出口商将出口货物装船后，立即开立以双方商定的结算货币计价的汇票，并在汇票下面附上有关单证，请银行议付，从而收回出口货款。银行将汇票等单据寄往开证行，按照汇票即期支付的条件，接受以外币支付额款项，并让支付行将应付款记入自己的外币结算账户中。进口付汇是为进口商开出信用证的银行按照出口商开出的附有全部单证的即期汇票条件，将外币计价的进口货款通过外币结算账户垫付，然后向进口商提示汇票，请其按照即期付款条件支付。进口商以本币或外币向银行支付进口货币。

## 二、远期交易

**远期外汇交易**(forward foreign exchange transactions)是指现在约定未来外汇买卖的汇率，到时按约定的汇率、币种及金额办理交割的外汇交易。交易合约成立时，双方并无外汇或本币的支付，而是双方约定于将来某一特定日期，以原约定的汇率买卖外汇的交易。只要交割日发生在即期交割日之后，都属于远期交易。

远期外汇交易是为了规避国际贸易中的外汇风险而发展起来的。从事国际贸易的进出口商，在报价完成到实际外汇支付之间通常有一段时间，这段时间汇率波动的风险需自己承担。如果进出口商在签订贸易合同时，与银行签订了购买或卖出远期外汇的协议，就可以提前锁定汇率，避免汇率波动带来的损失。例如，某公司计划从美国进口一套设备，3 个月后需支付 100 000 美元，为防止美元升值带来的损失，该进口商向银行购买了 3 个月远期美元，协定汇率为 6.400。则 3 个月后不管美元升值还是贬值，该进口商只需准备 640 000 元人民币即可。此外，远期外汇交易也可被用来进行投机，投机者利用预期汇率与远期汇率的不一致，与银行买卖远期合约从中获利。

远期外汇合约是一种非标准化合约，合约中的条款如汇率、交割方式、金额等由交易双方自行协商决定，因此信用风险较大。远期外汇交易一般在场外进行，没有固定的交易场所和交易时间。

远期汇率的报价以升、贴水的形式来表示。若某种货币远期汇率大于即期汇率，其差额就是升水；反之，则为贴水。在即期汇率的基础上加上升水或减去贴水即可得远期汇率。

两种货币的利差是决定它们远期汇率的基础，市场上的货币利率的变动会直接影响升水和贴水的大小。例如，假设美元 3 个月存款利率为 10%，英镑 3 个月存款利率为 8%。客户向银行买入 3 个月远期英镑，银行如果按现在的汇率买入英镑存放 3 个月再交割给客户，那么在这 3 个月时间里银行将损失 2%的利息收益。银行会将它的利息损失加到汇率中，使得 3 个月远期英镑的价格比现在更贵。因此，利率较高的货币远期表现为贴水，而利率较低的货币远期表现为升水。

## 三、掉期交易

**掉期外汇交易**(foreign exchange swap)是指买卖的货币与金额相同而方向相反，交割期限不同的两笔或两笔以上的外汇交易。即在某一日期卖出即期 A 货币并买进 B 货币的同时,反向买进远期A货币并卖出B货币的交易,相当于把原来手中持有的A货币在时间上调换了位置。掉期外汇交易实际上由两笔交易组成:一笔是即期交易,另一笔是远期交易。

例如,S公司先持有一笔美元,需要在3个月后向国外支付一笔货款,但现在又急需人民币弥补资金短缺。因此,S公司考虑暂时将美元兑换成人民币来使用,并在远期换回美元支付货款。为了防止未来美元升值而蒙受汇率损失,同时也为了减少交易次数,节约交易成本,该公司决定做一笔掉期交易。具体操作为,在即期卖出美元,买入人民币,在远期按照协议的汇率将人民币换成美元。需要注意的是,远期交割时美元的金额与即期是相同的,但远期买入等金额的美元所付出的人民币的金额是不同的,这就涉及掉期率的问题。

在外汇交易中,掉期率就是掉期交易的价格,通常报价行只报掉期率而不报即期汇率,在报出掉期率时以货币汇率的基点(小数点后四位)来表示买入价和卖出价。买入价表示报价行愿意卖出即期基础货币和买入远期基础货币相差的基点数;卖出价表示报价行愿意买入即期基础货币和卖出远期基础货币相差的基点数。

报价行在报出掉期率时,并不指明升、贴水。对于升、贴水的判断,可根据掉期率的正负来判断。掉期率按左大右小排列,说明远期有升水,在即期汇率上加上掉期率得到远期买卖外汇的价格;反之,则为贴水,在即期汇率上减掉掉期率得到远期买卖外汇的价格。

例如,对于USD/CNY 1月期掉期报价为40/50,则说明远期汇率升水。若即期汇率为6.129 0/6.153 6,则远期银行买入美元的价格为6.133 0(6.129 0+0.004 0),远期银行卖出美元的价格为6.158 6(6.153 6+0.005 0)。

掉期率的计算是以两种货币的利率为基础的。在S公司的例子中,若人民币的利率比美元高,那么远期银行卖出美元的时候就要增加升水。这是因为,银行在这个时期内持有的是低利率的美元,为了弥补这部分利息损失,银行会以更高的价格卖出美元,而S公司要多支付一部分人民币。掉期交易的目的是满足人们对不同资金的需求,同时又规避汇率风险。但既想通过掉期来保值,又想从中获利是不切实际的。

## 第五节　全球外汇市场简介

国际外汇交易市场主要有英国伦敦、美国纽约、日本东京、德国法兰克福、瑞士苏黎世、中国香港以及中国内地等的外汇市场,其中伦敦、纽约、东京为世界三大外汇市场,称为"金三角"。外汇交易中心通常是国际金融中心,除外汇市场外,债市、股市、商品市场均较为发达。本节将简单介绍几个主要的外汇市场。

### 一、伦敦外汇市场

伦敦外汇市场是世界上出现得最早,也是最大的外汇市场。就交易规模来说,伦敦占全球外汇日平均交易量的31%。这个久负盛名的国际外汇市场,历史悠久,交易量大,拥有先进的现代化电子通信网络,其业务可以用十多种外币进行,是欧洲的货币中心,也是世界上国际化程度最高的外汇市场。伦敦外汇市场由经营外汇业务的银行(巴克莱银行、国民威斯敏斯特银行、劳埃德银行、密德兰银行，以及日、美等国银行在伦敦的分行）、外汇经纪人及一般的金融商号（如承兑商、贴现商）组成。目前伦敦外汇市场有200多家银行从事外汇经纪业务。

在伦敦外汇市场上，大多数银行间的外汇买卖是通过外汇经纪人达成的。伦敦外汇市场上的专业外汇经纪人有100多家，参与并支配同业间的外汇交易活动。而作为中央银行的英格兰银行参与外汇市场的目的在于通过指定和颁布一系列法规对外汇交易活动进行管理和监督，以维护市场的正常交易秩序。英格兰银行也直接参与市场交易，进行市场干预以稳定汇率和外汇储备的平衡。

伦敦外汇市场是一个典型的无形市场，它没有固定的交易场所，只是通过电话、电传、电报完成外汇交易。在伦敦外汇市场，被批准的外汇经纪商，包括清算银行、商业银行、外国银行设在伦敦的分支行及其他金融机构之间，有十分完整的电信网络设备、专用的对讲电话、灵敏的电子装置，迅速灵活地处理着各种即期和远期外汇买卖业务，以交易效率高、货币种类多、交易设施先进和拥有一批训练有素的专门人才而闻名。

## 二、纽约外汇市场

纽约外汇市场是仅次于伦敦的外汇交易市场，它不但是美洲的外汇交易中心，而且是全世界外汇结算的枢纽。第二次世界大战后，美元成为世界性的储备和清算货币。由于美元在国际货币体系中的特殊地位，美国对外汇市场经营业务不加限制，政府不指定专门的外汇银行，外汇业务主要通过商业银行进行，这些特征对纽约外汇市场的发展起到了重要作用。世界各地的美元买卖，包括欧洲美元、亚洲美元的交易，都必须在美国（主要是在纽约）商业银行账户上收付、划拨，美国国内其他外汇市场的外汇买卖也要通过纽约外汇市场划转。因此，纽约外汇市场变成美元交易的清算中心。

纽约外汇市场的参与者主要有在纽约大公司的财务公司、当地的联储成员和非成员商业银行、外国银行在纽约的分支机构、外汇经纪人、外汇自营商和纽约联储银行等。由于美国没有国际资金限制的措施，在外汇经营方面不存在外汇指定银行，任何一家在美国的商业银行都可以自由进入外汇市场进行外汇买卖，但纽约外汇市场从事外汇交易的商业银行仅占美国所有商业银行的1%。这是因为，美元作为国际性货币，常常用于国际贸易的结算，美国的进出口企业对外汇的需求相对较小。

纽约外汇市场是世界上唯一一个无形的自由市场。纽约外汇市场没有中心汇率，没有作为外汇交易的中心货币，以至于美联储短期干预汇率的操作效果不明显。纽约外汇市场完全遵循外汇供求平衡的原则，使外汇市场依据外汇供求关系来决定汇率变动。

## 三、东京外汇市场

东京是亚洲的金融中心，东京以其巨大的成交量主导外汇市场亚洲时段的行情。东京外汇市场的参与者有外汇指定银行、外汇经纪行、日本银行和非银行客户。东京外汇市场由银行间的批发市场和客户之间的零售市场组成，其中以银行间的批发市场为主。银行间交易市场原则上通过外汇经纪行来完成，但目前银行间外汇交易也可以进行直接外汇交易。银行间外汇交易由外汇指定银行进行买卖交易确定当日的外汇交易价格。当确定的价格出现不稳定时,中央银行日本银行将以大藏省代理人的身份介入市场进行干预直至外汇价格稳定为止。在银行与客户的市场中,贸易商社在市场上起着重要作用。日本六大贸易商社控制着日本50%的进出口以及日本跨国企业全球资金的配置,它们是客户市场最大的交易者,它们的行为将会影响汇率的波动。

东京外汇市场是无形市场,主要通过电话、电报和电传来完成外汇交易。东京外汇市场的交易币种主要是美元与日元两种货币,其交易额占总量的80%以上,其他货币交易额比较少。东京外汇市场由于其所处时区的特殊性,与其他外汇市场的交易时间恰好衔接,基本上能进行全天候外汇交易。

## 四、我国外汇市场的发展

在计划经济时代,我国的对外贸易实行国家垄断,对外汇实行统收统支。这一时期,进出口都按国家核定的指令性计划执行,中国人民银行同外贸部门签订代理收付外汇合同,银行按照国家核定的进出口外汇收支计划,对外签订支付协议,并与外贸部门签订结汇合同,监督外汇收付。对于收入的外汇,采取专业银行代中央银行结汇的办法,将一切外汇收入都集中到国家手中;对于外汇支出,由国家集中分配,统一调度使用。由于外汇市场非市场化,在计划经济时期,人民币汇率是由官方进行调整的官方汇率。

改革开放以后,我国整个经济体制发生了显著变化。1980年开办了外汇调剂业务,有外汇收入的单位与用汇单位之间可以互相调剂外汇余缺。1985年年末,深圳特区设立了外汇交易所。随后,其他经济特区也相继设立了外汇交易所。1986年开始初步形成了外汇调剂市场。1987年,国务院决定外贸企业中的轻工、工艺、服装三个行业作为自负盈亏试点行业,扩大这些行业的外汇留存比例,同时建立外汇调剂中心。1988年9月,上海开办了我国第一家外汇调剂市场,随后,厦门、福州、深圳、浙江等省市也相继开办了外汇调剂市场。

1994年1月1日起,人民币汇率实现了以市场供求为基础的单一的有管理的浮动汇率制。同年4月4日在上海成立了银行间外汇交易中心,该中心与全国20个城市的外汇交易分中心联网,资金统一清算,属于有形外汇市场。其市场参与者为在中国注册的中资银行、外资银行、经营外汇的非银行金融机构和人民银行。交易币种主要有美元、欧元、日元和港币,其中以美元为主。每天交易结束后对当日成交汇率进行加权平均作为第二天人民银行对外公布的人民币基准汇率,第二天交易的汇率可在基准汇率的基础上在一定范围内浮动。由此开始,人民币汇率生成逐渐走向市场化,人民币汇率形成机制的核心是:以外汇市场供求为基础,允许市场汇率在一定范围内围绕基准汇率上下浮动。尽管我国对外汇市场进行了大幅改革,但与国际成熟的外汇市场相比还有一定差距。当今外汇市场的机制并不能完全反映市场对外汇的供求关系。随着我国金融体制改革的不断深入,我国的外汇市场将逐步健全和完善,为促进国民经济持续、快速、健康地发展起到更重要的作用。

专栏6-2

### 中国外汇交易中心简介

中国外汇交易中心暨全国银行间同业拆借中心(简称交易中心)于1994年4月18日成

立，是中国人民银行总行直属事业单位。主要职能是：为银行间同业拆借市场、债券市场、外汇市场等提供交易、信息、基准、培训等服务；承担市场交易的日常监测工作；为中央银行货币政策操作和传导提供服务；根据中国人民银行的授权，发布人民币汇率中间价、货币市场基准利率(Shibor)等；提供业务相关的信息、查询、咨询、培训服务；经中国人民银行批准的其他业务。

交易中心为银行间外汇市场、货币市场、债券市场和衍生品市场提供交易系统并组织交易，同时履行市场一线监测职能，对包括市场合规、异常交易和风险指标等进行实时监测，确保市场平稳、健康、高效运行。

### 一、银行间外汇市场

银行间外汇市场包括人民币外汇市场、外币对外币市场和外币拆借市场，是机构之间进行外汇交易的市场，实行会员管理和做市商制度，参与者包括银行、非银行金融机构和非金融企业等。

交易中心为银行间外汇市场提供统一、高效的电子交易系统，该系统提供集中竞价与双边询价两种交易模式，并提供单银行平台、交易分析、做市接口和即时通信工具等系统服务。交易系统支持人民币对多种外币的即期、远期、掉期和期权交易。

### 二、银行间本币市场

银行间本币市场由货币市场、债券市场、票据市场及相关衍生品市场组成，是金融机构实施流动性管理、资产负债管理、投资交易管理及利率和信用风险管理的重要场所。其中，银行间债券市场已成为我国直接融资的主渠道之一，政府债券、金融债券、资产支持证券和各类非金融企业债务融资工具等债券品种均可在银行间债券市场发行流通。目前，本币市场成员已涵盖商业银行、农联社、证券公司、保险公司、信托公司等各类金融机构投资者，基金、企业年金等非法人投资产品以及部分非金融企业。

交易中心为银行间本币市场的广大机构投资者提供高效、便捷的本币交易系统。市场成员可通过客户端、数据接口等途径运用交易系统开展交易。此外，交易中心还通过中国票据网为金融机构提供票据报价及信息服务。

### 三、人民币汇率中间价

2005 年 7 月 21 日人民币汇率形成机制改革后，根据中国人民银行授权，交易中心每个工作日上午 9 时 15 分发布人民币对美元等主要外汇币种汇率中间价。人民币对美元汇率中间价的形成方式为：交易中心于每日银行间外汇市场开盘前向外汇市场做市商询价，并将全部做市商报价作为人民币对美元汇率中间价的计算样本，去掉最高报价和最低报价后，将剩余做市商报价加权平均，得到当日人民币对美元汇率中间价，权重由交易中心根据报价方在银行间外汇市场的交易量及报价情况等指标综合确定。

### 四、上海银行间同业拆放利率

自 2007 年年初以来，交易中心根据中国人民银行授权计算、发布中国货币市场基准利率——上海银行间同业拆放利率(Shanghai interbank offered rate，Shibor)。Shibor 是根据信用等级较高的银行组成的报价团自主报出的人民币同业拆出利率计算确定的算术平均利率，是单利、无担保、批发性利率。目前公布的 Shibor 品种包括隔夜、1 周、2 周、1 个月、3 个月、6 个月、9 个月及 1 年。每个交易日，交易中心根据各报价行的报价，剔除最高、最低各

4 家报价,对其余报价进行算术平均计算,得出每一期限品种的 Shibor,并于北京时间上午 9:30 对外发布。

**五、贷款基础利率**

交易中心自 2013 年 10 月 25 日起计算和发布贷款基础利率(loan prime rate,LPR)。贷款基础利率是商业银行对其最优质客户执行的贷款利率,其他贷款利率可在此基础上加减点生成。贷款基础利率的集中报价和发布机制是在报价行自主报出本行贷款基础利率的基础上,指定发布人对报价进行加权平均计算,形成报价行的贷款基础利率报价平均利率并对外予以公布。运行初期向社会公布 1 年期贷款基础利率。交易中心作为贷款基础利率的指定发布人,于每个交易日根据各报价行的报价,剔除最高、最低各 1 家报价,对其余报价进行加权平均计算后,得出贷款基础利率报价平均利率,并于 11:30 对外发布。

**六、国际金融资产交易平台**

交易中心在上海自贸区建设"国际金融资产交易平台",平台以互联网为载体,面向自贸区内金融机构和企业提供人民币相关金融资产的报价、信息和交易等服务,并适时引入境外机构,满足各类机构的头寸平盘、投融资和风险管理等需求。

平台将依据试验区政策落地及业务开展情况进行分阶段建设,一期主要提供信息服务,二期主要提供人民币外汇、同业拆借、电子票据、存贷款等品种的报价服务,三期将扩大参与主体范围,完善和丰富报价品种,适时推出交易服务。一期和二期分别于 2014 年 10 月和 12 月上线试运行。

资料来源:中国货币网,www.chinamoney.com.

**思考题:**

1. 我国外汇市场的层次与结构是什么?
2. 外汇市场有哪些功能?

---

## 专栏 6-3

**金融市场对外开放取得新进展:人民币债券首次纳入重要国际指数**

2019 年 4 月 1 日起,以人民币计价的中国国债和政策性银行债券被纳入彭博巴克莱全球综合指数,并将在 20 个月内分步完成。完成纳入后,人民币计价的中国债券将成为继美元、欧元和日元之后全球第四大计价货币债券。

彭博是目前国际金融市场影响力较大的三大债券指数供应商之一,另外两家为富时罗素和摩根大通。据初步估算,中国债券加入该指数后,预计将为中国债市引入 1 000 多亿美元指数追踪资金。

中国债券纳入国际主要指数是中国债券市场开放的又一重大成果,体现了中国在全球金融市场上的地位不断提升,也反映了国际投资者对中国市场的信心,有利于增强指数的代表性和吸引力,有利于全球投资者更合理地配置债券资产。

近年来,沪港通、深港通、债券通、合格境外机构投资者(QFII)、人民币合格境外机构投资者(RQFII)、合格境内机构投资者(QDII)、人民币合格境内机构投资者(RQDII)、熊猫债和基金互认等政策措施的不断推进,促进了境内外金融市场互联互通,为资本项目可兑换打下了坚实的基础。

众多境外投资者进入中国市场,有助于优化投资者结构和改善市场流动性。我国将进一步加强国际合作,有序推进资本项目可兑换,促进跨境投资和交易便利化、自由化。

资料来源:中国人民银行,2018 年人民币国际化报告.

**思考题:**

1. 搜索互联网上的材料,请回答什么是“熊猫债”?

2. 讨论:“人民币”国际化是好事吗?它会对我国的外贸、金融、国内制造业产生什么影响?

---

## 本章小结

1. 外汇是国际汇兑的简称。从动态的角度看,外汇是指人们将一种货币兑换成另一种货币,清偿国际债权债务关系的行为,是一种国际汇兑活动。而从静态的角度看,外汇一般是指以外币表示的用于进行国际结算的支付手段。我国对外汇的解释是指下列以外币表示的可以用作国际清偿的支付手段和资产:外币现钞,外币支付凭证或者支付工具,特别提款权,其他外汇资产。

2. 外汇汇率就是一国货币与另一国货币的比价,或者说是以一种货币所表示的另一种货币的价格。按标价方式不同可分为直接标价汇率和间接标价汇率。按买卖角度不同可分为卖出汇率、买入汇率和中间汇率。按管制程度不同可分为法定汇率和市场汇率。

3. 外汇市场是指投资者、进出口商和银行买卖外汇以及清算国际债权和债务的市场。外汇市场的经济功能主要有:兑换货币以及转移国际购买力;清算国际债权债务;调节国际资金融通以及规避汇率风险。外汇市场的主要交易品种有即期、远期、掉期。当今外汇市场已形成全球统一的全天候外汇交易场所。

4. 外汇市场参与者主要有中央银行、外汇银行、外汇经纪商和自营商以及外汇最终供给者与需求者。

## 关键术语

外汇　　汇率　　直接标价法　　间接标价法　　外汇市场
即期交易　　远期交易　　掉期交易

## 思考题

1. 哪些资产可以称为外汇?

2. 直接标价法和间接标价法有什么区别?

3. 简述外汇市场的含义以及主要作用。
4. 外汇市场有哪些特点?
5. 中央银行为何成为外汇市场最终的救援者?
6. 分析中国外汇市场未来发展趋势。

# 第七章

# 金融结构分析

现代经济需要一个完善的金融体系，它能够把资金从盈余单位（存款储蓄者）流动到赤字单位（具有投资机会生产能力的资金需求者）手中。但是，金融体系应该如何运作才能确保将储蓄资金流向生产性投资者手中，并产生应有的效益和用途，而不是打水漂呢？

通过对金融结构如何确保经济效率的经济分析，本章将解答上述问题。本章主要讨论金融体系是如何将资金从储蓄者向具有生产性投资机会的资金需求者手中转移的，分析集中于若干简单而重要的经济概念，这些概念有助于解释金融体系的特征。例如，金融合约签订的依据及形式；在筹资借款时，金融中介机构为什么比证券市场更重要？交易成本阻挠了很多小储蓄者和借款人直接参与到金融市场中，然而金融中介机构却能够发挥规模经济的优势，并且能够开发降低交易成本的专门技术，帮助储蓄者和借款人享受金融市场的利益。金融中介降低交易成本的一个重要结果：向客户提供流动性服务，使其更容易地完成交易。然而，交易中信息不对称问题则引发了干扰市场有效运行的诸多问题。本章还阐明了金融体系与总体经济效益之间的关联性。

通过对本章金融结构的经济学分析的学习，有利于更好地理解之后银行业务与管理及非银行金融机构的内容。

## 第一节　金融结构与交易成本

全球金融体系的机构和功能都是十分复杂的，存在着如银行、保险公司、基金公司、股票市场、债券市场等一系列不同类型的机构，这些机构都受到政府部门的监督管理。在经济市场上，通过金融体系将资金灵活地从储蓄者手中转移到借款者手中，即资金从盈余单位（资本充裕一方）通过金融中介金融市场，直接或间接地流向赤字单位（资本缺乏一方），完成金融融资活动，使资金从低效率单位转移到高效率单位，创造价值（见图 7－1）。

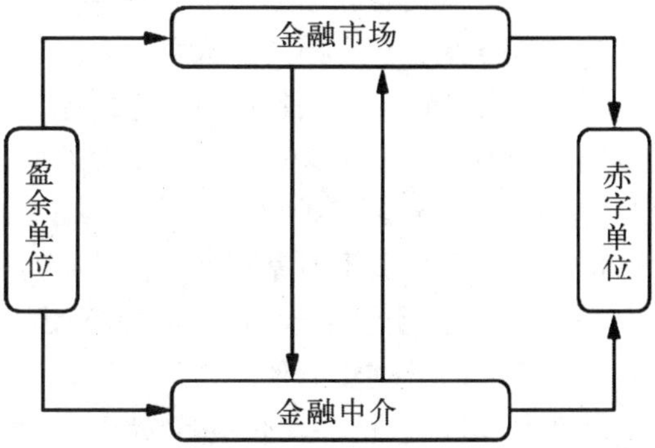


**图 7－1　资金流动方向示意图**

在整个金融体系中，金融各主体政府行政部门、中央银行、商业银行、金融机构、金融市场、居民户及企业组织等之间都存在着相互关系,尤其是基于资金流动的直接或间接的关系。金融体系中各主体之间由于目标的不一致,都存在着或多或少的利益冲突,当一个人或者机构拥有多重目标的时候,这些目标之间就会出现冲突,即产生利益冲突。政府与银行之间、居民与金融机构之间、金融机构与企业之间等都存在着各类矛盾,要解决这些矛盾,需要分析其原因及因素。为了能够更加深入地观察金融结构,更清晰地了解金融体系的运作机制,我们就必须探讨金融结构中的经济学原理。

## 一、交易成本

**交易成本**(transaction cost)在经济学概念中,是指买卖双方的各种商业行为中所发生的必要的费用,包括搜寻信息的成本、协商与决策成本、契约成本、监督成本、执行成本与转换成本。简言之,交易成本就是指当交易行为发生时,所随同产生的信息搜寻、条件谈判与交易实施等的各项成本。资本转移会产生交易成本,因此交易成本是金融市场存在的一个重要问题。

交易成本的存在导致投资者在市场上无法实现多样化投资。例如,你拥有 5 000 元资金,想要投资 A 股市场,假设股票价格为 45 元,就只能购买份额非常小的 100 股股票,并且还要支付证券公司一定比例的交易费用。如果你打算用这笔资金购买债券,债券面值一般为 1 000 元,那就只能买很少的一部分。可以说,小额资金在金融市场上无法获得较高的收益,还要承担交易成本,有时交易成本相当昂贵。

因此,交易成本的存在会使投资者只能将鸡蛋都放在一个篮筐内,不利于风散风险。如果投资者进行多元化投资,可以获得相对稳定的收益,即使某几项投资失败也能从其他投资盈利中得到弥补。但是你拥有的资金有限,如果进行多元化投资,每笔投资都会产生相应的交易成本,因此你的投资受限;如果将资金都投入单一的投资中,投资风险就会增加,一旦出现亏损,将很难进行弥补。

## 二、金融中介机构能降低交易成本

随着金融体系结构的不断完善,金融中介的发展(机构竞争、技术进步、理论创新、规模经济等)使得交易成本降低,小额储蓄者和借款人能够从金融市场获利。这个进程就如同贸易走向电子商务一样,交易成本下降,使得大件贸易扩展为小件贸易,电商发展使得超市商品也可网购,如淘宝网、京东等的出现,颠覆了传统商业业态。

能够解决交易成本问题的一种方法是**规模经济**(economies of scale),即每一元投资的交易成本随着交易规模的扩大而降低,这个方法就是将众多投资者的资金集中起来,通过扩大交易规模,每个投资者的交易成本随之降低。例如,购买 10 000 股股票的成本并不比购买 100 股股票的成本高多少。金融中介得以发展并成为金融结构的重要组成部分,其原因很大程度上在于金融市场中规模经济的存在。**共同基金**(mutual fund)是向个人销售份额,并将获得的资金投资于股票或者债券的金融中介机构。共同基金的规模从几千万元到几亿元,其致力于投资股票或债券,从而享受较低的交易成本,同时共同基金以管理账户的名义将这些成本以管理费的形式扣除,使每个投资者都可以享受较低的成本。由于基金公司的资金庞大,可以进行多元化的投资组合,因此可以有效地提高资金收益率,降低投资风险。例如,商业银行提供各类理财产品以吸引居民户将闲散资金投入,达到规模效应,从而进行金融市场的投资活动。

另一种方法是通过**金融中介的专业技术**(expertise)来降低交易成本。金融中介可以利用计算机方面的专业技术给客户提供便利的服务,如投资者可以通过下载一个免费的证券软件 App 来了解资金的投资盈亏情况、运用互联网技术对账户进行转账支付等管理。也就是说,金融中介为了降低交易成本,可以向客户提供**流动性服务**(liquidity services),使其更容易地完成交易,如阿里巴巴公司推出的余额宝服务,实际上就是通过金融中介将投资者手中闲散的资金聚集起来投入货币基金的操作中去,获得约 3%的利率。

金融中介的加入使得整体金融活动变得快捷,并且使资源配置更有效,从而降低交易成本,提高资本使用效率。

# 第二节 信息不对称问题

金融市场中交易成本的存在可以在一定程度上说明间接融资比直接融资更为重要,即金融中介和间接金融在金融市场中的重要作用。然而,为了更加全面地了解金融结构,还需研究信息在金融市场中的作用。

金融机构中最值得探索的就是**信息不对称**,它是金融市场的一个重要特征,相对于信息对称而言,信息不对称就是交易一方对另一方缺乏全面充分的了解,影响其在交易中做出正确的决策。例如,在公司内部,公司经理管理层对公司的重要信息都掌握全面,但是股东在了解公司运作中就缺乏认识,会错误估计公司经营情况。同时,信息不对称还会导致逆向选择和道德风险。

**逆向选择**(adverse selection)是交易之前出现的信息不对称问题,即潜在的不良贷款风险来自那些积极寻求贷款的人们。

**道德风险**(moral hazard)是交易之后发生的信息不对称行为,由于借款人从事了与贷款人意愿相背离的活动,增大了贷款违约的可能性,导致贷款人承担较大的风险。

信息不对称问题的存在,促使市场找出相应的解决方法。接下来我们针对信息不对称问题进行具体的分析解释。

## 一、逆向选择

乔治·阿克洛夫(George Akerlof)在 1970 年发表的名为“柠檬市场:质量不确定性和市场机制”的论文,被公认为是信息经济学中最重要的开创性文献。在美国俚语中,“柠檬”(lemon)俗称“次品”。乔治·阿克劳夫在这篇论文中提出了逆向选择理论,阐述了逆向选择如何影响金融结构的问题。由于逆向选择与二手车市场的次品车问题十分类似,所以它又被称为“次品车问题”。次品车问题的存在,削弱了股票市场和债券市场等证券市场将资金从储蓄者向借款者转移的有效性。逆向选择的信息不对称问题,有助于解释金融市场为何在经济体中受到最为严格的监管。

### (一) 次品车问题

在二手车市场上,买主与卖主之间存在信息不对称的现象。潜在买主通常不能够准确地评估汽车的质量,无法判断某辆二手车的性能好坏,因此买主支付的价格一般会反映二手车市场上的平均质量,即价格介于次品车的低价与好车的高价之间。相反,二手车所有者更了解汽车的品质,卖主就会以次充好,这样一来,那些高于中等价的上等旧车就可能会退出市场。然后,由于上等车退出市场,买者会继续降低估价,次上等车会退出市场;最后的结果是市场成了破烂车的展览馆,极端的情况是一辆二手车都不能成交。现实的情况是,几乎没有买主愿意购买二手车,社会成交量小于实际均衡量,二手车市场经营不善,这个过程被称为逆向选择。

在股票市场和债券市场中,也会存在逆向选择次品车问题。例如,在股票市场上,若投资者愿意购买普通股股票,却不能识别股票是垃圾股还是蓝筹潜力股,在这种情况下,投资者只能按照发行证券公司平均质量的价格购买股票,该价格介于优质公司的高价值与劣质公司的低价值之间。因此,高估值公司会被投资者低估,不卖给投资者股票,投资者只能选择劣质公司股票,从而会像二手车市场一样发生逆向选择,投资者找不到可投资的股票,市场上能够购买的都是垃圾股。

同样,如果投资者不在股票市场上进行投资,就会投资在债券市场上,只有当利息率上升到足以补偿优质公司和劣质公司设法出售债券的平均违约风险时,投资者才会购买债券,但是,因为需要承担过高的支付利率,优质公司会放弃在该市场上借款,只有劣质公司才愿意借款。因此,投资者可能不会购买任何债券。

### (二) 逆向选择问题的解决办法

逆向选择的根源是市场上存在信息不对称问题。如果在二手车市场上,买主与卖主对二手车质量的了解程度是一样的,那么买主会为好的二手车支付较高的价格。如果在证券市场上,投资者清楚地知道优质公司与劣质公司的情况,就不会低估优质公司的证券,从而支付足够的价格进行投资,将资本转移到具有最佳生产效率的公司手中。

解决逆向选择问题的方法有四种:**私人生产和销售信息、增加信息的政府监管、金融中介机构的介入、抵押品和净值的使用。**

#### 1. 向信息供应商如标普、穆迪等有偿提供信息,但存在“搭便车”问题

解决金融市场上信息不对称的首要因素是向资金供应者提供投资标的的详细信息,以消除信息不对称。私人公司能够收集生产信息,完成这个任务,如中国各大证券分析平台,将各公司的财务报表及活动信息公布并加以分析,有些信息需要支付费用才能够得到。但是,由于其他投资者不通过购买信息也能通过跟风投资到被低估的优质证券,“搭便车”(free rider problem)现象普遍存在,对低估资产的需求增加,使得证券价格达到其价值水平,那些花钱购买信息的投资者失去信息优势,私人公司信息销售下降,导致市场信息再次不对称,同样会存在次品车问题,造成逆向选择干扰有效市场。

#### 2. 信息充分披露(主动或强制,独立审计)的政府监管手段

由于私人公司提供信息会存在“搭便车”现象,政府干预市场提供信息难以实现。因此,政府对证券市场进行有效监督,鼓励公司披露真实信息,使投资者判断公司优劣这样的方法

符合金融市场需求。中国证监会要求公司按照标准会计准则进行定期财务报告披露，及对相关公司重大事项进行公告等行为，有效披露公司有关投资活动、主营业务、资产负债等信息。但是，有些公司并不会自觉遵守信息披露要求。例如，2001 年的美国安然破产案、安达信事件，2002 年的中国蓝田股份造假案，2014 年的中国獐子岛事件等一系列会计丑闻。因此，金融体系必须受到严格的监管。

但是政府监管并不能彻底消除逆向选择问题，一些劣质公司可能会通过公布信息包装自己从而使投资者难以判别公司质量。

**3. 金融中介的专业识别能力**

私人生产销售信息及政府监管都只能减少逆向选择问题，在信息不对称条件下，该如何促使资金流向有生产投资机会的主体呢？在二手车市场中，买主与卖主并不是直接交易的，通常会通过二手车交易商进行，因为买主的信息获取渠道有限，而二手车交易商具有鉴别能力，能够通过鉴别二手车优劣进行有效信息处理，在销售时提供直接或间接担保，并非一次性买卖的信用担保，基于诚信的基础促使交易成功。同时，交易商根据自己的信息购买、转售二手车，避免了“搭便车”问题。同样，金融市场上也需要这样的交易商帮助消除信息不对称，解决逆向选择问题。金融中介机构是生产公司信息的专家，如银行，对资本需求者进行风险评级，判断其信贷风险，进而使储蓄者的资金能够有效转移至优质公司手中。银行作为中介机构，由于主要持有非交易贷款，可以减少信息不对称，也可以避免信息的“搭便车”问题。信息获取越容易，直接融资越容易。近年来，信息技术的进步大大改善了信息不对称问题，银行等中介机构在贷款发放方面的作用逐步降低也印证了这一点。这一分析说明了金融机构在向公司转移资金方面优于证券市场。因此，间接融资比直接融资更重要，银行是外部融资的重要来源。大公司更能从证券市场上获得融资，公司知名度越高，说明信息披露越多，投资者判断公司质量越明确，直接投资该公司的可能性就越大，从而使市场上，公司规模越大、组织越完善，其通过发行证券获得融资的机会就越大。

**4. 抵押品与净值有效解决逆向选择问题**

抵押品(collateral)是指在借款者违约情况下承诺支付贷款者的担保资产。一旦出现违约，贷款者就出售抵押品，收入支付能够减少借款者损失，所以它降低了逆向选择的影响。常见的有住房抵押贷款，即从银行获得贷款，资产抵押给银行。如果贷款无法清偿，银行有权处理抵押资产。同时，抵押品的介入也可以帮助贷款者获得较低贷款利率。因此，抵押品在债务合同中非常普遍。

净值(net worth)又称权益资本(equity capital)，即公司资产与负债的差额，与抵押品具有相同作用。公司净值越高，违约可能性越小，越能够承担风险，资本偿付能力越强，逆向选择就越难发生。

## 二、股权合约中的道德风险(委托—代理问题)

道德风险是对信息不对称问题的另一种表现，即发生在交易之后的风险。**代理理论**(agency theory)是指对股权合约中的信息不对称影响经济行为的研究。道德风险如何影响债务合约和股权合约的选择，即证券发行者有掩盖信息和从事对证券投资者不利的活动的动力。上市后，大股东损害小股东利益，管理层损害股东利益等。

### (一) 委托—代理问题

所有权和控制权的分离会产生道德风险,这是因为拥有控制权的经理人(代理人)会从自身利益出发而不是从股东(委托人)的利益出发行事,公司经理对股东财富最大化的追求远没有股东那么强烈,经理往往趋向于更高的薪酬和福利。拥有企业控制权的经理人就会从自身利益出发,而非按股东的利益行事。股权合约中的道德风险的成因可以从三个方面来考虑:一是由于股东与经理人之间的信息不对称,经理人掌握了更多关于自己努力程度的信息;二是契约的不完备,契约虽然能规定经理人的行为,但契约却很难做到面面俱到,把经理人所有可能的行动都考虑在内,并且,即使存在完备的合同,执行起来也很有难度;三是因为目标的不一致,经济学假设人都是理性的,总是从自己的利益最大化角度出发采取行动,股东的目标是财富最大化,而经理人的目标可能是更多的在职消费和地位。以上三个因素共同决定了股权合约中存在的道德风险问题。股权合约中的道德风险通常表现在:(1) 股东与经理人之间。经理人通常追求在职消费,偏好收益留存,阻碍破产公司的清算。(2) 外部股东与内部股东之间。如果董事与经理人足够亲密,完全有理由不提供有效的监管;内部股东可以凭借其实际控制权,通过侵害外部股东利益来获取私利。(3) 股东与会计师之间等。

### (二) 委托—代理问题的解决方法

通过公司审计等监督行为,产生有效信息,降低道德风险。由于经理与股东的信息不对称,股东需要聘请专业人员或开设相关部门进行有效经营监督,确保管理层金融决策的方向符合股东要求,但是这一行为会造成较高的成本,因此选择高成本的股权合约吸引力降低,也就说明了金融结构中为什么股票并不是最重要的融资来源。

增加信息的政府监管,能够减少信息不对称的影响。类似于逆向选择问题,政府对金融体系的监管,通过相关法律和准则约束公司及市场进行有效的运行。针对欺诈或隐瞒等行为,进行严厉的惩处,这要求政府部门加强监管力度和完善法制体系。

避免道德风险可以通过金融中介进行间接融资。例如,**风险投资公司**(venture capital firms)将合伙人的资金汇集起来,通过尽职调查选择标的公司,利用筹集资本帮助有潜力的企业家创建新企业,并获得一部分企业股份,多措施解决股权投资的信息不对称和"搭便车"问题。风险投资公司在投资后会安排相关人员进驻新公司,实时了解公司经营动向与资本使用情况,监督新公司发展。风险投资公司能够获得预期收益,减少道德风险问题。在美国,风险投资公司对新兴产业发挥着重要作用。目前在中国,风险资本是促进整体中国经济转型的重要资本,上海陆家嘴金融中心驻有上千家风险资本公司,甚至一些二线城市如浙江、杭州都在努力吸引风险资本的进入,尤其是对生物医药产业、互联网+新兴产业等的发展。

债务合约具有优先清偿权,有助于解决道德风险。借款者必须定期向贷款人支付固定金额的契约型合约,公司利润高低不会影响偿付,相关公司信息即使没有公开,也不会造成贷款人的损失。

## 三、债务合约中的道德风险

债务合约也会受道德风险的影响。在既定的偿付金额及时期的要求下,借款人只有在赚取额超过偿付资金时才能获得利润，因此借款人会从事高风险、高收益的活动，但是作为贷款人，最希望的是资金的安全性及到期还本付息。因此，债务合约也存在着信息不对称的情况。投资成功是皆大欢喜，但是一旦失败，并且在风险极高的情况下，贷款资金也会遭受损失。

解决债务合约中道德风险的办法如下：

### （一）净值和抵押物

如果借款人的净值很高，或者抵押给贷款人的抵押品相当值钱，道德风险问题即违背贷款人意愿行事的诱惑就会大大降低。这是因为，如果借款人这样做的话，他们自己也将遭受巨大损失。这种方法称作**激励相容**，也就是说，它使得借款人和贷款人的动机统一起来。

### （二）限制性条款的监督和执行

如果能够规定借款条件，贷款人不得从事相关高风险的投资活动，在此合同基础上同意借款，并且要求监督严格执行，一旦出现违约，立即停止合同，给予偿还并终止之后的合作。具体限制性条款类型如下：(1) 限制违背贷款人意愿的行为的条款；(2) 鼓励符合贷款人意愿的行为的条款；(3) 保持抵押品价值的条款；(4) 提供信息的条款。

### （三）金融中介

尽管限制性条款有效，但仍无法避免道德风险问题。由于监管执行的成本高昂，无法投入足够的资源设立监督机制，道德风险依然会影响债务合约的有效运行。因此，金融中介起到了至关重要的作用，特别是银行，只要发放的是私人贷款，就能有效避免“搭便车”问题。在储蓄者向借入者的资金转移过程中，金融中介发挥着重要作用，类似于前面所提到的内容。

**专栏 7－1**

#### P2P 平台大面积违约与停业的原因及监管建议（节选）

中国 P2P 网贷业务在近五年内经历了高速蓬勃的发展，但贷款人与借款人、贷款人与平台之间的信息不对称造成 P2P 平台发生大面积违约与停业。

通过 P2P 网贷平台，传统民间借贷中的投资人和借款人在网上完成对接并达成交易。在此过程中，P2P 网贷平台扮演了第三方交易平台和经纪服务提供者的角色。互联网技术使得投资人和借款人脱离了地理位置的束缚，降低了借贷之中的交易成本，使得传统的民间借贷中的熟人借贷关系发展到基于互联网的陌生人借贷关系，并从另一个角度使得 P2P 网贷平台取代了陌生人借贷中通常存在的金融中介机构。另外，P2P 网贷平台系统将每一笔贷款自动分割，并在不同贷款中完成组合打包，为投资者提供了任意金额的分散化投资机会。从宏观经济上看，P2P 网贷可以通过增加消费者信贷额度而刺激消费，并通过增加中小企业贷款渠道而推动宏观投资。由于以上优点，P2P 网贷业务被《哈佛商业评论》称为

“2009年年度突破性创意”。

中国的P2P网贷业务在2010年后得到高速发展。根据网贷之家的监测数据，中国P2P平台的累计注册数量从2010年的10家激增至2016年3月底的3 984家，整个行业在此期间共完成约1.745万亿元贷款。

然而，高速发展的背后是2014年以来极高的问题平台出现率。2010年12月底至2016年3月底，中国P2P网贷平台在营平台数量、累计注册数量和累计问题平台数量均迅速增加。

契合阿克洛夫(1970)的“柠檬市场”理论，我们发现中国P2P平台的大规模违约和停业的原因是投资者与借款方之间、投资者与平台之间的信息不对称。

投资者(贷款人)和借款人之间的信息不对称导致逆向选择，借款人知道自己的真实风险水平，而投资人却很难仔细区分低风险项目和高风险项目。因而，投资人只愿意以平均利息水平出借资金。而这种利息水平对低风险项目缺乏吸引力，只能吸引高风险项目。最终使得标的多为高风险项目。解决这个问题有两种途径：第一是通过信用评级体系来为借款人的品质进行背书。例如，美国的P2P网贷公司使用FICO评分(美国Fair Isaac Company推出的个人信用评分模型)来对借款人进行区分。但由于中国的个人信用评级体系尚待完善，并且大多数中小型P2P平台不能负担相关成本，中国的P2P平台一般采用第二种方法，即线下发掘项目。这种基于线下关系发掘项目的好处在于减少了信息不对称，事前降低逆向选择，事后降低道德风险。但是，由于平台的资源有限，所发掘的优质项目数量不多，所以使得项目的风险分散化程度不够。一旦发生违约，就对投资者造成巨大损失。

如果仅仅是借款人的违约，在P2P网贷业务的商业模型中并不会带来平台的违约和停业。但中国网贷业务不同于其他国家网贷业务之处在于，中国P2P平台大多对借款项目进行了担保，承诺项目的刚性兑付。这也是中国影子银行系统中各类融资公司通常对投资者提出的承诺。正是这样的商业模式，使得项目风险转化为平台风险。这种商业模式也被投资人与平台之间的信息不对称导致的逆向选择所放大。劣质平台为了竞争，通常夸大其项目利率并承诺刚性兑付。然而投资者并不能非常清晰地区分平台的品质，以至于投资者对所有平台都要求一个平均的利率水平和刚性兑付的条件。这种条件使得真正的P2P网贷平台(只提供中介服务、不提供担保的P2P平台)离场，最终市场上剩下的都是网络化的“影子银行”。虽然道德风险降低，但投资的风险分散化程度也随之降低。

投资者与平台之间的信息不对称也使得平台本身发生道德风险的可能性增高。在极端情况下，一些平台本身设立的目的就是窃取投资人的资金。他们通过虚设项目，提高利率等手段吸引资金，并采用庞氏骗局的手法，用后期投资人的本金偿还前期投资人的利息。e租宝事件和上海中晋事件，还有2016年4月曝出的Lending Club丑闻都属于这种情况。如此一来，不但事前使得平台多为项目质量低但夸大收益的劣质平台，还事后使得平台发生违约的可能性增加。这种信息不对称也导致投资者本身多为追寻短期高利率的投机者。这种类型的投资者在经济下行的时候更容易提前撤资，从而使得平台发生挤兑，最终导致平台停业。

作者：陆海天、雷震.

资料来源：和讯网，http://p2p.hexun.com/2016-11-02/186708494.html.

**思考题：**

1. 哪些因素促进了P2P网贷的产生和发展？
2. P2P网贷中出现的信息不对称现象主要体现在哪些方面？
3. 未来互联网金融的发展面临怎样的机遇和挑战？

## 第三节　金融结构中的经济现象

在前文中提到的金融结构的经济学原理充分阐述了金融市场的一些经济现象。

**（一）对于工商企业而言，股票不是外部融资最重要的来源**

直接融资就是向投资者出售股票与债券等可流通证券。实际上，企业大部分的可流通证券是由保险公司、共同基金、投资机构等金融机构买下的。因此，居民更多的是通过金融机构购买具有投资回报的产品。如今主流媒体报道最多的就是股票市场，以至于很多人认为，企业最主要的融资方式是发行股票。然而现实中除了发行股票以外，公司还可以通过银行贷款、非银行金融机构的贷款、发行债券等方式进行外部融资。股票融资，其份额比例实际上较小。因此，在企业为其经营活动进行融资的过程中，发行可流通债务工具和股权证券不是主要的融资方式。在西方国家，债务融资优于股权融资。一般发行债券比股票优先而且更为重要，因为债务具有税盾效应（tax shield，即债务在税前支付可以为企业节约税金）。但是即使发行可流通证券，其融资规模仍然达不到企业外部融资的规模。这意味着发行可流通证券不是企业融资的最重要渠道，银行贷款及其他融资才是。由此，对大部分企业来说，间接融资（即企业通过金融中介机构参与融资获取资金）比直接融资（即企业通过金融市场直接从贷款人手中获取资金）更为重要。

**（二）金融中介机构特别是银行是企业外部资金最重要的来源**

在全世界范围内，企业外部融资的首要来源是银行以及诸多保险公司、基金公司和金融公司等非银行金融中介机构所提供的贷款。市场上的闲散资金通过银行存款或金融理财等转入这些金融中介机构，企业通过金融中介在金融市场上进行融资活动，如银行贷款将资金投入企业。

**（三）金融体系受到高度监管**

在中国以及世界其他国家的各种经济部门中，金融体系均受到最为严格的监管。政府为了经济的稳定和健全发展，首先要保证金融体系的稳定健全发展，从宏观调控的角度促进金融市场信息披露，加强金融市场的建设，加大监管力度。

**（四）只有规模较大、运转良好的公司才能进入证券市场融资**

规模小、运营不佳的企业很难通过发行流通证券进行融资活动。中国对发行股票的企业或上市公司都有十分高的要求和规定，一般效益不好的企业达不到标准。因此，那些规模不大、知名度不高的企业从二级市场上获取资金相对比较困难，转而倾向于通过银行贷款等方式获得资金。

### (五) 抵押品在债务合约中十分普遍

对于家庭和企业而言，利用自有资产作为抵押品获取资金是金融借款活动比较常见的手段。抵押品是抵押给贷款者的一种资产，在借款人不能偿还债务的前提下，来保证债务的偿付。**抵押债务**，又称**担保债务**(secured debt)，在企业融资活动中被广泛应用。它区别于**无担保债务**(unsecured debt)，即无抵押的债务，如信用卡债务。在生活中，大部分家庭的债务是抵押贷款，汽车、房产都可以作为抵押品从银行等金融机构获得资金。其中，债务合约具有许多限制性条款。很多人错误地认为，债务合约就是简单地写在一张纸上的借据。实际情况并非如此，典型的债务贷款合约都附有众多具有法律效应的**限制性条款**(restrictive covenants)，这些条款约束和指定了借款者所能从事的特定活动，限制其进行高风险甚至挪用等有害于还款的行为。

## 本章小结

1. 金融结构中的经济学原理主要解释金融系统中的各类现象，间接融资比直接融资更为重要，除了可以利用股权融资外，还可以利用债务融资，但是债务融资具有限制性条款，金融市场是被严格监管的市场，金融中介具有重要地位等。

2. 交易成本的存在需要金融中介机构。对于公司融资而言，金融中介机构有其重要性，金融市场受到严格监管，债务合约具有较多法律限制。

3. 信息不对称产生逆向选择和道德风险。解决逆向选择的方法有私人生产销售信息、政府监管、金融中介以及抵押品与净值。道德风险区别于股权合约与债务合约。

4. 解决委托—代理问题的方法：监督、政府监管、金融中介。

5. 解决债务合约道德风险的方法：净值、监督和限制性条款及金融中介。

## 关键术语

| | | | | |
|---|---|---|---|---|
| 规模效应 | “搭便车” | 逆向选择 | 道德风险 | 委托—代理问题 |
| 税盾效应 | 抵押品与净值 | 担保债务 | 无担保债务 | 限制性条款 |

## 思考题

1. 如何使用规模经济来解释金融中介机构存在的原因？
2. 哪些公司能够通过发行股票和债券融资？为什么？
3. “搭便车”现象如何恶化金融市场中的逆向选择和道德风险问题？
4. 信息不对称问题为什么需要政府监管？
5. 解释公司所有权与控制权分离下导致管理不善问题。
6. 举例生活中的逆向选择问题与道德风险问题的事件。

# 第八章

# 银行业务与管理

银行是依法成立的经营货币信贷业务的金融机构，是商品货币经济发展到一定阶段的产物。银行的存在方便了社会资金的筹措与融通，它是金融机构里面非常重要的一员。一方面，银行充当贷款人和借款人的交易媒介，它以吸收存款的方式，把社会上闲置的货币资金集中起来，然后以贷款的形式借给需要补充货币的人；另一方面，银行又充当支付中介，为商品生产者和商人办理货币的收付、结算等业务。本章主要介绍银行业务与管理，特别是商业银行，最后简单介绍政策性银行。中央银行将在第十章进行详细介绍。

## 第一节　商业银行简介

在金融服务业中，商业银行是历史最悠久、业务范围最广泛的金融组织形式。我国银行业金融机构总资产呈逐年上升趋势。中国银行业监管管理委员会的统计数据表明，截至2018年年末，银行业金融机构资产总额已达到260万亿元。事实上，我国已经形成了以国有银行为主体、其他银行机构并存、多极格局的金融机构体系，如图8-1所示。

### 一、商业银行的性质

**商业银行**是以追求利润最大化为目标，通过多种金融负债筹集资金，以多种金融资产为其经营对象，能利用负债进行信用创造，并向客户提供多功能、综合性服务的金融企业。

商业银行具有一般企业的特征，即商业银行的经营目标是利润最大化。商业银行拥有业务经营所必需的自有资本，实行独立核算、自负盈亏。但是，商业银行又不是一般的企业，而是经营货币资金、提供金融服务的金融企业，是一种特殊的企业。商业银行的活动范围不是一般的商业生产和商品流通领域，而是货币信用领域。

商业银行不同于其他金融机构。首先，与中央银行相比较，商业银行是面向工商企业、公众及政府经营的金融机构，而中央银行是只向政府和金融机构提供服务的具有银行特征的政府机关。其次，商业银行与其他金融机构相比较，最主要的区别是能否吸收活期存款。商业银行能够吸收活期存款，同时其经营网点最多、服务范围最全面。但是，随着金融自由化和金融创新的发展，商业银行与其他金融机构的区别已经不像过去那样泾渭分明了，商业银行经营的业务和提供的服务范围越来越广泛，商业银行正朝着“万能银行”和“金融百货公司”的模式发展。

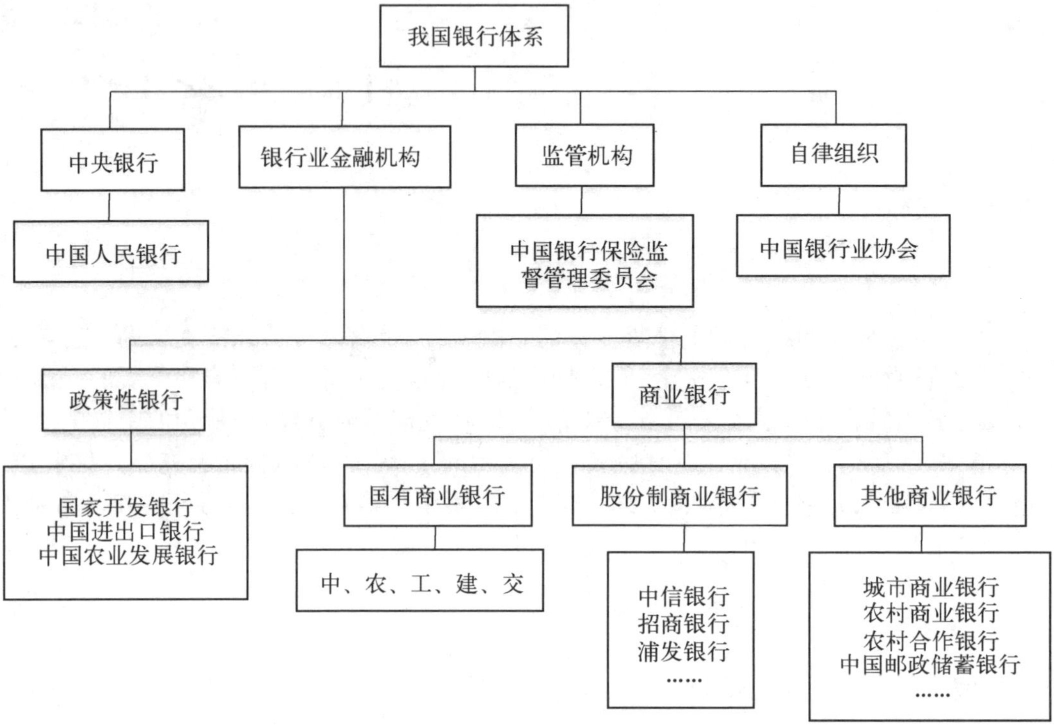


**图 8-1 中国银行业主要机构一览**

## 二、商业银行的产生与发展

从历史上看,银行起源于意大利。早在 1272 年,意大利的佛罗伦萨就已出现一家名为巴尔迪的银行。1580 年,在当时世界商业中心意大利建立的威尼斯银行是历史上首先以"银行"为名的信用机构。此后,相继出现的有米兰银行、阿姆斯特丹银行、汉堡银行、纽伦堡银行、鹿特丹银行等。这些银行最初只是接受商人存款并为他们办理转账结算,后来开始办理贷款业务。

早期的银行体系是通过两条途径产生的:一是旧的高利贷性质的银行业为适应新的经济条件重新组建而转变为资本主义银行,二是按资本主义原则组织起来的股份银行。起主导作用的是后一条途径。1694 年,英国政府为了同高利贷做斗争,以满足新生的资产阶级发展工业和商业的需要,决定成立一家股份制银行——英格兰银行,并规定英格兰银行向工商企业发放低利率贷款,支持工商业发展。**英格兰银行**是历史上第一家股份制银行,也是现代银行业产生的象征。

当资本主义国家建立自己新的银行体系时,高利贷性质的票号和钱庄依然占据中国信用领域的统治地位。1845 年,中国出现第一家新式银行——由英国人开设的丽如银行。

基于当时外国资本主义在中国的贸易发展以及工矿交通等事业高涨的背景,中国自办的第一家银行——中国通商银行于 1897 年成立。1904 年成立了官商合办的户部银行(1908 年改为大清银行,1912 年又改为中国银行)。1907 年设立了同样为官商合办性质的交通银行。与此同时,一些股份集资或私人独资兴办的较典型的民族资本商业银行也陆续建立。1912～1927 年是中国私人银行业快速发展的阶段,在此期间新设立的银行数量约为 186 家。

1949 年以后,在没收官僚资本银行的基础上,结合组织各革命根据地的银行,在中国人民银行的领导下,将原来的官僚资本银行改组为新的中国银行、交通银行和农业合作银行。以后,又新建和改组了中国人民建设银行、中国农业银行等。1953～1955 年,经过清产核资、调整业务和实行储蓄专业化,公私合营银行的机构和业务并入中国人民银行,从而建立了新的集中统一的金融体制。1983 年 9 月,国务院发布了关于中国人民银行专门行使中央银行职能的决定,中国人民银行成为国家统一管理金融的机构,其他专业银行成为经济实体。从 1983 年开始,我国采取了多项举措,使国内银行业呈现多元化发展。据银保监会 2019 年 2 月发布的《银行业金融机构法人名单》显示,到 2018 年末,除了 6 家大型商业银行之外,还有股份制商业银行 12 家、城市商业银行 134 家、农村商业银行 1 262 家、农村合作银行 33 家、农村信用社 965 家、民营银行 17 家、外资金融机构 39 家。

## 三、商业银行的职能

商业银行的职能主要由它的性质决定。在现代经济活动中,商业银行发挥的功能主要有信用中介、支付中介和信用创造等。

### (一) 信用中介

商业银行通过受信业务,吸收存款,集中社会上的闲置货币资本,再通过授信业务,以贷款或投资方式将这些资金投向社会经济的各个领域。商业银行通过发挥信用中介的职能,高效融通社会资金,并通过借贷的利息差额获取收益,形成银行利润。

### (二) 支付中介

商业银行的支付中介职能是指商业银行作为货币经营机构,具有为客户保管、出纳和代理支付货币的功能。银行通过为客户开立账户,充当客户之间货币结算与货币收付的中间人。

### (三) 信用创造

在部分准备金的制度下,商业银行在缴纳法定存款准备金和保留一定库存现金后,可运用自己所吸收的存款发放贷款。在支票流通和转账结算的过程中,贷款为派生存款。每一次存款的派生都增加了商业银行的资金来源,因而在整个银行体系中能够迅速形成数倍于原始存款的派生存款。

## 四、商业银行的类型

按经营模式可将商业银行分为**职能分工型银行**(functional division commercial bank)和**全能型银行**(multi-functional commercial bank)。职能分工型银行,是指法律限定金融机构必须分门别类、各司其职,如有专营长期金融的、有专营有价证券买卖的、有专营信托业务的等。全能型银行,是指可以经营一切银行业务的商业银行,如各种不同期限和种类的存、贷款业务以及证券业务。

职能分工型模式又称分业经营、分业监管模式,采用职能分工型模式的代表国家有英国、美国。这种业务经营模式的优点是能较好地保持银行清偿力,银行经营的安全性较好;缺点是银行业务的发展受限。相对应地,全能型模式则称为混业经营、混业监管模式。这种模式的优点是有利于银行开展全方位、综合性的金融业务经营活动,充分发挥商业银行在国民经济活动中的作用;其缺点是经营风险可能会"牵一发而动全身",对银行经营管理有更高的要求。始终采用全能型商业银行模式的国家以德国、奥地利和瑞士等国为代表。1995年,我国明确了对金融业实行"分业经营,分业管理"的体制,因而目前我国商业银行均属职能分工型。随着时代的发展以及政策的放开,一些大型的国内商业银行也开始朝着混业经营的方向发展。

## 五、商业银行的组织制度

迄今为止,商业银行的组织制度主要有以下几种形式:

### (一) 单一银行制

单一银行制又称单元银行制,是指由于法律上禁止或限制商业银行设立分支机构,银行业务只能完全由总行经营的制度。美国曾是典型的单一银行制国家。为保护本州的中小银行,确保本地信贷资金资源不流失,一些州通过颁布州银行法,禁止或限制银行跨州经营和分设机构,以实现保护本州利益不被侵犯的目的。随着经济的发展,地区经济联系的加强,以及金融业竞争的加剧,美国国会于1994年通过法案废除了单一银行制,允许商业银行跨州设立分支机构。

### (二) 分支行制

分支行制又称总分行制,是指商业银行可以在其总行所在地区及国内或国外的其他地方设立分支机构的制度。分支行制银行的总行一般设在大城市,分支行的业务和内部事务统一遵照总行的规章和指示办理。目前,世界各国很多商业银行采用分支行制。

### (三) 代理行制度

代理行制度又称往来银行制度,是指银行相互间签有代理协议,委托对方银行代办指定业务的制度。被委托的银行为委托行的代理行,相互间的关系则为代理关系。代理行制度在跨国、跨地域商业银行业务中较为多见。

### (四) 银行控股公司制度

持股公司制银行又称集团制银行,是指由一个集团成立股权公司,再由该公司收购或控制的一家或若干家独立的银行。若成立的股权公司是仅持有一家银行股票的持股公司,则称为单一银行持股公司。与单一银行持股公司相对的是多银行持股公司。现在,几乎所有的大银行都归属于银行控股公司。

我国国有商业银行及其他商业银行都实行总分行制，且虽然各有分支机构，但代理业务在各行之间相当普遍。另外，根据规定，凡实行总分行制的，总行对其分支机构均实行全行统一核算、统一调度资金、分级管理的财务制度。分支机构一律不具有法人资格，在总行授权范围内依法开展业务，其民事责任由总行承担。

## 第二节　商业银行的业务

商业银行的业务主要包括表内业务与表外业务。表内业务是指记入资产负债表中的各个项目，包括资产业务与负债业务；表外业务是指不列入银行资产负债表且不影响资产负债表总额的业务。

### 一、商业银行资产负债表简介

资产负债表是银行主要会计报表之一，反映银行总的资金来源及运用情况。资产负债表包括三大项目：资产、负债以及银行资本(所有者权益)。资产负债表的左方代表商业银行持有的各项资产(资金投入使用)列表，右方代表商业银行的各项负债(资金来源)。资产负债表的左右两边始终相等，即

**资产总额＝负债总额＋银行资本**

这是一个会计恒等式，即银行资本始终为资产总额减去负债总额后的差额。一旦银行的负债超过资产，即银行资本为负值，也就意味着银行可能破产。表 8－1 反映的是商业银行资产负债表的大致结构。下面我们对商业银行资产负债表逐项进行介绍。

**表 8－1　商业银行的资产负债表**

| 资产(资金运用) | 负债与资本(资金来源) |
|---|---|
| 现金资产 | 存款 |
| 证券投资 | 非存款借款 |
| 贷款 | 银行资本 |
| 固定资产 | |
| 其他资产 | |
| 总　计 | 总　计 |

### 二、负债业务

商业银行的负债业务是商业银行在经营活动中尚未偿还的经济业务，该业务是商业银行借以形成资金来源的业务。商业银行的负债对于银行而言，其重要性不言而喻。首先，负债是商业银行职能得以实现的基础和前提；其次，负债是商业银行信贷资金的主要来源；最

后,商业银行的负债是银行体系调节经济活动的基础。商业银行的资金来源可以分为银行自有资本和银行负债两大类。

银行自有资本是指其成立时发行股票所筹集的股份资本以及公积金和未分配的利润,由普通股、优先股、盈余、资本性票据和债券以及各项储备构成。根据巴塞尔委员会的规定,实际缴足的、永久性的股东权益属于一级资本或核心资本,债务资本属于二级资本或从属性资本。

银行负债有广义和狭义之分。广义负债是指除银行自有资本以外的一切资金来源,包括资本期票和长期债务资本等二级资本的内容;狭义负债主要是指银行存款、借款等一切非资本性的债务。商业银行的负债结构主要由存款和其他负债业务两个方面的内容所组成。

### (一) 存款

**存款**(deposit)业务是指银行接受客户存入的货币款项,存款人可随时或按约定时间支取款项的一种信用业务。存款业务是商业银行的传统业务,在负债业务中占有最主要的地位,大部分商业银行的存款负债占其资金来源的60%以上。存款一般可以分为活期存款、定期存款和储蓄存款三大类。随着社会经济的不断发展,传统的银行存款业务已不能满足社会的需求,出现了一系列创新性存款。

(1) **活期存款**,是指没有规定存款期限,存款人可以随时支取的存款。这种存款,支用时须使用银行规定的支票,因而又称支票存款。由于该账户支付频繁,银行提供服务所需成本较高,因而商业银行一般不支付利息或以较低的利率支付利息。虽然活期存款时存时取,流动性很强,但在存取资金流动之中会在银行形成一部分相对稳定、数量可观的沉淀资金。该笔资金成为银行放贷的重要资金来源。

(2) **定期存款**,是指那些具有确定到期期限,到期前一般不能提取的存款。在我国,存款期限通常为3个月、6个月和1年不等,期限长的则可达5年。定期存款的主要特点是其较为稳定,因而银行往往给予较高的利息。自20世纪60年代以后,金融业竞争加剧,银行为了更广泛地吸收存款,推出了大额可转让定期存单(CDs)。这种存款在到期日前可在货币市场上转让买卖。

(3) **定活两便存款**,是指介于定期存款和活期存款之间的一种存款。它没有固定的存款期限,可以随时续存和提取,银行根据客户存期的长短而灵活调整利率。因此,这种存款结合了活期存款的流动性和定期存款的营利性两种优势。

(4) **创新性存款**,是指商业银行为达到规避管制、增加同业竞争能力和开辟新的资金来源的目的,不断推出新型存款类别的活动。随着社会经济的不断发展,传统的银行存款业务已不能满足社会的需求,银行同业竞争也日趋激烈,这些都促使商业银行不断创新存款产品种类。另外,中央银行等政府管理部门过时的管理规定也束缚着商业银行存款创新的手脚,突破这些限制成为历史发展的必然。存款创新可大致分为三类:(1) 增强流动性的存款业务创新,即增强存款方式的流动性、变现性和可转让性。(2) 增加服务便利的存款业务创新,即增加各种附加服务,便于客户存取款。(3) 增强客户安全性的存款业务创新,即采取措施保障客户存款的合法利益不受损失。其种类可分为:可转让支付命令账户、超级可转账支付命令、货币市场存款账户、大额可转让定期存单、自动转账服务账户、协定账户、个人退休金账户、定活两便存款等。

### (二) 非存款借款

**非存款借款**主要是指商业银行通过向中央银行借款或在金融市场中获取的资金。借入款项对商业银行的经营活动意义重大。首先,它可用于填补银行短期的头寸缺口。当存款负债无法满足商业银行短期资金需求时,银行可以利用向中央银行借款、同业拆借等途径解决其资金周转的需要。其次,借入负债可以提高商业银行资金的利用率,增加商业银行的营利性。其他负债业务包括:向中央银行借款、银行同业拆借、欧洲货币市场借款、发行金融债券和结算过程中的短期资金占用等。

(1) **向中央银行借款**。银行资金不足,必要时可向中央银行借款。向中央银行借款主要有两种形式:一是再贴现,即把自己办理贴现业务所买进的未到期票据向中央银行贴现;二是再贷款,也称直接借款,即中央银行向商业银行的信用放款。商业银行向央行借款的主要目的在于缓解自身资金周转不足,而非出于营利目的。

(2) **银行同业拆借**。这是商业银行为解决短期资金余缺,调剂准备头寸而相互融通资金的一种重要方式。同业拆借的利率主要取决于市场资金供给状况,一般较低。同业拆借都通过商业银行在中央银行的存款账户进行。

(3) **欧洲货币市场借款**。欧洲货币,即境外货币。欧洲货币市场借款是指商业银行在境外金融市场筹措资金的方式,又称境外借款。境外借款既可以通过直接向境外银行或国际金融机构借入,也可以委托有关金融机构在境外金融市场发行债券。

(4) **发行金融债券**。金融债券即由银行和非银行金融机构发行的债券。发行金融债券是商业银行筹集长期资金来源的重要途径。

(5) **结算中负债**。结算中负债是指商业银行作为支付中介,在办理结算业务过程中形成的一定数目的应付款或预收款。例如,在汇兑业务中,客户把款项交给汇出银行到汇入银行把该款项付给指定的收款人中间会形成一定的间隔时间。在这段时间内,该笔款项只为银行所占用,汇款人和收款人均不能支配。

## 三、资产业务

商业银行的资产业务是指将自己通过负债业务所聚集的货币资金加以运用的业务。资产业务不仅是商业银行取得收益的主要途径,也是增加社会货币供给的最主要途径。商业银行的资产可以划分为现金资产、证券投资、贷款和固定资产四大类,以下主要介绍前三类。

### (一) 现金资产

商业银行的**现金资产**由库存现金、中央银行存款、存放同业存款和在途资金组成。现金资产是商业银行所有资产中流动性最高的资产。从商业银行经营管理的角度看,现金资产具有以下作用:一是保持清偿力,二是保持流动性。

(1) **库存现金**,是指商业银行保存在金库中的现钞和硬币。库存现金的主要作用是银行用来应付客户提现和银行本身的日常零星开支。由于库存现金属于非营利资产,而且所需的防护成本较高,因此,商业银行往往仅保持足够应对开支的适度的数额。

(2) **中央银行存款**,是指商业银行存放在中央银行的资金,即存款准备金,分为法定存款准备金和超额存款准备金。法定存款准备金是商业银行按照法定比率向中央银行缴存的存款准备金。规定依法缴存的目的在于使商业银行备有足够的资金以应对存款人的提存,以避免银行因流动性不足而倒闭的可能性。超额存款准备金是商业银行可自主运用的资金。超额存款准备金主要用于转账结算、支付票据交换的差额、发放贷款和调剂库存现金的余缺。

(3) **存放同业存款**,是指本行存放在其他银行的资金。商业银行出于在同业之间结算收付和相互代理业务的便利性,大多相互开立了活期存款账户。

(4) **在途资金**,又称"托收中现金",是指结算过程中本行需向其他银行收款的支票,支票所载明的款项尚未划入本行收款账户。

### (二) 证券投资

证券投资业务是指商业银行以其资金持有各种有价证券的业务活动。商业银行进行证券投资主要出于增加收益、增强资产的流动性的目的。因此,银行往往在货币市场上投资短期有价证券,以增强资产的流动性,或是在资本市场上投资长期有价证券,以增加银行收益。商业银行证券投资的对象主要包括中央政府债券、地方政府债券、政府机构债券、公司债券和其他有价债券。根据我国会计准则,按持有目的可将证券划分为**交易性金融资产、持有至到期投资、应收账款类投资、可供出售金融资产**。

(1) **交易性金融资产**,是指取得该金融资产的目的是在短期内出售或者属于进行集中管理的可辨认金融工具组合的一部分,且有客观证据表明银行近期采用短期获利方式对该组合进行管理的金融资产。

(2) **持有至到期投资**,是指到期日固定、回收金额固定或可确定,且有明确意图与能力持有至到期的非衍生金融资产。

(3) **应收账款类投资**,是指银行持有的、在境内或境外没有公开市价的债权投资,包括资管计划等投资。

(4) **可供出售金融资产**,是指工商企业或公司对外发行的借款凭证,发行人承诺在一定期间内按票面所载条件对债券持有者还本付息。

### (三) 贷款

贷款又称放贷,是银行将其所吸收的资金,按一定的利率贷给客户并约定归还期限的业务。贷款是商业银行最主要的业务活动。贷款业务主要有以下几种分类:

#### 1. 按照贷款期限划分,可以分为短期贷款、中期贷款和长期贷款

**短期贷款**是指期限在1年以内的各种贷款,其特点是期限短、流动性强、利率低、风险性小,是银行贷款业务的最主要的组成部分。**中期贷款**一般是指期限在1～5年的各项贷款。长期贷款是指期限在5年以上的贷款。**中长期贷款**期限长、流动性较差、利率较高、风险性大。

#### 2. 按照贷款的保障程度划分,可以分为信用贷款、担保贷款和抵押贷款

**信用贷款**是商业银行完全凭借客户的信誉而无须提供抵押物或第三者担保而发放的贷

款。信用贷款一般贷给有良好资信者。担保贷款是商业银行凭借客户与其担保人的双重信誉而发放的贷款，如贷款到期时借款人不能偿还本息，由担保人承担偿还责任。对于商业银行来说，这种贷款有借款人和担保人双重信用保障，其安全性较高。**抵押贷款**是指以一定价值的抵押品作担保的贷款。**抵押品**既可以是不动产和机器设备等有形资产，也可以是股票、债券和应收账款等无形资产。当贷款到期而借款人不能偿还时，商业银行可以处理抵押物并以其价款补偿贷款本息。

**3. 按照贷款的偿还方式划分，可以分为一次性偿还贷款和分期偿还贷款**

**一次性偿还贷款**是在贷款到期时一次偿还本金。**分期偿还贷款**是按年、按季、按月以相等的金额还本付息。

**4. 按照贷款对象划分，可以分为工商业贷款、农业贷款和消费贷款**

**工商业贷款**主要是贷给工业企业用于固定资产投资和用于流动资产的资金需要；贷给商业企业的贷款则用于商品流转的资金需要。**农业贷款**，短期的主要用于购买种子、肥料、农药等，长期的主要用于购买土地、改良土壤或建造水利设施以及造林等。消费贷款是指贷给个人用于购买消费品或支付劳务费用的贷款，如购买汽车、房屋等。

**5. 按照贷款的质量划分，可以分为正常、关注、次级、可疑和损失五类**

**正常类贷款**是指借款人能够到期履行合同，有充分把握按时足额偿还本息的贷款。**关注类贷款**是指尽管借款人目前有能力偿还贷款本息，但是存在一些可能对偿还产生不利影响因素的贷款。**次级类贷款**是指借款人的还款能力出现明显问题，依赖其正常收入已无法确保足额偿还本息的贷款。**可疑类贷款**是指借款人无法足额偿还本息，即使执行抵押或担保，也肯定要造成一部分损失的贷款。**损失类贷款**是指在采取所有可能的措施和一切必要的法律程序后，本息仍无法收回或只能收回极少部分的贷款。

在资产负债表中，银行贷款以总值、净值两种方式加以表述，贷款总值是报表尚未清还的贷款余额的账面价值，贷款总值等于净贷款加上**贷款损失准备**。银行目前及预期的贷款损失要从总贷款数额中扣减。中央银行允许存款机构根据最近的贷款损失情况从收入流量中划拨贷款损失，这被称为贷款损失准备。作为资产项目减项的贷款损失准备是累积准备金，通过贷款损失准备确认可能收不回来的贷款。这意味着坏账一般不会影响银行的目前收入。

## 四、中间业务和表外业务

凡银行并不需要运用自己的资金而代理客户承办支付和其他委托事项，并据以收取手续费的业务统称为**中间业务**。常见的如传统的汇兑、信用证、代收、代客买卖等业务可归入中间业务。**表外业务**是指商业银行从事的，按通行的会计准则不列入资产负债表内，不影响其资产负债总额，但能影响银行当期损益，改变银行资产报酬率的经营活动。表外业务有狭义和广义之分。狭义的表外业务是指未列入银行资产负债表，但同表内资产业务和负债业务关系密切，并在一定条件下可能会转化为表内资产负债业务的经营活动。广义的表外业务除了包括狭义的表外业务之外，还包括结算、代理、咨询等无风险的经营活动。通常所说的表外业务是指狭义的表外业务。

### (一) 传统的中间业务

**1. 结算业务**

结算业务是银行代客户清偿债权债务、收付款项的一种传统业务。单位之间的货币收付,除少量以现金方式进行以外,大部分是通过其在银行开立的支票存款账户上的资金划拨来完成的。

按照收款人和付款人所在地点的远近,结算业务可以分为同城结算和异地结算两种类型。同城结算,即收款人和付款人在同一城市或地区的结算,其主要方式是支票结算。比较普遍的做法是收款人将支票交给他自己的开户行,委托银行向付款人付款。随着计算机网络技术的普及,大多数票据结算、清算业务都通过金融体系的自动转账系统进行。所有参与这一系统的银行之间的同业拆借、外汇买卖和汇款划拨等,都不再通过支票或通知书,而是通过将有关数据输入自动转账系统的终端机来进行,这种技术大大加快了结算速度。

异地结算是指收款人和付款人不在同一地区时的结算。异地结算又有汇兑、托收和信用证几种方式。

(1) 汇兑,也称**汇款**(remittance),是客户将现款交付银行,由银行把款项支付给异地收款人的一种业务。

(2) **托收**(collection),是指收款人向付款人开出一张汇票,要求其付款,并把汇票连同有关票据一起交付给托收行,委托其代为收款。

(3) **信用证业务**(letter of credit)是银行保证付款的业务,在国际贸易中普遍采用,其基本业务流程是:商业银行应付款人即购货方的请求,向销货方开出信用证,保证在信用证上载明的各项条款得到满足的条件下向销货方付款;销货方在收到信用证之后,根据销货合同及信用证所列条款发货,然后凭信用证要求开证行付款;开证行在确认销货方满足信用证所列条款后,向销货方付款,同时向购货方索取全部款项。由于银行信用一般比商业信用更可靠,在交易双方互不了解的情况下,销货方一般均要求采用信用证方式付款。

**2. 租赁业务**

租赁是以收取现金为条件出让财产使用权的经济行为。它是由财产所有者按契约规定,将财产租给承租人使用,承租人按期缴纳一定租金给出租人,在租赁期内,出租人对财产保有所有权,承租人享有使用权。

租赁业务有两种基本类型,即经营性租赁和融资性租赁。经营性租赁适用于租期相对较短、通用性较强的财产、设备,如汽车、电脑、建筑机械等。融资性租赁又称资本性租赁,是一种国际通行的长期租赁方式,是指由出租方融通资金,为承租人提供所需设备,承租方定期偿还租金并获得设备资产的使用权。经营性租赁在期满后,一般不发生所有权转移,承租方可以续租、退租,但不能以象征性价格购入。相反,在融资性租赁契约期内,租赁物的挑选、维修、保养、保险由承租人负责,承租人通常在租赁期满后以象征性价格取得设备的所有权。

**3. 信托业务**

信托业务是指接受他人委托,代为管理、经营和处理经济事务的行为。银行信托是经营金融性质的委托-代理业务,即银行作为受托人按客户——委托人的委托,代为管理、经营、处理有关钱财方面的事项。商业银行对信托业务往往只收取有关的手续费,而营运中所获得的收入则归委托人或其指定的受益人所有。

信托业务的种类从不同角度有不同的划分标准。如按组成信托关系的对象，可分为个人信托和法人信托；按成立信托关系的方式，可分为任意信托和特约信托；按受益对象，可分为公益信托和私益信托；按信托资产的不同，可分为资金信托、动产信托和不动产信托；等等。信托业务种类极多、范围极广，经营现代信托业务若无专门的知识、广泛的信息、丰富的经验，则难以胜任。

**4. 代理业务**

代理业务是指商业银行接受政府、企业单位、其他银行或金融机构或居民个人的委托，以代理人的身份代表委托人办理一些经双方协议的经济事务的业务。在代理业务中，银行和委托人一般须用契约方式规定双方的权利、义务，包括代理的范围、内容、期限以及纠纷的处理等，并由此而形成一定的法律关系。在代理业务中，银行一般不动用自己的资产，不为客户垫款，不参与收益分配，只收取代理手续费，因此，代理业务属于风险较低的中间业务。商业银行经营的主要代理业务包括以下几种：

（1）代理收付款业务。代理收付款业务是商业银行利用自身结算便捷的优势，接受客户的委托，代为办理指定款项的收付事宜。企事业单位在委托商业银行代理收付款时，应先与银行签订代理收付款协议，明确代理收付款的内容、范围、对象、时间、金额、方式及费用等。商业银行代理收付款时，只负责按规定办理具体的收付手续，不卷入收付双方的任何经济纠纷。目前，我国商业银行的代理收付款业务主要有：代理发放工资和离退休人员的退休金；代理企事业单位和个人收付公用事业费、税款、劳务费、学费、有线电视费等费用。

（2）代理融通业务。代理融通业务又称代收应收账款或保付代理业务，是由银行或专业代理融通公司代顾客收取应收账款并向顾客提供资金融通的一种业务方式。

（3）代理行业务。代理行业务是指商业银行接受其他银行的委托，为其办理指定业务。代理行业务可以分为国内银行间代理和国际银行间代理两种类型。

（4）现金管理业务。现金管理是指商业银行协助企业科学地分析现金流量，使企业能科学、合理地管理现金余额，将多余的现金用于短期投资，增加收益。

（5）代理保管业务。代理保管是指商业银行以自身所拥有的保管箱、保管库等设备条件，接受单位和个人的委托，代为保管各种贵重金属和契约文件等。

（6）信用卡业务。信用卡，也称贷记卡，是由银行或信用卡公司向资信良好的个人和机构签发的一种信用凭证，持卡人可在指定的特约商户购物或取得服务。贷记卡有一定的透支额度，当持卡人信用卡账户上的存款金额小于其消费支出额时，差额将自动转成持卡人对发卡单位的负债，透支超过一定期限后，持卡人要支付利息。发卡单位一般只向持卡人收取少量年费，其主要收入来源于持卡人的透支利息和特约商号的回扣费。特约商号之所以愿意接受信用卡这种支付方式，并向发卡单位支付回扣费，是因为凭此可以扩大销售。目前，北京、上海、广州、深圳等经济发达国家持卡消费额占社会商品零售总额的比例已接近发达国家水平。此外，我国的发卡银行还普遍受理国外银行的信用卡，如维萨卡（Visa）、万事达卡（Master）、运通卡（American Express）、大莱卡（Dinners Club）、JCB卡等。

### (二) 表外业务

这里的表外业务是指狭义的表外业务。狭义的表外业务可分为担保业务(备用信用证)、承诺业务及贷款出售等资产转换业务。随着我国银行业存贷款利差的逐步缩小,商业银行越来越重视表外业务带来的利润。

#### 1. 备用信用证

备用信用证是银行为其客户开立的保证书。备用信用证业务涉及三方当事人,即开证银行、客户和受益人。银行应客户的申请向受益人开立备用信用证,保证在客户未能按协议进行偿付或履行其他义务时,代替其客户向受益人进行偿付,客户可以有效地提高自己的信誉,当然同时也要向银行支付手续费。按照可否撤销划分,备用信用证可分为可撤销的备用信用证和不可撤销的备用信用证。

#### 2. 承诺业务

承诺业务是指银行向客户做出承诺,保证在未来一定时期内根据一定条件,随时应客户的要求提供贷款或融资支持的业务。承诺业务主要有信贷便利和票据发行便利。

信贷便利主要有信贷额度和贷款承诺两种形式。信贷额度是一种非合同化的贷款限额,在这个额度内,商业银行将随时根据企业的贷款需要进行放款。贷款承诺是一种正式的协议,银行与客户签订贷款承诺协议之后,要随时满足客户的贷款需要,在承诺期内,不论客户是否提出贷款申请,银行都要按承诺额的一定比例收取承诺费。

票据发行便利是一种具有法律约束力的中期周转性票据发行融资的承诺。借款人根据事先与商业银行等金融机构签订的一系列协议,可以在一定期限内(一般为 5～7 年)以自己的名义周转性发行短期融资票据,从而以较低的成本取得中长期资金。在票据发行便利中,发行的票据是可以循环的,大部分票据的期限为 3 个月或 6 个月,有时票据期限范围可以更大一些,长的可达一年,短的可至一个星期或零星的几天。

#### 3. 贷款出售

贷款出售是指银行将已发放的贷款出售给其他金融机构或投资者。贷款出售按是否提供售后服务,可分为卖断和非卖断两类。在非卖断的情况下,贷款出售后,银行要为买方提供售后服务,如代收利息、监督贷款资金、对抵押品进行管理等。贷款卖断则不必提供售后服务,由买方自行收取利息并进行贷后管理。贷款出售对提高银行的资本充足率,分散、转移银行资产的风险,提高资产的流动性,都有积极的作用。

# 第三节 商业银行管理

## 一、商业银行的经营原则

### (一) 流动性原则

流动性原则是指银行具有随时以适当的价格取得可用资金,随时满足存款人提取存款和满足合理的贷款需求的能力,其包括资产的流动性及负债的流动性。资产的流动性是指银行能及时通过资产变现获得流动性,负债的流动性是指银行能及时通过负债的途径获得的流动性。银行通常按照日常规律性的提取或兑付来精准预计并保留充足的流动性。然而,有时突发的提存和兑付不可避免地发生。这种现象称为“挤兑”(bank run)。对此,银行如若不能妥善应对,则会立即陷入破产清理的境地。为了保持流动性,银行在安排资金运用时,一方面要力求使资产具有较高的流动性;另一方面,则必须力求负债业务结构合理并保持自己有较多的融资渠道和较强的融资能力。

专栏 8-1

**射阳农商银行挤兑事件**

2014 年 3 月 25 日,一则“射阳农商银行将要倒闭”的谣言在民间流传,民众一传十、十传百,继而引发挤兑风潮。这家银行的一名唐姓领导向外媒表示,目前“一切事情都很正常”,存款人可从该行提取任何数额的现金。她同时表示,这家银行将在正常的工作时间过后仍保持开门状态,以确保想要提取现金的储户能做到这一点。此外,她还表示该行拥有充足的资金,可满足所有客户的需求。

此外,据路透社报道,江苏黄海农村商业银行人士称,他们也遇到了类似的情况,问题是因射阳农商银行的倒闭谣言而引发的。

**思考题:**

1. 商业银行经营的基础是什么?
2. 面对挤兑危机,银行可通过哪些举措有效避免?

### (二) 安全性原则

安全性原则是指银行具有控制风险、弥补损失、保证银行稳健经营的能力。由于银行经营与一般工商企业经营不同,其自有资本所占比重很小,因此存在着诸多风险,坚持安全性原则,能够尽可能避免或减少各种风险造成的损害。

### (三) 营利性原则

营利性原则是指商业银行在稳健经营的前提下,尽可能提高银行的营利能力,力求获取最大利润,以实现银行的价格最大化目标。追求营利是商业银行经营目标的要求,是改进服务、开拓业务和改善经营管理的内在动力。营利性原则是“三性原则”中最重要的原则。

商业银行在经营管理中贯彻流动性、安全性和营利性的“三性原则”。“三性原则”既统一,又对立。一般来说,安全性与流动性是正相关的:流动性较强的资产,风险较小,安全有保障。但是,它们与营利性往往有矛盾:流动性强,安全性好,营利性一般较低。而另一方面,营利性较高的资产,往往流动性较差,风险较大。因此,银行只能从现实出发,统一协调,寻求最佳均衡点。

专栏 8-2

### 存款保险制度

自 1933 年以后,美国就没有发生过银行业恐慌。单个银行发生过挤兑,但是这种情况极为罕见,究其原因,在于存款保险(deposit insurance)。

存款保险指的是政府承诺当一家银行破产时,由它来补偿存款人的损失。除了在银行破产时保护存款人之外,保险也降低了银行发生破产的可能性。存款人知道假如银行破产他们还会得到偿付,因此存款保险消除了存款人对于存款安全性的担忧,从而大大降低了银行挤兑发生的概率,而挤兑是银行破产的主要原因,所以存款保险可以产生这种效应。

正如一枚硬币有正、反两面,虽然存款保险制度可以解决银行挤兑的问题,却引发了另一个问题——道德风险。因为银行有动机滥用存款。恶劣的银行可能会更愿意将资金借给高风险的借款人或偷窃存款人的资金。存款保险会恶化道德风险问题。因为在没有存款保险制度的情况下,存款人担心银行会破产,这激励了他们去监督银行。而存款保险制度的存在消除了存款人监督银行的动力。因为存款人知道,即使银行破产,他们也可以获得补偿,所以人们并不关心银行如何处理他们的存款。

世界上约有一半的国家没有存款保险。我国自 2015 年 5 月开始实行存款保险制度。按照国务院公布的《存款保险条例(国务院令第 660 号)》,我国存款保险制度将设立专门的存款保险基金管理机构,由存款机构向这一机构缴纳一定的保险费用,存款人无须直接承担相关费用。一旦银行发生兑付问题,存款账户的存款将由存款保险基金管理机构向存款人“限额偿付”,最高偿付限额为人民币 50 万元。同一存款人在同一家存款机构所有被保险存款账户的存款本金和利息合并计算的资金数额在 50 万元以内的,实行全额偿付;超出 50 万元的部分,依法从投保机构清算财产中受偿。根据人民银行披露的信息,我国存款账户中,存款在 50 万元以下的账户数量占全部存款账户的 99.70%;存款在 50 万元以下的账户存款总金额占全部存款金额的 46.08%。剔除同一存款人在同一家存款机构开立多个存款账户影响,也就是说,一旦银行发生危机,从数量上来看,99.7%的存款人可以享受存款保险基金管理机构的“全额赔付”,绝大部分存款人的资金安全可以直接通过存款保险得到全额保障。从国际对比来看,美国、印度、巴西、比利时、阿根廷、西班牙、加拿大、英国全额被保险存款账户占全部存款账户的比例分别为 99.00%、98.00%、98.00%、96.00%、95.00%、94.00%、87.50%和 70%。我国 99.70%的全额保障账户比例处于较高水平。存款保险的最佳水平是多少?由于存款保险存在着减少银行破产风险的正面效应和增加道德风险的负面效应,哪种效应更大一些,经济学家存在着不同的看法。

**思考题:**

1. 大额存单是怎样的金融工具?
2. 大额存单的推出有什么意义?它会对银行的经营带来怎样的影响?

## 二、资产管理与负债管理

如何实现“三性原则”涉及商业银行的经营管理问题。随着各个历史时期经营条件的变化，西方商业银行经营管理理论经历了资产管理、负债管理以及资产负债综合管理三个阶段。

### (一) 资产管理

资产管理理论(asset management theory)是商业银行最传统的管理思路。在20世纪60年代以前，银行的资金来源大多是吸收活期存款。当时而言，存款期限长短和数量多寡的主动权都在客户手中，而唯有资金运用的主动权掌握在银行自己手里，所以银行必然会看重资产管理。概括而言，资产管理理论认为，资产来源的水平和结构是银行不可控制的外生变量，银行应主要通过资产方面项目的调整和组合来实现“三性原则”和经营目标。

随着经济环境的变化和银行经营业务的发展，资产管理理论经历了以下三个不同发展阶段：

**1. 商业性贷款理论**

商业性贷款理论，即真实票据论。该理论认为，为了保持资金的高度流动性，贷款应是短期和商业性的；用于商品生产和流通过程的贷款若具有自偿性(self-liquidation)则更为理想。商业银行在分配资金时应着重考虑保持高度的流动性，这是因为银行的主要资金来源是流动性很高的活期存款。该理论有一个很大的缺陷：由于将银行的资金运用限定在商业流动资金贷款上，而不拓展其他贷款和资产运用业务，因此，商业银行的业务局限在十分狭窄的范围内，不利于银行发展和分散风险。然后，该理论第一次明确了商业银行资金配置的重要原则，即资金的运用要考虑资金来源的性质和结构。

**2. 资产可转换理论**

资产可转换理论仍然强调商业银行应考虑资金来源的性质而保持高度的流动性。该理论认为，为了应付存款提取所需保持的流动性，商业银行可以将其资金的一部分投资于具备转让条件的证券。考虑到这些盈利资产能够随时出售并转换为现金，所以贷款不一定非要局限于短期的和具有自偿性的投放范围。显然，这种理论是以金融工具和金融市场的发展为背景的。

资产可转换理论突破了商业性贷款理论对商业银行资产运用的局限，使商业银行在注重流动性的同时扩大了资产组合的范围。

**3. 预期收入理论**

预期收入理论认为，一笔好的贷款，应当以根据借款人未来收入或现金流量而制定的还款计划为基础。这样，无论放款期限长短，只要借款人具有可靠的预期收入，就不至于影响流动性。这种理论的提出，推动商业银行业务向经营中长期设备贷款、分期付款的消费贷款和房屋抵押贷款等方面扩展。但它也有缺陷。银行将资产经营建立在对借款人未来收入的预测上，而由于未来收入现金流的不确定性，这种预测不可能完全正确。

### (二) 负债管理

20世纪60年代初，西方商业银行资产负债管理的重心由资产管理转向以负债管理为主。这一变化与当时的市场变化密切相关。自20世纪50年代中后期至整个60年代，西方发达国家的金融市场发展很快，出现了许多非银行金融机构。许多资金不通过商业银行这一传统的信用中介直接进入金融市场，出现了“脱媒”现象，对商业银行吸收存款的业务构成了较大的冲击。在这种情况下，商业银行如果仍然单纯地从资产方考察资金配置组合，必将会陷入严重的困境。负债管理思想的基本内容是：商业银行资产按照既定的目标增长，主要通过调整负债方的项目，通过在货币市场上的主动性负债，或者“购买”资金来实现银行“三性原则”的最佳组合。负债管理认为，银行的流动性不仅可以通过加强资产管理获得，向外借款也可提供流动性；只要借款领域宽广，流动性就有保证。负债管理一改传统流动性管理中严格期限对称的原则和追求营利性时强调存款制约的原则，不再主要依赖维持较高水平现金资产和不断适应目标资产规模来满足流动性需要。负债管理有效，则无须经常保有大量高流动性资产，并可将资金投入更有利可图的资产上，银行收益则会提高。

商业银行运用资产负债管理策略降低了其流动性资产储备水平，扩大了收益性资产，提高了资产的盈利能力。它的出现标志着商业银行在资金管理上更富有进取性，摆脱了被动负债的制约。然而，负债管理也给银行增加了风险，因而只有较大的银行才有能力承受大量“购买”资金所增加的成本压力和经营风险。

### （三）资产负债综合管理

资产负债综合管理产生于 20 世纪 70 年代末、80 年代初，无论是资产管理还是负债管理，都只是侧重从一个方面来对待银行的营利性、流动性、安全性，没有综合地考虑“三性原则”。如资产管理过于偏重安全性和流动性，往往以牺牲营利性为代价，这不足以鼓励银行经营的积极进取；而负债管理过分强调依赖外部借款，无形中增大了银行经营风险。因此，人们日益认识到，应将“三性原则”的组合推进到更为协调的管理方式。资产负债综合管理也称相机决策资金管理，其基本思想是：在融资计划和决策中，银行主动地利用对利率变化敏感的资金，协调和控制资金配置状态，使银行维持一个正的净利息差额和正的资本净额。资产负债综合管理着重强调以下几方面的内容：

(1) 银行管理层应尽可能同时对资产和负债的数量、结构、收益和成本进行统一控制和管理，以便实现银行的长、短期目标。

(2) 银行管理层必须有效协调资产和负债两方面的管理与控制，使两者具有内部一致性，从而使银行资产收益与负债成本之间的差额最大化。

融资缺口模型是资产负债管理基本方法之一。银行运用该模型的目的是根据对利率波动趋势的预测，相机调整利率敏感资金的配置及结构，以实现银行利润最大化的经营目标。

下面简单介绍融资缺口模型的一些主要概念：

#### 1. 利率敏感资金

利率敏感资金也称为浮动利率或可变利率资金，是指在一定期间内展期或根据协议按市场利率定期重新定价的资产或负债。利率敏感资金又可分为利率敏感资产和利率敏感负债。两者的定价基础是可供选择的货币市场基准利率，主要有同业拆借利率、国库券利率、银行优惠贷款利率、可转让大额存单利率等。

**融资缺口**（$FG$）由利率敏感资产（$RSA$）与利率敏感负债（$RSL$）之间的差额来表示，即：

$$\boldsymbol{FG = RSA - RSL} \tag{8-1}$$

融资缺口有零缺口、正缺口和负缺口三种状态。当银行资金配置处于零缺口时，利率敏感资产等于利率敏感负债，利率风险处于“免疫”状态；当处于正缺口时，利率敏感资产大于利率敏感负债，处于利率风险敞口的该部分资金使得银行在利率上升时获利，利率下降时受损；当处于负缺口时，利率敏感资产小于利率敏感负债，零利率风险敞口的该部分资金使得银行在利率上升时受损，利率下降时获利。例如，A 银行利率敏感型资产为 2 000 万元，利率敏感型负债为 5 000 万元，此时利润上升 5%，利润变化就是：(－3 000 万元)×5%＝－150 万元。

对于商业银行管理而言，融资缺口模型主要有如下启示：当预测市场利率上升时，银行应主动营造资金配置的正缺口，使利率敏感资产大于利率敏感负债；反之，当预测市场利率下降时，银行应主动营造资金配置的负缺口。

**2. 久期缺口模型**

通过利率敏感性缺口管理(如表 8－2 所示)，金融机构管理者可以降低因市场利率变动造成净利差或利差损失的可能性。然而，利率变动还会对金融机构业绩的另一方面造成严重危害，如净资产，即股东在金融机构投资的价值。因为保证净利差不受利率风险损害并不意味着净资产不受损失，而且对许多金融企业而言，净资产比净利润更重要。因此，需要应用另一个管理工具——久期缺口管理。

**表 8－2　积极的利率敏感性缺口管理**

| 利率的预期变动 | 最佳利率敏感性缺口情况 | 积极管理最可能采取的措施 |
|---|---|---|
| 市场利率上升 | 利率敏感性正缺口 | 增加利率敏感型资产 |
| | | 减少利率敏感型负债 |
| 市场利率下降 | 利率敏感型负缺口 | 减少利率敏感型资产 |
| | | 增加利率敏感型负债 |

久期也称持续期，是 1938 年由 F. R. 麦考利(F. R. Macaulay)提出的，它用来衡量证券的支付流的平均生命周期。它是以未来时间发生的现金流，按照目前的收益率折现成现值，再用每笔现值乘以现在距离该笔现金流发生时间点的时间年限，然后进行求和，以这个总和除以债券目前的价格所得到的数值。概括来说，久期是对债券的每次息票利息或本金支付时间的加权平均，每次支付时间的权重是该支付现值在债券总价值(债券价格)中所占的比。

麦考利久期计算公式为：

$$\text{Mac}\,D=\frac{\sum_{t=1}^{n}\frac{t\times C_t}{(1+i)^t}+\frac{n\times F}{(1+i)^n}}{\sum_{t=1}^{n}\frac{C_t}{(1+i)^t}+\frac{F}{(1+i)^n}} \tag{8-2}$$

假设银行向客户发放一笔 5 年期贷款。客户支付给银行的年利息是 10%，即每年 100 元。贷款的票面价值是 1 000 元，由于该贷款当前的到期收益率为 10%，所以当前市场价值也是 100 元。这笔贷款的麦考利久期是多少呢？

投资组合理论告诉我们：

(1) 市场利率上升会导致固定利率资产与负债的市值下跌;

(2) 金融机构资产与负债的到期日越长,市场利率上升时,其市值下跌越多。

从风险管理的观点来看,久期的重要特点是它度量了金融工具的市场价值对利率变动的敏感程度。一项资产或负债的市场价格的百分比变化大致等于其久期乘以这项资产或负债所附利率的相对变化,即:

$$\frac{\Delta P}{P} \approx -D \times \frac{\Delta i}{1+i} \tag{8-3}$$

久期缺口管理方法利用银行资产和银行负债的平均久期,来考察利率变动对银行净值的影响。例如A银行资产的平均久期为3年,而负债的平均久期为2年。此外,A银行拥有1亿元资产规模和9 000万元负债规模。当利率提高5%时,银行资产的市场价值下降15%,即下降1 500万元,而银行负债的市场价值下降10%,即下降900万元,最终结果是,该银行的净值减少600万元。

如果我们以*DA*表示资产的久期,*DL*表示负债的久期,就可以得到如表8-3所示的关系。

**表8-3 市场利率变动对净资产的影响**

| 银行平衡调整后的久期缺口 | 利率 | 银行净资产 |
|---|---|---|
| 正($DA>DL\times$资产负债率) | 上升 | 减少 |
| | 下降 | 增加 |
| 负($DA<DL\times$资产负债率) | 上升 | 增加 |
| | 下降 | 减少 |
| 零($DA=DL\times$资产负债率) | 上升 | 不变 |
| | 下降 | 不变 |

### 专栏8-3

#### 《巴塞尔协议》的前世今生

全球范围内的金融创新与金融自由化带来了一个严重的负面影响——金融风险的全球传染性,加之各国监管方式的差异,对跨国金融机构实施有效监管并非易事,这就要求国与国之间的合作。1975年2月,在国际清算银行的发起和主持下,十国集团及瑞士、卢森堡共同成立了“国际清算银行关于银行管理和监督行动常设委员会”,由各国银行监管当局的代表组成。后来委员会将其名称改为巴塞尔银行监管委员会。自成立以来,巴塞尔银行监管委员会制定了一系列重要的银行监管规定,这一系列有关银行业国际监管的规定性文件的就是《巴塞尔协议》。《巴塞尔协议》包括1983年的银行国外机构的监管原则(又称《巴塞尔协定》,Basel Concordat)和1988年的巴塞尔资本协议(Basel Accord)。这些规定不具法律约束力,但十国集团监管部门一致同意在规定时间内在十国集团实施。

《巴塞尔协议》的出台源于联邦德国Herstatt银行和美国富兰克林国民银行(Franklin

National Bank)的倒闭。这是两家著名的国际性银行。它们的倒闭使监管机构在惊愕之余开始全面审视拥有广泛国际业务的银行监管问题。Herstatt 银行和富兰克林国民银行倒闭的第二年，即 1975 年 9 月，第一个《巴塞尔协议》出台。这个协议极为简单，核心内容就是针对国际性银行监管主体缺位的现实，突出强调了两点：(1) 任何银行的国外机构都不能逃避监管；(2) 母国和东道国应共同承担的职责。1983 年 5 月，修改后的《巴塞尔协议》推出。这个协议基本上是前一个协议的具体化和明细化。比如，明确了母国和东道国的监管责任和监督权力，分行、子行和合资银行的清偿能力、流动性、外汇活动及其头寸各由哪方负责等，由此体现"监督必须充分"的监管原则。

《巴塞尔协议》的实质性进步体现为 1988 年 7 月通过的《关于统一国际银行的资本计算和资本标准的报告》(简称《巴塞尔报告》)。该报告主要有四部分内容：(1) 资本的分类；(2) 风险权重的计算标准；(3) 1992 年资本与资产的标准比例和过渡期的实施安排；(4) 各国监管当局自由决定的范围。体现该协议核心思想的是前两项。《巴塞尔报告》的核心内容是资本的分类。也正因为如此，许多人直接就将《巴塞尔报告》称为规定资本充足率的报告。

### 一、《巴塞尔协议》对资本的规定

协议中对资本的规定是：商业银行的资本应与资产的风险相联系。银行资本的主要作用就是吸收和消化银行损失，使银行免于倒闭危机；商业银行的最低资本由银行资产结构形成的资产风险所决定，资产风险越大，最低资本额越高；银行的主要资本是银行持股人的股本，构成银行的核心资本；协议签署国银行的最低资本限额为银行风险资产的 8%，核心资本不能低于风险资产的 4%；国际银行业竞争应使银行资本金达到相似的水平。协议将资本划分为两类：核心资本和附属资本。其中，核心资本由股本和公开储备两部分构成；附属资本主要包括未公开储备、重估储备、普通准备金、混合资本工具和长期附属债务。

### 二、《巴塞尔协议》对资本充足率的规定

《巴塞尔协议》规定了商业银行的资本构成，而且对资本充足性的规定做了说明。2004 年 6 月修订的《新巴塞尔资本协议》不仅包括原有的 8% 的资本充足率的最低要求，还提出了监管部门对商业银行资本充足率进行监督检查的新规定。在信用风险和市场风险的基础上，补充了对操作风险计提资本的要求。《新巴塞尔资本协议》的主要进步在于：从单一支柱转向三大支柱、从单一信用风险监管到全面风险监管、从商业银行的被动风险管理到更加强调其主动风险管理以及进一步强调国际合作监管等。具体来看，《新巴塞尔资本协议》的最低资本要求包括：核心资本与风险加权资产的比率不得低于 4%，总资本与风险加权资产的比率不得低于 8%。此外，银行风险监管的三大支柱也是重要内容。新协议由三大支柱组成：一是最低资本要求，二是监管当局对资本充足率的监督检查，三是信息披露。

## 第四节　政策性银行

**政策性银行**是由政府投资设立的、根据政府的决策和意向专门从事政策性金融业务的

银行。与商业银行不同的是,政策性银行的活动不以营利为目的,并且根据具体分工的不同,服务于特定的区域。1994年,为了适应经济发展的需要,根据把政策性金融与商业性金融相分离的原则,相继建立了国家开发银行、中国进出口银行和中国农业发展银行三家政策性银行。

国家开发银行于1994年3月成立,直属国务院领导,目前在全国设有38家分行和4家代表处。中国进出口银行成立于1994年,是直属国务院领导的、政府全资拥有的国家银行,其国际信用评级与国家主权评级一致。中国进出口银行总部设在北京。截至目前,在国内设有20余家营业性分支机构;在境外设有巴黎分行、东南非代表处和圣彼得堡代表处;与1 000多家银行的总分支机构建立了代理行关系。中国农业发展银行是直属国务院领导的我国唯一的一家农业政策性银行,于1994年11月挂牌成立。其主要职责是按照国家的法律、法规和方针、政策,以国家信用为基础,筹集资金,承担国家规定的农业政策性金融业务,代理财政支农资金的拨付,为农业和农村经济发展服务。全系统共有31个省级分行、300多个二级分行和1 800多个营业机构,服务网络遍布我国内地。

这三家银行的资金来源和主要资金运用总结如表8-4所示。

**表8-4 三家政策性银行的资金来源和运用**

| 政策性银行 | 资金来源 | 主要资金运用 |
| --- | --- | --- |
| 国家开发银行 | 主要靠向国内外金融机构发行金融债券 | 制约经济发展的"瓶颈"项目,直接增强综合国力的支柱产业的重大项目,高新技术在经济领域应用的重大项目,跨地区的大政策项目等 |
| 中国进出口银行 | 以发行政策性金融债券为主,在国际金融市场上筹措资金 | 为机电产品和成套设备等资本性货物出口提供出口信贷,办理与机电产品出口有关的各种贷款以及出口信息保险和担保业务,办理进出口信用保险、出口信贷保险等 |
| 中国农业发展银行 | 以中国人民银行的再贷款为主,同时发行少量的政策性金融债券 | 办理粮食、棉花、油料等主要农副产品的国家专项储备和收购贷款,办理扶贫贷款和农业综合开发贷款以及小型农、林、牧、水基本建设和技术改造贷款 |

资料来源:戴国强.货币金融学[M].上海:上海财经大学出版社,2017.

以上三家政策性银行在从事业务活动过程中,均贯彻不与商业性金融机构竞争、自主经营与保本微利的原则。贷款拨付等业务的具体经办,国家开发银行、中国进出口银行主要委托国有商业银行为其办理,一般不再设经营性分支机构。中国农业发展银行的业务经办则是以自营为主、代理为辅,所以,除在北京设总行外,还在各省、自治区、直辖市设立分行,在计划单列市和农业大省地、市设立分行的派出机构,在农业政策性金融业务量大的县、市设立支行。

## 本章小结

1. 商业银行是以追求利润最大化为目标,通过多种金融负债筹集资金,以多种金融资产为其经营对象，能利用负债进行信用创造，并向客户提供多功能、综合性服务的金融企业。商业银行在现代经济活动中发挥的功能主要有信用中介、支付中介和信用创造等。

2. 商业银行的业务主要包括负债业务、资产业务及中间业务和表外业务等。商业银行的资金来源可以分为银行资本和银行负债两大类。商业银行资产可以划分为现金、贷款、证券投资和固定资产四大类。凡银行并不需要运用自己的资金而代理客户承办支付和其他委托事项，并据以收取手续费的业务统称为中间业务。常见的如传统的汇兑、信用证、代收、代客买卖等业务可归入中间业务。表外业务是商业银行从事的，按通行的会计准则不列入资产负债表内，不影响其资产负债总额，但能影响银行当期损益，改变银行资产报酬率的经营活动。

3. 商业银行在经营管理中贯彻流动性、安全性和营利性的“三性原则”。如何实现“三性原则”涉及商业银行的经营管理问题。随着各个历史时期经营条件的变化，西方商业银行经营管理理论经历了资产管理、负债管理、资产负债综合管理以及资产负债表内表外统一管理四个阶段。

4. 我国的政策性银行是指国家开发银行、中国进出口银行和中国农业发展银行。

## 关键术语

| | | | | |
|---|---|---|---|---|
| 商业银行 | 负债业务 | 资产业务 | 存款保险 | 负债管理 |
| 中间业务 | 表外业务 | “三性原则” | 资产管理 | 政策性银行 |
| 资产负债综合管理 | | | | |

## 思考题

1. 商业银行有哪些主要的职能？
2. 什么是“三性原则”？商业银行会采取哪些措施来维持“三性原则”？
3. 西方商业银行资产负债管理经历了哪几个阶段？分别有哪些代表性的理论？
4. 我国的政策性银行有哪些？
5. 存款保险制度为何会增加道德风险？

# 第九章
# 非银行金融机构

金融机构按业务形式分为银行类金融机构和非银行金融机构两大类,第八章详细介绍了银行类金融机构的组织和运营,本章我们将学习关于非银行金融机构的相关知识。

**非银行金融机构**(non-bank financial intermediaries),是指除商业银行和专业银行以外的所有金融机构。它与银行的区别在于信用业务形式不同,其业务活动范围的划分取决于国家金融法规的规定。我国非银行金融机构主要包括保险机构、证券机构、金融租赁公司、信托投资公司、基金公司以及财务公司等。

## 第一节 保险机构

**保险机构**是专门经营各种保险业务的机构,是收取保费并承担风险补偿责任,拥有专业化风险管理技术的契约型金融机构组织。它的主要经营活动包括财产、人身、责任、信用等方面的保险与再保险业务及其他金融业务。保险公司一般为法人,但也存在着自然人保险组织,如劳合社。保险公司具有一般企业的特征:独立核算、自负盈亏,同时以追求利润最大化为经营目标。

### 一、保险公司的种类

在激烈竞争的保险市场上,各家保险公司根据其承保业务、经营范围、经营目标及组织形式的不同可以分成不同种类。

#### (一) 原保险公司和再保险公司

根据保险公司承保业务的方式,可以将其分为原保险公司和再保险公司。原保险公司是指与投保人直接签订合同,进行保险交易的保险公司。原保险公司接受投保后,将超过自己承保能力的部分风险责任向其他保险公司再次投保,接收原保险公司分出业务的保险公司就是再保险公司。

#### (二) 专业保险公司和综合性保险公司

根据保险公司经营范围的不同,可以将其分为专业保险公司和综合性保险公司。专业保险公司只经营某一类保险业务,如人寿保险公司、财产保险公司等。综合性保险公司则经营多种保险业务。

### （三）商业保险公司和政策性保险公司

根据保险公司经营的目的不同，可以将其分为商业保险公司和政策性保险公司。商业保险公司多是股份制有限责任公司，以营利为目的；政策性保险公司是指根据国家政策法令专门组建的保险机构，不以营利为目的，风险内容关系到重大经济目标实现，如国民经济发展与社会安定。政策性保险公司主要有出口信用保险公司、农业保险公司等。

### （四）保险股份有限公司、相互保险公司、保险合作社、个人保险组织

根据保险公司组织形式的不同，可以分为国有保险公司、私营保险公司、个人保险组织、保险股份公司、相互保险公司、保险合作社等。其中，保险股份有限公司是当今保险市场上主要的组织形式，我国大部分保险公司即属此类。相互保险是以成员之间相互保险为目的的一种社会互助行为，是保险市场特有的组织形式，目前主要有相互保险公司和保险合作社两种。个人保险组织是以个人名义经营保险业务的保险组织，劳合社是典型的个人保险组织。

## 二、保险公司的结构

保险公司的结构可以从纵向和横向两个方面来分析。

从纵向而言，保险公司通常分为一级机构、二级机构、三级机构和三级以下机构。一级机构通常设立在总部（即总公司）所在地；二级机构一般为分公司所在地的保险机构，又称为省公司；三级机构是地市级机构，一般称为中心支公司；三级以下机构通常称作营销服务部，是在各县市区域设立的保险机构。我国各级保险机构的设立都需要经中国保险监督管理委员会或其派出机构批准，并在工商行政管理机关登记注册。

从横向而言，保险公司实际上是由三个公司组成的一个复合体。第一个是保单条款的提供商，确保保单的合理有效，并使保单的持有者在合约条款的条件下能够获得相应的理赔。第二个是投资公司，它们将收到的保费集中起来，形成一个投资组合，进行有效投资，在弥补支出的同时获得额外收益。第三个就是销售公司，它们是保险产品的营销机构。

## 三、保险的功能

保险功能是指保险制度可以发挥的作用和功效，它直接决定了保险制度存在与发展的必要性，也决定了保险业在一国的金融体系，甚至是社会经济制度体系中的地位与作用。保险的功能可以分为基本功能和派生功能。

### （一）基本功能

基本功能体现保险的机制，用收取保费的方法来分摊灾害事故造成的损失，以实现经济补偿的目的，具体又分为分摊损失和经济补偿两项功能。

**1. 分摊损失功能**

保险是分摊损失的方法，是建立在灾害事故的偶然性与必然性的对立统一基础之上的，

保险机制能够运转的原因是被保险人愿意以交付小额确定的保险费来换取对大额不确定的损失的补偿。保险组织向大量的投保人收取保险费来分摊其中少数成员不幸遭受的大额损失。

**2. 经济补偿功能**

保险用分摊损失的方法来实现其经济补偿的目的,按照保险合同对遭受灾害事故而受损的单位、个人进行经济补偿,保险的产生和发展都是为了满足补偿灾害损失的需要。

### (二) 派生功能

保险的派生功能是投融资功能和防灾防损功能。

**1. 投融资功能**

一方面是对保险人而言的,因为保险费的收取与保险金的给付或赔偿之间存在着一定的时间差,保险人此时可以对保险基金进行投资经营,使得保险基金能够保值增值;另一方面是对投保人而言的,投保人可以选择某些保险产品以获取预期的保险金的给付,从而将保险作为一种投资。

**2. 防灾防损功能**

一般来说,保险人可以通过提供损失管理服务来实现防灾防损功能,即帮助被保险人对潜在的损失风险进行预测、分析与评估,提出合理的事前预防方案和损失管理措施。

## 四、保险的基本分类

从宏观上看,保险的标的主要有两种:一种是经济生活的主体,即人身;另一种是经济生活的客体,即财产。所以,无论是在理论上还是在实践中,保险业务通常被区分为人身保险和财产保险。随着现代保险业务的不断发展和经营技术的不断改进,责任保险和信用保证保险日益受到重视,并发展为独立的保险业务种类。

### (一) 人身保险

人身保险是以人的身体、生命或健康作为保险标的的保险。根据保障范围的不同,人身保险可以区分为人寿保险、意外伤害保险和健康保险。

### (二) 财产保险

财产保险是以财产及其相关利益为保险标的的保险。财产保险有广义和狭义之分。广义的保险包括财产损失保险、责任保险、信用保险、保证保险等。狭义的财产保险是以有形的物质财富及其相关利益为保险标的的一种保险,主要包含火灾保险、海上保险、汽车保险、航空保险、工程保险、利润损失保险、农业保险等。

### (三) 责任保险

责任保险是以被保险人依法应付的民事损害赔偿责任或经过特别约定的合同责任为保险标的的保险。责任保险的主要种类有公众责任保险、产品责任保险、职业责任保险、雇主责任保险等。

**（四）信用保证保险**

信用保证保险是一种以经济合同所制定的有形财产或预期利益为保险标的的保险，这是一种担保性质的保险。按照担保对象的不同，信用保证保险可以分为信用保险和保证保险两种。

信用保险是权利人要求保险人担保对方（被保证人）的信用的一种保险。信用保险的投保人为信用关系人中的权利人。

保证保险是被保险人根据权利人的要求，请求保险人担保自己的信用的一种保险。保证保险的保险人代被保证人向权利人提供担保。

## 五、保险业的监管

中华人民共和国银行保险监督管理委员会（简称银保监会）是我国保险业的主要监管部门。

中华人民共和国保险监督管理委员会，简称中国保监会，于 1998 年 11 月 18 日在北京成立，是全国商业保险的主管部门，为国务院直属正部级事业单位，根据国务院授权履行行政管理职能，依照法律、法规统一监督管理全国保险市场，维护保险业的合法、稳健运行。2018 年 3 月，根据第十三届全国人民代表大会第一次会议批准的国务院机构改革方案，将中国保险监督管理委员会的职责整合，组建中国银行保险监督管理委员会；将中国保险监督管理委员会审慎监管基本制度的职责划入中国人民银行，不再保留中国保险监督管理委员会。

中国银行保险监督管理委员会在保险业监督方面的主要职责包括：

（1）拟定保险业发展的方针政策，制定行业发展战略和规划；起草保险业监管的法律、法规；制定业内规章。

（2）审批保险公司及其分支机构、保险集团公司、保险控股公司的设立；会同有关部门审批保险资产管理公司的设立；审批境外保险机构代表处的设立；审批保险代理公司、保险经纪公司、保险公估公司等保险中介机构及其分支机构的设立；审批境内保险机构和非保险机构在境外设立保险机构；审批保险机构的合并、分立、变更、解散，决定接管和指定接受；参与、组织保险公司的破产、清算。

（3）审查、认定各类保险机构高级管理人员的任职资格；制定保险从业人员的基本资格标准。

（4）审批关系社会公众利益的保险险种、依法实行强制保险的险种和新开发的人寿保险险种等的保险条款和保险费率，对其他保险险种的保险条款和保险费率实施备案管理。

（5）依法监管保险公司的偿付能力和市场行为；负责保险保障基金的管理，监管保险保证金；根据法律和国家对保险资金的运用政策，制定有关规章制度，依法对保险公司的资金运用进行监管。

（6）对政策性保险和强制保险进行业务监管；对专属自保、相互保险等组织形式和业务活动进行监管。归口管理保险行业协会、保险学会等行业社团组织。

（7）依法对保险机构和保险从业人员的不正当竞争等违法、违规行为以及对非保险机构经营或变相经营保险业务进行调查、处罚。

(8) 依法对境内保险及非保险机构在境外设立的保险机构进行监管。

(9) 制定保险行业信息化标准;建立保险风险评价预警和监控体系,跟踪分析、监测、预测保险市场运行状况,负责统一编制全国保险业的数据、报表,抄送中国人民银行,并按照国家有关规定予以发布。

(10) 按照中央有关规定和干部管理权限,负责本系统党的建设、纪检和干部管理工作;负责国有保险公司监事会的日常工作。

(11) 承办国务院交办的其他事项。

中国银行保险监督管理委员会作为商业保险的行政管理和监管部门,在培育保险市场、鼓励保险业改革创新、推进保险业对外开放、促进保险业持续快速协调健康发展等方面发挥着巨大的作用。

## 六、保险业的发展与变革

中华人民共和国成立后,中国人民保险公司成立,受中国人民银行领导。从 20 世纪 50 年代后半期起,我国保险业进入长时间的低谷状态,保险业的发展停滞不前。1979 年 4 月,国务院批准逐步恢复国内保险业务。

自改革开放以来,特别是中国加入世界贸易组织(WTO)后,保险业的发展呈现出一派欣欣向荣的景象。截止到 2018 年 8 月,我国有保险控股公司 10 家,财产保险公司 60 家,人寿保险公司 71 家,再保险公司 8 家,资产管理公司 11 家。

### (一) 保险业的国际化

经济一体化的迅猛发展加速了世界范围内各产业的信息互通,保险业的国际化步伐不断加快。一方面,本国的保险公司可以走出国门,在为更多的人提供保险服务的同时获得收益;另一方面,其他国家的保险公司也相继进驻中国,与本土的保险业争夺市场。在取长补短和相互融通的过程中,我国保险业的国际化趋势日益明显。

### (二) 金融机构联系更加密切

在中国,保险业与其他金融行业如银行业、投资公司等的联系更加密切。比较典型的例子就是保险业与银行业在金融产品上的互通与合作,如银保产品的出现。此外,随着专业化分工和联系的加强,保险业资本的保值增值除了保险公司专业的投资部门和投资领域外,还必然与投资公司有着千丝万缕的联系。

### (三) 保险业的运营更为科学,金融监管体系更为完善

作为金融机构的重要支柱,保险业在国民经济中发挥着越来越重要的作用。保险业的运营也经历了一个从无序到有序、从有序到科学的发展过程。国家对保险业的监管也在不断完善。不仅有规范的法律,如《保险法》《社会保险法》等,而且行业的监管细则也覆盖方方面面。中国保监会领导下的各级监管部门为保障保险市场的科学运行发挥着桥梁和纽带的作用。

# 第二节　证券期货投资机构

自 1990 年我国先后建立证券交易所和期货交易所以来，证券机构得到了快速的发展。截至 2018 年，全国共有证券公司 131 家。其中，上市证券公司 36 家，证券公司总资产（不含客户资产）达 6.19 亿元。截至 2016 年末，共有期货公司 149 家，期货公司总资产（不含客户资产）达 910.54 元。公募基金管理公司 131 家，管理规模总计 13.01 万亿元。

## 一、证券公司

**证券公司**是典型的非银行机构，它是证券市场重要的参与者，是专门从事各种有价证券经营及相关业务的金融企业，是以营利为目的的企业法人。

证券公司既具有一般金融中介机构的共性，也具有作为资本市场主角的特征。证券公司与普通老百姓的关系虽然不像商业银行那样密切，但它在人们的投资选择、经济发展与改革中，发挥着越来越重要的作用。

作为金融中介机构的重要组成部分，证券公司的自有资金相对较少，资产主要来源于三部分，即社会公众、法人的交易保证金、短期借贷，因此证券公司具有高负债的资金结构。此外，证券公司的所有者与管理者间是一种委托-代理的关系，这无疑加大了证券公司在其经营过程中面临的风险。

### （一）证券公司的业务

证券公司的业务范围一般包括：代理证券发行业务；自营、代理证券交易业务；代理证券还本付息和红利的支付，并接受委托代收证券本息和红利；证券抵押贷款业务；证券投资咨询业务；等等。此外，一些证券公司还从事外汇及黄金的买卖，经营资本设备以及耐用品的租赁，管理退休基金，投资信托等各种投资基金，并兼营一些短期贷款业务。

投资银行业务、经纪业务和自营业务是我国证券公司的三大传统业务，也是证券公司收益的主要来源。

**1. 投资银行业务**

传统的投资银行业务主要为政府或企业发行或承销证券以及证券交易经纪、证券私募发行等业务。现代投资银行的核心业务还包括企业并购、项目融资、公司理财、资产及基金管理、资产证券化、金融创新等。

**2. 经纪业务**

证券公司经纪业务是指证券公司替客户买卖已经发行的证券。换言之，证券经纪业务就是证券公司依照投资者委托买卖证券的行为。投资者在买卖证券的过程中依靠的是证券经纪人，证券经纪人是纯粹的证券买卖中间人，他们在交易过程中只是为投资者充当代理人，促成买卖双方达成交易，由此获得经纪佣金。但经纪人并不承担投资者的投资风险，也就是说，如果投资失败了，风险由投资者承担。

证券公司从事经纪业务的方式多种多样。传统的经纪业务主要集中于证券营业大厅中,但营业大厅的成本较高,能够容纳投资者的数量也十分有限。现在,更多的投资者,特别是年轻的投资者通过电话委托交易和网上交易进行投资。顾名思义,电话委托交易就是证券投资者买进或卖出的投资指令通过拨打证券公司的营业部的交易电话达成;网上交易就是证券投资者买进或卖出的投资指令通过登录证券公司营业部的网站达成。电话委托交易和网上交易既大大减少了证券公司的交易成本,还在很大程度上扩大了证券公司的交易量,这两种方式,特别是网上交易已逐渐成为证券公司经纪业务最主要的方式。

**3. 自营业务**

证券公司自营业务是指证券公司以自有资金或以自己的名义买卖证券,以获取投资收益的行为。证券公司的自营业务既可以投资股票,也可以投资债券、基金或其他权益类的证券。与经纪业务不同的是,证券公司的自营业务是自负盈亏的,即证券公司在投资中获得的收益归证券公司所有,证券公司也要承担投资亏损的风险。自营业务是我国证券公司获取利润的主要方式之一。

证券公司的自营业务同样有多种方式,比较常见的主要有柜台式自营买卖业务和交易所式自营买卖业务两种方式。其中,柜台式自营买卖业务是指证券公司直接与投资者进行证券买卖的行为,买卖的价格由证券公司按一定的标准制定。交易所式自营买卖业务是指证券公司以交易人的名义参与交易并在交易所内买卖证券的行为。

### (二) 证券公司的监管

中华人民共和国证券监督管理委员会(简称证监会)是我国证券业务的主要监管部门。

证监会成立于1992年10月,隶属国务院。国务院证券委员会是国家对证券市场进行统一宏观管理的主管机构。中国证监会是国务院证券委的监管执行机构,依照法律法规对证券市场进行监管,维护和保证证券期货市场的有序运行。

证监会内设13个职能机构:办公厅、发行监管部、市场监管部、机构监管部、上市公司监管部、基金监管部、期货监管部、稽查局(首席稽查办公室)、法律部(首席律师办公室)、会计部(首席会计师办公室)、政策研究室、国际合作部、人事教育部。

中国证券监督管理委员会的主要职责包括:

(1) 研究和拟定证券期货市场的方针政策、发展规划;起草证券期货市场的有关法律、法规;制定证券期货市场的有关规章。

(2) 统一管理证券期货市场,按规定对证券期货监督机构实行垂直领导。

(3) 监督股票、可转换债券、证券投资基金的发行、交易、托管和清算;批准企业债券的上市;监管上市国债和企业债券的交易活动。

(4) 监管境内期货合约上市、交易和清算;按规定监督境内机构从事境外期货业务。

(5) 监管上市公司及其有信息披露义务股东的证券市场行为。

(6) 管理证券期货交易所;按规定管理证券期货交易所的高级管理人员;归口管理证券业协会。

(7) 监管证券期货经营机构、证券投资基金管理公司、证券登记清算公司、期货清算机构、证券期货投资咨询机构;与中国人民银行共同审批基金托管机构的资格并监管其基金托管业务；制定上述机构高级管理人员任职资格的管理办法并组织实施；负责证券期货从业人员的资格管理。

(8) 监管境内企业直接或间接到境外发行股票、上市；监管境内机构到境外设立证券机构；监督境外机构到境内设立证券机构、从事证券业务。

(9) 监管证券期货信息传播活动，负责证券期货市场的统计与信息资源管理。

(10) 会同有关部门审批律师事务所、会计师事务所、资产评估机构及其成员从事证券期货中介业务的资格并监管其相关的业务活动。

(11) 依法对证券期货违法、违规行为进行调查、处罚。

(12) 归口管理证券期货行业的对外交往和国际合作事务。

(13) 国务院交办的其他事项。

证监会在省、自治区、直辖市和计划单列市设立证监局，作为证监会的派出机构。其主要职责是：根据证监会的授权，对辖区内的上市公司，证券、期货经营机构，证券、期货投资咨询机构和从事证券业务的律师事务所、会计师事务所、资产评估机构等中介机构的证券、期货业务活动进行监督管理；查处监管辖区范围内的违法、违规案件。

## 二、投资基金管理公司

投资基金管理公司是为有效管理操作投资基金而产生的具有独立法人资格的基金资产经营机构。投资基金管理公司凭借专门的知识经验，进行基金投资，谋求基金资产的不断增值，并使基金持有人获取尽可能多的收益。投资基金管理公司的运行受投资基金管理机关和投资基金公司章程或信托契约的制约。

### (一) 投资基金管理公司的融资方式

投资基金管理公司是适应投资基金的操作而产生的基金资产经营机构，对基金的信托资产负有直接的信托责任。投资基金管理公司的基金融资主要分为私募融资和公募融资，资本形态包括股权资本和债务资本。结合融资方式和资本形态，融资可以分为四种类型，即私募股权融资、私募债务融资、公募股权融资、公募债权融资。

私募股权融资是指融资人通过协商、招标等非社会公开方式，向特定投资人出售股权进行的融资，包括股票发行以外的各种组建企业时的股权筹资和随后的增资扩股。

私募债务融资是指融资人通过协商、招标等非社会公开方式，向特定投资人出售债券进行的融资，包括债券发行以外的各种借款。

公募股权(或债权)融资是指融资人以社会公开方式，向公众投资人出售股权(或债权)进行的融资，包括首次发行股票(或债券)和随后的增发等。

### (二) 投资基金管理公司的主要基金资产

投资基金管理公司的主要基金资产有投资基金、共同基金、对冲基金和养老基金四种类型。

**1. 投资基金**

投资基金是随着证券市场、债券市场的发展而产生的。最早的投资基金产生于 19 世纪

60年代的英国。第二次世界大战后的美国和日本，投资基金达到空前的繁荣，目前成为世界金融市场上最流行的投资工具之一。

投资基金按照投资目标的差异，分为股权基金、债券基金和混合基金。按照基金投资所承担的风险差异，分为成长型基金、收益型基金和平衡基金。

**2. 共同基金**

共同基金是通过向小额投资者销售份额来聚集资金，并用于购买证券的金融中介机构。共同基金通过发行小额份额和购买大量证券，可以从经纪人手中获得批量购买的折扣，并能投资多样化的证券组合。借助共同基金，小额投资者可以享受以较低的交易成本投资证券的好处，并可以通过持有多样化的证券组合来降低风险。大多数共同基金由经纪公司管理，银行也管理部分共同基金。

共同基金有两种组织形式，最常见的是开放型基金，其份额可以随时赎回，赎回价格与基金资产的市场价值紧密联系。另一种常见的形式是封闭型基金。封闭型基金首次发行时销售固定数目的不可赎回数额，之后同普通股一样进行交易，这些份额的市场价格随着基金资产的市场价值而波动，但与开放基金不同的是，份额的价格可以高于或低于基金资产的市场价值，这取决于份额的波动性和管理质量等因素。开放型基金可赎回份额的高流动性使其备受青睐。

**3. 对冲基金**

对冲基金属于一种特殊类型的共同基金。

对冲基金与传统共同基金的主要差异在于前者通常要求投资者在较长的期限内(通常为几年)放弃资产的使用权，此举意在为基金管理者制定长期投资战略创造宽松的环境。对冲基金通常会向投资者收取高额的费用，一般按照基金资产收取2%的管理费用和盈利的20%提成。

对冲基金的名称带有误导性，因为"对冲"通常表明规避风险的投资策略。实际上，与其名称相悖，对冲基金同样承担了很大的风险。许多对冲基金追求"市场中性"战略，它们购入看上去很便宜的某种证券，如债券，同时卖出数量相等的价值被高估的相似证券。如果利率整体上升或下跌，基金的风险就被对冲掉了。然而，基金需要推测两种证券之间的差价是否如基金经理预测一样发生变化，如果基金赌输，就会损失惨重。

**4. 养老基金**

在所有发达经济中，都存在着一定形式的养老基金。养老基金是金融市场中主要的机构投资者和参与者。养老基金日益重要主要有以下几个原因：首先，个人收入和财富的稳定增长使很多家庭有更多的资金用于长期储蓄；其次，居民的寿命越来越长，他们在财务上的需求更高；再次，养老金代表对雇员的补偿，实际上是雇员另一种形式的薪酬。大多数人认为，养老金可以起到影响雇员离职的作用。

养老基金主要有两种基本类型，即固定收益养老计划和固定缴费养老计划。近年来又出现了一种混合型的计划，综合了上述两种养老基金类型的特点，被称为现金余额计划。

## 三、期货经纪公司

**期货经纪公司**是指依法设立的、接受客户委托、按照客户的指令、以自己的名义为客户进行期货交易并收取交易手续费的中介组织，是经中国证监会批准，并在国家工商行政管理局登记注册的独立法人。根据国务院有关规定，我国对期货经纪公司实行许可证制度，凡从事期货代理的机构必须经中国证监会严格审核并领取“期货经纪业务许可证”。

自 1992 年中国第一家期货经纪公司——中国国际期货有限公司成立以来，经过数年的发展，我国期货公司运作日益规范，稳定发展的法制环境逐步完善，布局基本合理，并逐渐形成一些专业代理公司。

### (一) 期货经纪公司的主要职能

作为市场中的基本环节，期货经纪业为我国期货市场的起步、推广和发展做出过重要贡献。作为交易者与期货交易所之间的桥梁，期货经纪公司具有如下职能：

(1) 根据客户指令代理买卖期货合约、办理结算和交割手续。

(2) 对客户账户进行管理，控制客户交易风险。

(3) 为客户提供期货市场信息，进行期货交易咨询，充当客户的交易顾问。

### (二) 期货合约的主要种类

与金融相关联的期货合约品种很多。目前已经开发出来的品种主要有四大类：

**1. 利率期货**

利率期货是指以利率为标的物的期货合约。世界上最先推出的利率期货是于 1975 年由美国芝加哥商业交易所推出的美国国民抵押协会的抵押证期货。利率期货主要包括以长期国债为标的物的长期利率期货和以 2 个月短期存款利率为标的物的短期利率期货。

**2. 货币期货**

货币期货是指以汇率为标的物的期货合约。货币期货是适应各国从事对外贸易和金融业务的需要而产生的，目的是借此规避汇率风险。1972 年美国芝加哥商业交易所的国际货币市场推出第一张货币期货合约并获得成功。其后，英国、澳大利亚等国相继建立货币期货的交易市场，货币期货交易成为一种世界性的交易品种。

**3. 股指期货**

股指期货是指以股票指数为标的物的期货合约。股票指数期货是目前金融期货市场最热门和发展最快的期货交易。股票指数期货不涉及股票本身的交割，其价格根据股票指数计算，合约以现金清算形式进行交割。

**4. 外汇期货**

外汇期货是交易双方约定在未来某一时间，依据现在约定的比例，以一种货币交换另一种货币的标准化合约的交易。它是指以汇率为标的物的期货合约，用来规避汇率风险。它是金融期货中最早出现的品种。自 1972 年 5 月芝加哥商品交易所的国际货币市场分部推出第一张外汇期货合约以来，随着国际贸易的发展和世界经济一体化进程的加快，外汇期货交易一直保持着旺盛的发展势头。它不仅为广大投资者和金融机构等经济主体提供了有效的套期保值的工具，而且也为套利者和投机者提供了新的获利手段。

## 第三节 其他非银行金融机构

### 一、信托投资公司

信托公司是以资金或其他财产为信托标的，根据委托人的意愿，以受托人的身份管理及运用信托财产的非银行金融机构。现代经济的发展，促使信托公司在经营一般信托业务的同时，也从事投资业务，从而形成信托投资公司。

信托投资公司的资金主要来源于委托人的委托资产，其主要业务包括货币信托和非货币信托两类。货币信托主要包括信托存款、信托贷款、委托存款、委托贷款、养老信托、投资信托、养老基金信托等；非货币信托主要包括有价证券信托、债券信托、不动产信托、动产信托等。此外，一些国家的信托公司兼营银行业务、服务性业务、财产保管、不动产买卖等业务。信托业务最早出现于美国，西方经济发达国家的信托业较为发达。

中国的信托业诞生于改革开放初期。1979 年成立的中国国际信托投资公司是全国第一家信托投资机构。

中国的信托业务受中国银行业监督管理委员会(简称银监会)全面监管，2005 年年初，银监会颁布的《信托投资公司信息披露管理暂行办法》是规范治理信托业务的指导性文件。

提高信托业的信息披露程度是强化对信托投资公司的市场约束、加强透明度建设的必然要求，也是国际金融监管的发展趋势。

### 二、金融租赁公司

金融租赁公司又称融资性租赁公司，是指经中国人民银行批准，以经营融资租赁业务为主的非银行金融机构。

我国从事金融租赁业务的机构主要有三类：第一类是由中国人民银行批准，专营融资租赁业务的金融租赁公司和兼营融资租赁业务的机构；第二类是由商务部批准成立的专门从事融资租赁业务的中外合资租赁公司；第三类是由国内贸易局批准，开展融资租赁业务试点的部分租赁公司。虽然我国从事融资租赁业务的公司众多，但结构仍过于分散，到目前为止，整个行业并未形成一定规模。

金融租赁公司的业务范围涉及融资租赁、吸收存款、转让应收租赁款、发行债券、同业拆借、向金融机构借款、经济咨询等银监会批准的相关业务。

融资租赁是不同资本市场之间进行资源传导和资本形态转化的有效机制。随着中国市场经济体制的不断完善，中国资本市场的进一步发育完善，法律、监督、会计准则和税收环境对租赁业的支持力度越来越大，宏观政治环境十分有利于中国租赁业的发展。

加入世界贸易组织(WTO)后，中国经济发展势头迅猛，中国企业在市场经济浪潮中急需产业更新和技术改造，这些都会带来大量的成套设备、交通工具、专用机械的需求，而发达国家的成功经验已经证明了租赁是解决这些需求的最有效途径。今后市场的巨大需求是租赁业务发展的最好时机。

## 三、财务公司

财务公司(financial company)又称财务有限公司或金融公司，是指以加强企业集团资金集中管理和提高企业集团资金使用效率为目的，为企业集团成员单位提供财务管理服务的非银行金融机构。

我国的财务公司是由企业集团内部集资建立的，其宗旨和任务是为企业技术改造、新产品开发及产品销售提供中长期金融服务。

我国财务公司的产生既是我国企业集团发展到一定程度的客观要求，又是我国经济体制改革和金融体制改革的必然产物。自 1987 年 5 月我国第一家企业集团财务公司成立以来，截至 2011 年年末，全国能源电力、航天航空、石油化工、钢铁冶金、机械制造等关系国计民生的基础产业和各个重要领域的大型企业集团几乎都拥有了自己的财务公司。

按照 2004 年 7 月中国银监会颁布的《企业集团财务公司管理办法》的规定，财务公司的经营范围包括：

(1) 发行财务公司债券。

(2) 同业拆借。

(3) 对成员单位办理贷款及融资租赁。

(4) 办理集团成员单位产品的消费信贷、买方信贷及融资租赁。

(5) 办理成员单位商业汇票的承兑及贴现。

(6) 办理成员单位的委托贷款及委托投资。

(7) 有价证券、金融机构股权及成员单位股票投资。

(8) 承销成员单位的企业债券。

(9) 对成员单位办理财务顾问、信用鉴定及其他咨询代理业务。

(10) 对成员单位提供担保。

(11) 境外外汇借款。

(12) 经银监会批准的其他业务。

可见，财务公司的经营范围非常广泛，但财务公司的权限却极其有限，从事每一项业务都需要获得银监会的许可。

## 四、小额贷款公司

小额贷款公司是由自然人、企业法人与其社会组织投资设立，不吸收公众存款，只能在本县(市、区)行政区域内经营小额贷款业务和小企业发展、财务、管理等咨询业务的有限责任公司或股份有限公司。与银行相比，小额贷款公司更为便捷、迅速，适合中小企业、个体工商户的资金需求；与民间借贷相比，小额贷款更加规范，贷款利息可双方协商。

小额贷款公司是企业法人，有独立的法人财产，享有法人财产权，以全部财产对其债务承担民事责任。小额贷款公司股东依法享有资产收益、参与重大决策和选择管理者等权利，以其认缴的出资额或认购的股份为限对公司承担责任。

小额贷款公司应执行国家金融方针和政策，在法律、法规规定的范围内开展业务，自主经营，自负盈亏，自我约束，自担风险，其合法的经营活动受法律保护，不受任何单位和个人的干涉。

中国银监会、中国人民银行发布的《关于小额贷款公司试点的指导意见》中要求"小额贷款公司应按照《公司法》要求建立健全公司治理结构，明确股东、董事、监事和经理之间的权责关系，制定稳健有效的议事规则、决策程序和内审制度，提高公司治理的有效性"。因此，建立一个合理、规范、高效的公司治理结构是小额贷款公司长远发展的重要保证。

专栏 9－1

**光大证券事件与非银行金融机构风险管理**

2013 年 8 月 16 日 11 时 05 分，光大证券在进行 ETF[交易型开放式指数基金，通常又被称为交易所交易基金(exchange traded funds，ETF)，是一种在交易所上市交易的、基金份额可变的开放式基金]申赎套利交易时，因程序设计原因，其所使用的策略交易系统以 234 亿元巨量申购 180 ETF 成分股，实际成交达 72.7 亿元，引起沪深 300、上证综指等大盘指数和多只权重股短时间大幅波动。

这一事件是我国资本市场建立以来首次发生的因交易软件缺陷引发的极端个别事件，对证券期货市场造成的负面影响很大。

事件发生后，中国证监会和有关交易所迅速反应、紧急处置，并对光大证券立案调查。鉴于该案属新型案件，中国证监会在深入调查并组织有关外部专家对相关问题进行了论证咨询的基础上，决定没收光大证券 ETF 内幕交易违法所得 1 307.08 万元，并处以违法所得 5 倍罚款；没收股指期货内幕交易违法所得 7 414.35 万元，并处以违法所得 5 倍的罚款。两项罚没款共计 5.23 亿元。

同年 8 月 20 日，美国高盛集团因软件变更问题，向股票期权市场发送了大批错误订单，严重扰乱了股票期权市场，对美国高盛集团和交易对手造成了巨额的财务损失。

面对频发而又影响重大的一系列操作风险损失事件，监管、同业和公众纷纷将视线从备受关注的市场风险和信用风险，转移至了之前未被如此重视的金融机构操作风险上。

**(一) 操作风险的定义及风险管理的发展**

1997 年，英国银行家协会最早提出了操作风险的定义，即操作风险与人为失误、不完备的程序控制、欺诈和犯罪活动相联系，它是由技术缺陷和系统崩溃引起的。此观点将操作风险的范围由公众一般认为的人为失误，扩展至不完备的程序控制、欺诈和犯罪活动。

2003 年 2 月，巴塞尔委员会发表了《操作风险管理与监管稳健做法》，正式将操作风险管理引入银行业。它主要明确了营造适宜的风险管理环境，初步提出了识别、评估、监测和缓释操作风险的指导方法，并阐述了监管机构在操作风险管理中的作用。在《巴塞尔新资本协议》第二版中，将操作风险定义为"由不完善或有问题的内部程序、员工和信息科技系统，以及外部事件所造成损失的风险，包括法律风险，但不包括策略风险和声誉风险"，并明确提出将操作风险纳入资本监管的范畴，并提供了基本指标法、标准法和高级计量法三种方法对操作风险进行计量。而在新颁布的《巴塞尔新资本协议》第三版中，明确提出了将操作风险纳入资本监管的范畴，即操作风险将作为银行资本比率分母的一部分。可见，从全面风险管理范围领域来看，操作风险的量化和资本要求是一个必然的趋势。

**（二）操作风险管理在我国的发展**

我国监管机构紧跟国际领先风险管理体系的步伐，在2007年由中国银监会根据《巴塞尔新资本协议》第二版制定并印发了《中国银行业实施新资本协议指导意见》和《商业银行操作风险管理指引》等一系列指引，其对风险资本和操作风险的管理和监管提出了要求，以加强商业银行的操作风险管理，推动商业银行进一步完善公司治理结构，提升风险管理能力。随后在2012年，中国银监会进一步制定并下发了《商业银行资本管理办法（试行）》，对操作风险资本计量提出了更为严谨科学的方法。

相对于我国银行业日益严苛的操作风险管理要求，非银行业金融机构，如保险公司、证券公司、信托公司等，监管机构对其操作风险的监管要求较之市场风险和信用风险较为宽松。

保监会于2013年5月印发了《中国第二代偿付能力监管制度体系整体框架》的通知，它参照巴塞尔新资本协议，提出了三大支柱——定量资本要求、定性监管要求和市场约束机制，并将保险业务难以量化的操作风险放入第二支柱进行定性评价。

证监会于2008年6月下发了《关于证券公司风险资本准备计算标准的规定》，它对证券公司相关业务的市场风险和信用风险资本准备计提做了详细的规定，但针对操作风险，仅提出“证券公司应按上一年营业费用总额的10%计算营运风险资本准备”进行覆盖。

之后，证监会在2009年5月下发了《证券公司分类监管规定》，其中根据资本充足、公司治理与合规管理、动态风险监控、信息系统安全、客户权益保护、信息披露6类评价指标，按照《证券公司风险管理能力评价指标与标准》进行评价，体现证券公司对流动性风险、合规风险、市场风险、信用风险、技术风险及操作风险等管理能力。《证券公司风险管理能力评价指标与标准》明确了信息系统安全方面的评分标准，但此评价标准与银行业操作风险定义“由不完善或有问题的内部程序、员工和信息科技系统，以及外部事件所造成损失的风险，包括法律风险，但不包括策略风险和声誉风险”所涉及的范围相去甚远。

而针对近年来发展较为迅猛的信托行业、私募行业等，监管机构尚未发布关于操作风险管理的监管要求。

**（三）非银行金融机构操作风险的管理“瓶颈”**

在当前中国金融业混业经营的大趋势下，非银行金融机构发展迅猛，而其操作风险管理却相对滞后，究其原因，除了上述非银行金融机构的监管部门尚未制定颁布健全的操作风险管理监管要求外，尚有下述几方面内生原因导致非银行金融机构操作风险管理机制并非有效：

1. 企业尚未自主性地建立起一套自上而下管理职责明细的操作风险管理组织架构

目前非银行金融机构基本会设立操作风险管理或由内控主管部门负责对操作风险进行管理，但仅仅依托某个部门来实施操作风险管理是远远不够的。非银行金融机构需建立清晰的操作风险管理组织架构和报告路线，明确从董事会、高级管理层，到专管部门、业务部门的不同职责，自上而下，贯穿整个公司的运营架构体系，让每一位员工树立操作风险管理理念，从而全面提升操作风险管理的范围和力度。

2. 未全面或深入实施操作风险管理体系

目前，非银行金融机构易倾向于通过某些工具或聘请外部审计及咨询，来发现或解决机构内部的操作风险问题。但操作风险管理不仅仅是一次性的检查工作,企业应从操作风险管理政策、工具和流程等不同方面同步或逐步实施,从操作风险的识别、监测、评估、计量、控制、缓释、监督与报告等不同环节进行全流程完善,最终融入日常管理,从而全面提升操作风险管理的深度和广度。

**(四) 非银行金融机构操作风险管理探析**

对于操作风险管理方面所面临的越来越严峻的挑战,非银行金融机构亟待开展的工作有哪些方面? 而又有哪些方面可以向已有的成熟的操作风险体系进行借鉴?

首先,非银行金融机构可通过访谈或调查问卷形式与治理层一起确定本机构的操作风险偏好,对操作风险管理组织架构进行梳理,明确从高管到业务部门员工不同的操作风险管理职责。

其次,对已有操作风险管理制度及风险管理实施程序进行梳理,通过风险与控制自我评估(RCSA),识别各业务流程中固有风险和目前的管控水平。

最后,根据风险与控制自我评估(RCSA)结果,对残余风险较高的业务环节进一步增加管控措施,从而对操作风险进行较为有效的管控及管理。

在以上工作实施一段时间后,非银行金融机构可考虑根据已实施的操作风险管理经验,逐步实施设定关键风险指标(KRI)和损失数据收集(LDC)等工作,为以后操作风险管理的实时监控和量化打下基础,从而实现对操作风险的有效管理,降低较大的操作风险损失事件的概率。

资料来源:财新网,2013-11-27,经编者整理.

**思考题:**

1. 什么是操作风险? 非银行金融机构的操作风险主要有哪些?
2. 针对目前操作风险的管理"瓶颈",你认为应该如何管理操作风险?

---

## 本章小结

1. 非银行金融机构以提供保险、发行股票和债券、接受信用委托等形式筹集资金,并将所筹资金运用于长期性投资的金融机构。非银行金融机构与银行的区别在于信用业务形式不同,其业务活动范围的划分取决于国家金融法规的规定。我国非银行金融机构主要包括在中央银行监管下的保险机构、证券机构、金融租赁公司、信托投资公司、财务公司等。

2. 保险机构是专门经营各种保险业务的机构,是收取保费并承担风险补偿责任,拥有专业化风险管理技术的契约型金融机构组织。它的主要经营活动包括财产、人身、责任、信用等方面的保险与再保险业务及其他金融业务。

3. 证券市场在我国起步较晚,目前发展尚不成熟。证券机构包括证券公司、投资基金管理公司、期货经纪公司等。证券公司是典型的非银行机构,它是证券市场重要的参与者,既具有一般金融中介机构的共性,也具有作为资本市场主角的特征。中华人民共和国证券监督管理委员会是我国证券业的主要监管部门。

4. 投资基金管理公司是为有效管理操作投资基金而产生的具有独立法人资格的基金

资产经营机构。投资基金管理公司凭借专门的知识经验，进行基金投资，谋求基金资产的不断增值。投资基金管理公司的运行受投资基金管理机关和投资基金公司章程或信托契约的制约。投资基金管理公司是适应投资基金的操作而产生的基金资产经营机构，业务主要涉及投资基金、共同基金、对冲基金、养老基金等。

5. 期货经纪公司是指依法设立的、接受客户委托、按照客户的指令、以自己的名义为客户进行期货交易并收取交易手续费的中介组织，是经中国证监会批准，并在国家工商行政管理局登记注册的独立法人。根据国务院有关规定，我国对期货经纪公司实行许可证制度，凡从事期货代理的机构必须经中国证监会严格审核并领取“期货经纪业务许可证”。

6. 信托投资公司是以受托人的身份，代理委托人管理委托资产的金融企业，一般以代人理财为主要内容。信托投资公司的资金主要来源于委托人的委托资产，其主要业务包括货币信托和非货币信托两类。信托业务最早出现于美国，西方经济发达国家的信托业较为发达。我国的财务公司是由企业集团内部集资建立的，其宗旨和任务是为企业技术改造、新产品开发及产品销售提供中长期金融服务。

7. 金融租赁公司是指经中国人民银行批准，以经营融资租赁业务为主的非银行金融机构。虽然我国从事融资租赁业务的公司众多，但结构仍过于分散，到目前为止，整个行业并未形成一定规模。金融租赁公司的主营业务主要包括自担风险的融资租赁业务、同其他机构分担风险的联合租赁业务和杠杆租赁业务以及公司不承担风险的委托租赁业务。

8. 我国的财务公司是由企业集团内部集资建立的，它的产生既是我国企业集团发展到一定程度的客观要求，又是我国经济体制改革和金融体制改革的必然产物。

9. 小额贷款公司是企业法人，有独立的法人财产，享有法人财产权，以全部财产对其债务承担民事责任。小额贷款公司应执行国家金融方针和政策，在法律、法规规定的范围内开展业务，其合法的经营活动受法律保护，不受任何单位和个人的干涉。

## 关键术语

| | | | | |
|---|---|---|---|---|
| 非银行金融机构 | 人身保险 | 财产保险 | 责任保险 | 信用保证保险 |
| 投资基金 | 共同基金 | 对冲基金 | 养老基金 | 信托投资公司 |
| 利率期货 | 货币期货 | 股指期货 | 外汇期货 | 国债期货 |

## 思考题

1. 简述我国非银行金融机构的主要业务和存在形式。

2. 现代保险业务的主要框架主要由哪几部分组成？试分别论述。

3. 证券机构包括证券公司、投资基金管理公司、期货经纪公司等，请简要分析每种机构的主要业务类型。

4. 分析金融期货与金融现货的主要区别及影响金融期货的主要因素。

# 第十章

# 中央银行

2007 年次贷危机爆发，为防范及化解危机，各国中央银行纷纷行动起来，采取各种措施。2011 年 3 月 11 日，日本发生 9 级大地震，震后日本央行采取多项措施，以应对灾后重建工作。那么，中央银行是一个什么性质的机构？在一国的经济社会发展进程中，起着怎样的作用？

通过本章学习，你将了解到中央银行制度是全球范围所普遍使用的，各个国家的中央银行处于金融体系的核心位置，发挥着整个宏观经济的调控作用，中央银行涉及一国宏观经济运行的方方面面。本章主要讲述中央银行的性质、职能及独立性问题。

## 第一节　中央银行的产生及类型

中央银行(central bank)，是国家最高的货币金融管理组织机构，在各国金融体系中居于主导地位。国家赋予其制定和执行货币政策、对国民经济进行宏观调控、对其他金融机构乃至金融业进行监督管理的权限，地位非常特殊。

### 一、中央银行的产生

在社会发展史上，不论是东方还是西方，都经过了一个时间跨度很长的封建社会，但东方的封建社会持续的时间比西方更长。欧洲的封建社会解体较早，13、14 世纪的西欧，商品经济已经得到初步发展。15、16 世纪，欧洲资本主义制度开始形成，社会生产加速转向商品化。到 17 世纪，欧洲的商品经济已经比较发达，这为 18～19 世纪的西方工业革命开辟了道路，经济和社会发展以前所未有的速度进入了现代化社会的快车道。这便是中央银行产生的社会经济背景之一。随着社会的进步，现代商业银行的发展，进而形成了建立中央银行的四个客观要求，即中央银行产生的必要性。

#### (一) 统一发行银行券的需要

与金属货币相比较，银行券是一种信用货币，从宏观上看，信用货币的发行与流通虽然给商品经济带来了比金属货币流通时更为便利的条件，也使银行突破了金属货币量的限制，扩大了银行信用，为经济发展提供了动力，但随之也带来了一个新的问题，这便是如果银行提供的信用货币超过了客观需要，也会给经济发展带来不利影响，引起经济和社会的动荡。

因此，客观上要求信用货币的发行权应该走向集中统一，由资金雄厚并且有权威的银行发行能够在全社会流通的信用货币。于是，国家就以法律限制或取消一般商业银行的银行券发行权，逐步将信用货币的发行权集中到几家以至最终集中到一家大银行。这便是中央银行产生的基本经济原因之一。在银行发展初期，众多银行都发行银行券，导致分散的银行券发行，使得市场逐步出现混乱局面。因为小银行存在信用风险，无法兑现银行券，同时存在区域的限制，只能在某一特定地区使用。随着资本市场的发展，要求有更加稳定的通货，要求银行券成为广泛流通的信用工具，而事实上这一要求只能由信用卓越的大银行进行，又由于市场各家银行发行混乱，因此国家以法令形式限制取消一般银行发行，而把发行权集中于中央银行。

#### （二）票据清算的需要

商品经济的发展，银行业务的扩大，使得银行票据数量不断扩大，银行之间的债权债务关系日趋复杂，每天都有大量的资金需要清算，客观上要求有一个统一的票据交换和银行间债权债务的清算机构。1770 年英国的私人银行组建了伦敦票据交换所，同时，许多私人银行或股份银行因英格兰银行代理国库业务，货币发行范围广、信誉高，也在该行经常保留一些存款。这就为建立统一的票据交换和资金清算奠定了基础。1854 年，各股份银行也参加了伦敦票据所。此后不久，英格兰银行就获得了最终的清算银行的地位。

#### （三）充当最后贷款人的需要

随着商品生产流通的扩大，对银行贷款的需求量也不断增加，为了满足借款人的资金需要，客观上对银行形成了减少支付准备、扩大银行券发行量的压力。但是，由于有些贷款不能按期偿还，或者出现突然性的大量提现，一些银行经常发生资金周转不灵、兑现困难的情况，银行缺乏稳定性，进而影响社会经济稳定，需要建立一个强有力的后盾提供资金保障流动性。这就在客观上迫切要求有一个信用卓著、实力强大并具有提供有效支付手段能力的机构，充当一般商业银行的最后支持者，即充当银行的“最后贷款人”。这是中央银行产生的另一个基本经济原因。

#### （四）金融业监督管理的需要

随着商品货币经济关系的发展，银行和金融业在整个社会经济关系中的地位和作用日益突出，金融运行的稳定成为经济稳定发展的重要条件。金融的稳定运行需要有一个公平、健全的规则和机制。而当时各个银行的运作一般是依据各自的经营原则进行的，尽管在运作过程中各银行之间也形成了某些约定，但这些约束的效力是有限的，这使金融活动经常出现无序甚至混乱状况。同业竞争激烈，存在动荡，需要一个代表政府意志的专门机构对金融业进行管理监督。因此，要保证金融稳定、经济稳定、减少金融运行的风险，政府对金融业进行监督管理是极其必要的。这便是中央银行产生的又一个基本经济原因。

### 二、中央银行的发展

中央银行的产生和发展经历了漫长的过程。伴随着商品经济的快速发展，银行业也逐步兴盛起来。银行业的产生有两条道路：一是由在此之前的货币兑换商和银钱业发展而来，如英格兰银行；二是直接设立新的银行，如美国联邦储备体系。

银行业的最初形成是在13～14世纪，最先出现在经济贸易比较发达的欧洲。中国的银钱业虽然在古代有一定的发展，但由于中国封建社会的长期停滞和自然经济占绝对地位，所以一直未能直接发展转化为现代银行业。在欧洲封建社会解体的过程中，商品经济的快速发展给银钱业向银行业的转变创造了条件。在这一时期设立的银行中，有两家银行特别值得关注，即1656年设立的瑞典银行和1694年设立的英格兰银行。它们不但在业务上有许多创新，而且也是最早发展为中央银行的银行。1668年，瑞典银行改为国家银行。英格兰银行是世界上最早的私人股份制银行，发挥着中央银行的功能，如受理政府存贷款、发行银行券。英格兰银行是最早成为政府的融资者和国库代理人的银行，是历史上第一家具有“政府的银行”职能的银行。到1746年，英格兰银行已借给政府1 168.68万英镑的款项。英格兰银行成立之初是私人股份银行，但从一开始就与政府有着密切的联系。为政府筹资、接受政府存款并向政府提供贷款是该行成立之初最主要的业务之一。与此同时，政府也赋予了英格兰银行发行银行券等一些特权。如1833年英议会通过法案规定，只有英格兰银行发行的银行券才具有无限清偿资格，这一法案对于英格兰银行转化为中央银行起到了决定性的作用。

1844年，《庇尔条例》通过，英格兰银行被划分为银行部和发行部两部分，通过银行法取消了279家银行发行银行券的权利，英格兰银行成为唯一发行银行券的指定单位，这使得英格兰银行成为集中其他商业银行存款准备金的银行。1854年英格兰银行成为票据交换中心，1872年英格兰银行开始为其他商业银行提供资金支持。因此，英格兰银行作为中央银行在金融危机时期肩负着国家金融监督管理的责任。

17世纪和18世纪初，信用制度和银行体系已成为当时商品经济运行体系的重要支撑。但这时的信用制度特别是银行信用体系还比较脆弱，银行的大量设立和业务活动的创新以及信用规模的扩大缺少有效的、稳定的制度保证。银行业的快速发展在促进商品经济不断走向繁荣的同时，各自独立、缺少统一协调的银行体系也遇到严重挑战，新的矛盾不断产生和积累。因此，建立一种稳定的信用制度和银行体系就成为当时金融和经济发展最为迫切的问题之一。

中央银行的发展分为三个时间阶段：自19世纪到第一次世界大战，第一次世界大战后到第二次世界大战期间，第二次世界大战后。

第一个阶段出现了成立中央银行的第一次高潮，法兰西银行(1800年成立)在1848年垄断法国货币发行权，19世纪70年代向中央银行过渡。1875年德国普鲁士银行改为国家银行。1913年美国联邦储备体系建立，其间欧洲大多数国家基于客观经济需要成立中央银行，基本是由普通银行逐步集中货币发行和对商业银行进行清算服务转化为中央银行。

第二个阶段由于面对世界性金融恐慌和严重通货膨胀，1920年布鲁塞尔国际经济会议要求每个国家都尽快设立中央银行，以维持稳定的国际货币体系，第二次中央银行成立高潮出现。此时无论是新成立的还是改组的中央银行，都运用政府力量直接在法律上具有明确权责，建立了存款准备金制度并管理监督其他金融机构。许多国家的中央银行相继成立，如法兰西银行、西班牙银行等，而在此之前收归国有执行部分央行职能的芬兰银行、荷兰国家银行、挪威银行、奥地利国家银行、丹麦国家银行、希腊国家银行等也开始明确其中央银行地位。从1921年至1942年,世界各国改组或建立的中央银行有40多家。中央银行在这一时期迅速扩张职能:发行银行、银行的银行、国家的银行。

第三阶段在第二次世界大战之后,一批落后国家也开始独立建立中央银行,以巩固国家主权和民族独立。20世纪30年代金融危机之后,中央银行的发展趋势是国家对中央银行的控制。凯恩斯经济理论诞生,认为资本主义经济不能自发达到就业均衡,需要政府干预经济。中央银行就成为政府宏观调控最重要的机构。第二次世界大战后国家对中央银行的控制表现为促使中央银行国有化,成为国家的一部分,英格兰银行与法兰西银行从私人股份银行转为国有银行,以及政府出资建立中央银行或公私合营的中央银行。同时,制定新的银行法,明确中央银行的主要职能是维持货币金融稳定。例如,日本银行法规定必须以谋求发挥一国的经济力量,适应国家政策需要,调节货币,调整金融及保持并扶植信用制度为目的。

从1944年布雷顿森林体系的建立到1973年该体系的解体,这期间中央银行制度的发展主要体现在两个方面:一方面是欧美国家中央银行的国有化改革,另一方面是亚非国家普遍设立中央银行。亚非国家中央银行的普遍设立,使中央银行制度在全世界范围内得以扩展,目前全世界绝大部分国家均设立了中央银行,中央银行制度已成为各国的一项基本制度。欧共体1991年宣布的《马斯特里赫特条约》规定,欧洲中央银行已如期于1998年7月1日正式成立,欧盟国家中除希腊、瑞典、丹麦和英国外,其余11国(法国、德国、卢森堡、比利时、荷兰、意大利、西班牙、葡萄牙、芬兰、奥地利、爱尔兰)均将本国的货币政策决策权交给欧洲中央银行,由其发行欧元并从2002年起全面取代上述11国的货币进行流通。

我国最早的中央银行出现在20世纪初。1905年清政府设立户部银行,政府授权该银行承担铸造货币、代理国库、发行纸币、经理公债等业务,从而使之成为中国最早出现的具有部分中央银行职能的国家银行。户部银行于1908年更名为大清银行,后又于1912年改组为中国银行,继续行使中央银行的部分职能。1924年孙中山先生在广州组建国民革命政府并成立了国民革命政府的中央银行。1942年南京国民政府对银行业务进行大改组,这次改组完全将货币发行权集中于中央银行,其他职能如代理国库、外汇储备等也集中到了中央银行,从而使之成为真正意义上的中央银行。与此同时,共产党领导的革命根据地的中央银行也在筹建中,1932年在江西瑞金成立了中华苏维埃共和国国家银行,执行发行货币、代理国库、代发公债等职能。1948年12月1日,中国人民银行在石家庄正式宣告成立。1983年9月,国务院决定由中国人民银行专门行使中央银行的职能,不再兼办工商信贷和储蓄业务,专门负责领导和管理全国的金融事业。

## 三、中央银行的类型

各国中央银行制度可分为四种类型:单一中央银行制度、复合中央银行制度、准中央银行制度及跨国中央银行制度。

### (一) 单一中央银行制度

单一中央银行制度是国家建立单独中央银行,主要分为两种:一种是一元式中央银行制度(unit central bank system),是一个国家建立一家中央银行,设置采取总分行制,世界上绝大多数国家都采取这一形式,包括中国。另一种是二元式中央银行制度(dual central bank system),是一国建立中央和地方两级中央银行机构,中央级具有最高权力,地方级具有独立权力,如美国联邦储备体系及德国联邦银行。美国联邦储备系统于 1913 年创建,旨在减少银行恐慌的发生频率。其正式结构包括 12 家储备区联邦储备银行、大约 2 800 家成员商业银行、联邦储备理事会、联邦公开市场委员会(FOMC)以及联邦咨询委员会。美国划分为 12 个联邦储备区,每个区设立联邦储蓄银行即地方中央银行,其不受州政府和地方政府管辖,具有独立性。在各联邦银行之上设立联邦储备委员会进行国家货币政策的制定和管理,联邦储备委员会是整个体系的最高决策机构,即中央银行总行,直接对国会负责。

### (二) 复合中央银行制度

复合中央银行制度(compound central bank system)是一国没有设置专门执行中央银行职能的银行,而是由一家大银行行使中央银行的职能,主要存在于苏联和东欧。我国在 1983 年以前也是采用该制度。

### (三) 准中央银行制度

准中央银行制度(quasi central bank system)是国家设置类似中央银行的机构,或政府授权部分商业银行行使中央银行职能的体制。新加坡、中国香港使用该体制。新加坡设立金融管理局和货币局两个机构来行使中央银行的职能。中国香港在 1993 年 4 月 1 日成立金融管理局,集中了货币政策、金融监管和支付体系管理等中央银行的基本职能,但它不同于其他的中央银行,如渣打银行、汇丰银行和中国银行履行发行货币的职能,政府的银行职能由商业银行执行,管理票据结算由汇丰银行负责。世界上还有斐济、马尔代夫、利比里亚、伯利兹等国实行各具特点的准中央银行制度。

### (四) 跨国中央银行制度

跨国中央银行制度(multi national central bank system)是由参与某个货币联盟的所有成员联合组成的中央银行制度。建立货币联盟促使成员拥有统一的货币及金融政策,推进各国经济发展避免通货膨胀。1998 年 7 月,欧洲中央银行(European System of Central Bank,ESCB)——一个典型的跨国中央银行成立。欧洲中央银行是欧洲一体化进程中的产物,欧盟(前身为欧共体)成员国为适应内部经济金融一体化的需要,于 1969 年 12 月提出建立欧洲经济与货币联盟,以最终实现统一货币、统一欧洲中央银行和金融政策。1979 年 3 月正式实施欧洲货币体系计划,虽然中间过程困难重重,但在 1991 年年底,实现了单一货币的具体安排,1994 年 1 月 1 日欧洲中央银行的前身欧洲货币局成立,1995 年确立"欧元"为欧洲货币,直到 2002 年 7 月 1 日,欧元成为唯一的法定货币。

## 第二节 中央银行的职能

中央银行在现代经济体系中的地位和作用极为突出,成为经济运行的轴心。中央银行通过制定货币政策和财政政策，影响国家宏观经济运行、人民生活水平的提高，以及社会的稳定。

## 一、中央银行的性质和特点

中央银行是管理金融事业的国家机关和特殊的金融机构。它的特点是不以营利为目的、不经营普通银行业务，中央银行以金融调控，如稳定货币、促进经济发展为己任，不对企业、单位和个人办理存贷、结算业务，只与政府和金融机构发生资金往来关系。在制定和执行货币政策时，中央银行具有相对独立性。

中央银行是特殊的金融机构，中央银行虽然也称为银行，也办理银行固有的“存、贷、汇”业务，但与普通的商业银行和金融机构相比，在业务经营目标、经营对象和经营内容上都有着本质的区别：

(1) **从经营目标来看**，商业银行以及其他的金融机构作为经营货币业务的机构，一般以追求利润最大化为其经营目标；而中央银行不以营利为目的，原则上也不从事普通商业银行的业务，而是以金融调控为己任，以稳定货币、促进经济发展为宗旨。虽然中央银行在业务活动中也会取得利润，但营利不是目的。

(2) **从服务对象来看**，普通商业银行和其他金融机构一般以企业、社会团体和个人为其主要的服务对象；而中央银行在一般情况下不与这些对象发生直接的业务关系。中央银行只与政府和商业银行等金融机构发生资金往来关系，并通过与这些机构的业务往来，贯彻和执行政府的经济政策，并履行其管理金融的职责。

(3) **从经营内容来看**，中央银行独占货币发行权，通过制定和实施货币政策，控制货币供应量，使社会总供给和总需求趋于平衡，而商业银行和其他金融机构则没有这种特权；中央银行接受银行等金融机构的准备金存款和政府财政性存款，但其吸收存款的目的不同于商业银行等金融机构，即不是为了扩大信贷业务规模，而是为了调节货币供应量，因此，其接受的存款具有保管、调节性质，一般不支付利息。中央银行负有调节信用的职能，其资产具有较大的流动性和可清偿性，一般不含有长期投资的成分，可随时兑付清偿，以保证其调节功能的正常发挥。

## 二、中央银行的职能

中央银行的职能是中央银行的性质在其业务活动中的具体体现。传统上把中央银行的职能归纳为“发行的银行、银行的银行、国家的银行”。

### (一) 中央银行是“发行的银行”

所谓“发行的银行”，主要具有两个方面的含义：(1) 国家赋予中央银行集中与垄断货币发行的特权，是国家唯一的货币发行机构；(2) 中央银行必须以维护本国货币的正常流通与币值稳定为宗旨。中央银行集中与垄断货币发行权是其自身之所以成为中央银行最基本、最重要的标志，也是中央银行发挥其全部职能的基础。中央银行垄断货币发行权是统一货币发行与流通和稳定货币币值的基本保证。货币发行是中央银行的重要资金来源，也为中央银行调节金融活动和全社会货币、信用总量，促进经济增长提供了资金力量。

### (二)中央银行是“银行的银行”

所谓“银行的银行”,一是指中央银行的业务对象不是一般企业和个人,而是商业银行和其他金融机构及特定的政府部门;二是指中央银行与其业务对象之间的业务往来仍具有“存、贷、汇”业务的特征;三是指中央银行在为商业银行和其他金融机构提供支持、服务的同时,对其进行管理。具体表现在以下几个方面:

**1. 集中存款准备金**

实行中央银行制度的国家通常以立法的形式,要求商业银行和其他金融机构将其吸收的存款按法定的比率向中央银行缴存存款准备金,存款准备金集中于中央银行的法定存款准备金账户,成为中央银行的资金来源,并由中央银行集中统一管理。中央银行集中保管存款准备金的意义在于:一方面,确保存款机构的清偿能力,从而保障存款人的资金安全,以防止商业银行等存款机构因发生挤兑而倒闭;另一方面,中央银行通过调整存款准备金的上缴比率,控制商业银行的货币创造能力和信用规模,以达到控制总体货币供应量的目的。

**2. 充当商业银行等金融机构的“最后贷款人”**

当商业银行和其他金融机构发生资金困难而无法从其他银行或金融市场筹措时,可通过再贴现或再贷款的方式向中央银行融通资金,中央银行则成为整个社会信用的“最后贷款人”。中央银行向商业银行发放贷款的资金主要来源于国库存款和商业银行缴存的存款准备金,如果中央银行资金不足,则可以通过增发货币的方式加以解决。中央银行作为“最后贷款人”向商业银行和其他金融机构提供资金融通,一方面可以增强整个货币供应的弹性,提高商业银行和其他金融机构的资金流动性;另一方面也可以通过调整再贴现率,起到调控货币供应量和信用规模的作用。充当“最后贷款人”是中央银行极其重要的职能之一,也确立了中央银行在整个金融体系中的核心地位。

**3. 全国资金清算中心**

在存款准备金制度建立以后,各商业银行都在中央银行开设了存款准备金账户和超额准备金账户,各银行之间发生的资金往来或应收、应付款项,都要通过中央银行划拨转账,中央银行遂成为全国的清算中心。清算时只要通过各商业银行在中央银行的存款账户进行转账、轧差,直接增减其存款金额便可完成。中央银行通过组织全国银行系统的清算,一方面为各家银行提供服务,提高了清算效率,加速了资金周转;另一方面也便于中央银行利用清算系统强化对整个金融体系的监管和控制。

### (三)中央银行是“国家的银行”

中央银行是“国家的银行”,是指一方面代表国家制定并执行有关金融法规,代表国家监督管理和干预各项有关经济和金融活动;另一方面还为国家提供多种金融服务。中央银行具有“国家的银行”的职能,主要通过以下几个方面得到具体体现:

**1. 代理国库**

国家财政收支一般不另设机构,而交由中央银行代理。财政的收入和支出均通过财政部在中央银行内开设的各种账户进行。具体包括按国家预算要求代收国库库款,并根据财政支付命令拨付财政支出,向财政部门反映预算收支执行情况,代理国库办理各种收支和清算业务。因此,中央银行又被称为国家的总出纳。

**2. 代理政府债券的发行**

当今世界各国政府均广泛利用发行国家债券的形式以弥补开支不足。中央银行通常代理国债的发行、推销以及发行后的还本付息等事宜。

**3. 为政府融通资金、提供特定的信贷支持**

当财政因先支后收而产生暂时性收支不平衡时,中央银行一般会向政府融通资金、提供信贷支持。各国中央银行一般不承担向财政提供长期贷款或透支的责任。因为向政府发放中长期贷款将会陷入弥补财政赤字而发行货币的"泥潭",会导致通货膨胀,危及金融体系稳定。同样,中央银行也不宜在一级市场上承购政府债券。中央银行在二级市场上买卖政府债券虽然也是对政府的间接融资,但一般不会导致通货膨胀,反而是中央银行控制货币量的有效手段。

**4. 保管外汇和黄金储备,进行外汇、黄金的买卖和管理**

世界各国的外汇、黄金储备一般由中央银行集中保管。中央银行可以根据国内、国际情况,适时、适量购进或抛售某种外汇或黄金,可以起到稳定币值和汇率、调节国际收支、实现国际收支平衡的作用。

**5. 代表政府从事国际金融活动,并提供决策咨询**

中央银行一般作为政府的代表,参加国家的对外金融活动,如参加国际金融组织、代表政府签订国际金融协定、参加国际金融事务与活动等;同时,在国际、国内的经济和金融活动中,中央银行还充当政府的顾问,提供经济、金融情报和决策建议。

**6. 对金融业实施金融监督管理**

中央银行作为国家最高的金融管理当局,行使其管理职能。其主要内容包括:制定并监督执行有关的金融政策、金融法规、基本制度和业务活动准则等;监督管理金融机构的业务活动;管理和规范金融市场。

随着中央银行制度的发展,现代中央银行的职能有了更加丰富的内容,对中央银行职能的归纳与表述也就多种多样,还可以归纳为服务职能、调节职能和管理职能三大类,或是归纳为政策功能、银行功能、监督功能、开发功能和研究功能五大类。

## 第三节 中央银行的独立性问题

中央银行作为一国货币政策的制定者和执行者,其政策关系到整个国民经济能否顺利运行。但是,要使这种作用更好地发挥和体现,其独立性必不可少。中央银行的独立性是指中央银行履行自身职责时法律赋予或实际拥有的权力、决策与行动的自主程度。实质上是中央银行与政府之间的关系问题。

第一次世界大战之前,中央银行拥有较强的独立性,较少受政府干预。第一次世界大战期间,一些参战国的政府开始通过中央银行增发货币以满足军费开支。战争结束后,一些国家继续沿袭战时做法,通过增发货币来推动本国经济增长,结果造成恶性通货膨胀。因此,1920 年在布鲁塞尔和 1922 年在日内瓦召开的两次国际经济会议上,许多国家的中央银行提出了减少政府干预、实行中央银行独立于政府的主张。这是中央银行发展史上第一次比较集中地提出中央银行的独立性问题。20世纪30年代由于金融危机的发生,中央银行相对政府的独立性明显加强。到20世纪70年代,国际货币体系发生了很大变化,布雷顿森林体系崩溃,中央银行的独立性问题再次被提出。

## 一、中央银行保持独立与相关独立

独立性问题集中体现在中央银行与政府之间的关系上:一是中央银行应对政府保持独立性,二是中央银行对政府的独立性总是相对的。

### (一) 中央银行应对政府保持独立性

中央银行应对政府保持独立性的原因如下:

(1) 中央银行与政府所处地位、行为目标不尽相同。政府除了关注金融稳定之外,还重点关注社会问题,如就业、医疗、社保等,在经济工作中主要关注经济增长、基础建设、地区平稳等问题。中央银行工作的重点是全部活动围绕着货币政策所要追求的稳定货币币值这一基本原则和目标。这使得中央银行与政府目标不可能时时保持全面的吻合。

(2) 中央银行不同于一般的行政管理机构,无论是制定和执行货币政策以调控宏观经济运行,还是确定对金融业实施监管的指导方针,都需要具备准备理论素质和较长期的专业经验积累。例如,在货币政策的决策和实施中,形势的判断、时机的把握、力度的控制、灵活的反应等均需要专业性极高的金融专业的指挥和判断。

### (二) 中央银行对政府的独立性总是相对的

中央银行对政府的独立性是相对的,其原因如下:

(1) 金融经济整体与社会政治是密不可分的,中央银行是金融系统的核心,自然应当服从整体社会经济体系的运转需要,根本上服从国家的利益需要,正确的货币政策、稳定货币币值、使金融运行有序,都是为了经济社会发展的需要。

(2) 中央银行是整个宏观调控体系的一个组成部门,财政政策与货币政策相辅相成。政府在执行经济政策时,往往容易从短期利益出发,扩大财政支出,加大政府消费和公共投资,从而增加通货膨胀的压力。大量相关研究也表明,中央银行独立性的强弱与通货膨胀率的高低密切相关。从发达国家的经验看,中央银行受到政府操纵的国家的平均通货膨胀率要比中央银行具有高度独立性的国家高。

(3) 中央银行的活动都是在政府授权下进行的,主要负责人是政府委任的。理论上,在信用体系下,纸币和国债都是政府负债,离开了政府的信用支撑,根本不可能流通,中央银行不可能具有绝对的独立性。政治上,为防止政党选举干预经济决策、人为制造系统性风险,中央银行需要保持相对的独立性。

中央银行在国家的经济运行和宏观调控中发挥着极为重要的作用,要想让中央银行有效地发挥职能,在一定程度上提高中央银行的独立性是必需的。目前学术界对中央银行与政府之间的关系或中央银行独立性问题已逐步达成共识,中央银行应对政府保持一定的独立性,但这种独立性只能是相对的。

因此,需提高中央银行的信誉和透明度及加强金融监管。美国金融危机后,中央银行金融监管的职能逐渐凸显，受到越来越多国家的重视。为了有效降低金融系统的风险，提高金融系统的运行效率，亟须中央银行独立地实施金融监管职能。

### (三) 中央银行的独立性标准

中央银行的独立性标准主要有以下四点：

(1) 组织机构和人事的独立性。主要表现为中央银行的组织机构的设立和主管人员的提名和任免是否由行政机关或政府部门决定。

(2) 制定和执行政策的独立性。主要表现为中央银行制定和执行财政政策和货币政策的自主程度。

(3) 经济的独立性。主要表现为中央银行的财政的独立性，即其是否依赖于政府的拨款和财政的支持。

(4) 业务的独立性。主要是指中央银行是否可以自主决定其业务的实施，办理业务时是否受政府机关的干预。

## 二、中央银行相对独立的不同模式

中央银行独立性大的国家多设单一的监管机构，中央银行就是金融业的主管部门。由于各国的国情与历史传统不同，政府赋予中央银行的法律地位也有所不同，从而中央银行对政府独立性的强弱也不同。即使在同一个国家，独立性的程度也有强弱交替的变化。

中央银行对政府独立性的强弱可以分为以下三种模式：

(1) 中央银行隶属国会，独立性最强，如美联储、欧洲中央银行。美国 1913 年根据《联邦储备法》建立的联邦储备系统(简称“美联储”)行使制定货币政策和实施金融监管的双重职能。美联储(FED)实际拥有不受国会约束的自由裁量权，成为立法、司法、行政之外的“第四部门”。

(2) 中央银行隶属政府，独立性居中，如英格兰银行、日本银行。尽管法律上英格兰银行隶属财政部，但实践中财政部一般尊重英格兰银行的决定，英格兰银行也主动寻求财政部支持而相互配合。1997 年英格兰银行事实上的独立地位向第一种模式转化。日本银行隶属财政部，独立性相对较小。大藏大臣对日本银行享有业务指令权、监督命令权、官员任命权以及具体业务操作监督权，但是 1998 年 4 月日本国会通过了修正《日本银行法》，以法律形式确认中央银行的独立地位，实现向第一种模式的转化。

(3) 中央银行隶属财政部，独立性弱，如意大利银行、法兰西银行。意大利银行受财政部统辖，财政部代表可以出席意大利银行的理事会会议，可以对决议提出暂停意见。意大利银行提出的货币政策都是由政府批准的。法兰西银行理事会的成员也都是由财政部提名的，相关独立性较弱。

越是独立的央行，越能制定出更好的货币政策，这反过来又会推动独立化的进程。

## 三、我国中央银行的体制特点

中国的中央银行模式区别于其他国家，它隶属政府，与财政部并列。《中华人民共和国人民银行法》规定：“中国人民银行是中央银行，中国人民银行在国务院领导下，制定和实施货币政策,对金融业实施监督管理。"

中国人民银行自 1984 年专门行使中央银行职能以来,其独立性是在不断加强、不断完善的。这一演进轨迹和世界性中央银行独立性加强的潮流是相吻合的。尤其是 1995 年 3 月 18 日第八届全国人民代表大会第三次会议通过的《中华人民共和国中国人民银行法》(以下简称《人行法》),是我国金融发展史上的一个里程碑。它确立了我国的中央银行体制,即在国务院领导下,独立执行货币政策的中央银行宏观调控体系。2003 年新修订了相关内容,强调了独立性原则。这种模式具有以下三个特点:

(1) 向谁负责。中央银行行长直接对政府总理负责。

(2) 监管权。中央银行作为行政部门,具有一定的行政管理权,可以直接依法行使对金融业的监管权。

(3) 决策的完全独立性。中央银行的重大决策必须经总理批准,即在决策上没有完全独立性。但从《人行法》第五条的规定看,除在利率、汇率和货币供应量三方面的决策必须上报国务院外,其他货币政策事项中央银行可自行决定即予执行。从我国的实际情况看,中央银行在货币政策决策上拥有很大的技术垄断性,即中央银行上报的决策方案往往是唯一的可选方案,或者选择余地很小,使得在技术方面难以否定。这种技术独立性在一定程度上弥补了决策独立性的不足。

### 专栏 10－1

#### 我国目前的金融体系

我国目前的金融机构体系格局是以中国人民银行、中国银行保险监督管理委员会(简称银保监会)、中国证券监督管理委员会(简称证监会)为领导,以国有独资银行为主体,多种金融机构并存的金融机构体系格局。

我国金融体系现存六个层次:第一层次是包括中国人民银行、银保监会、证监会在内的金融管理监管层;第二层次是包括中国工商银行、中国农业银行、中国银行、中国建设银行、国家开发银行、农业发展银行、中国进出口银行在内的国有独资银行;第三层次是其他商业银行,包括股份制银行、城市商业银行、农村信用合作社(简称农村信用社)、民营银行等;第四层次是外资金融机构;第五层次是非银行金融机构;第六层次是现存的保险机构、证券机构。这里主要介绍前五个层次。

**一、金融管理监管层**

(一) 中国人民银行

中国人民银行是我国的中央银行。中央银行代表国家管理金融,制定和执行金融方针政策,但它不同于一般的国家行政管理机构。

(二) 中国银行保险监督管理委员会

中国银行保险监督管理委员会成立于 2018 年,是国务院直属事业单位,其主要职责是依照法律法规统一监督管理银行业和保险业,维护银行业和保险业合法、稳健运行,防范和化解金融风险,保护金融消费者合法权益,维护金融稳定。

（三）中国证券监督管理委员会

中国证券监督管理委员会是国务院直属事业单位，是全国证券期货市场的主管部门。1992年10月，国务院证券委员会和中国证券监督管理委员会宣告成立，标志着中国证券市场的统一监管体制开始形成。

## 二、国有独资银行

（一）国有独资商业银行

在我国金融机构体系中处于主体地位的是四家国有独资商业银行：中国工商银行、中国农业银行、中国银行和中国建设银行。

国有独资商业银行的主体地位是在其作为专业银行时期就奠定了的。目前，国有独资商业银行无论是在人员总数、机构网点数量上，还是在资产规模及市场占有额上，均在我国整个金融领域中处于绝对举足轻重的地位，在世界上的大银行排序中也处于较前列的位置。然而，尽管国有独资商业银行在规模上排名靠前，但却存在资本充足率低、利润水平低、不良资产率高的严重问题。

国有独资商业银行的业务经营范围主要包括：吸收公众存款；发放短期、中期和长期贷款；办理国内外结算；办理票据贴现；发行金融债券；代理发行，代理兑付，承销政府债券；买卖政府债券；从事同业拆借；买卖、代理买卖外汇；提供信用证服务及担保；代理收付款项及代理保险、基金业务；提供保管箱服务；经中国银监会批准的其他业务。

（二）政策性银行

政策性银行是由政府投资设立的、根据政府的决策和意向专门从事政策性金融业务的银行。与商业银行不同的是，政策性银行的活动不以营利为目的，并且根据具体分工的不同，服务于特定的区域。1994年，为了适应经济发展的需要，根据把政策性金融与商业性金融相分离的原则，相继建立了国家开发银行、中国进出口银行和中国农业发展银行三家政策性银行。

## 三、其他商业银行

其他商业银行包括股份制银行、城市商业银行、农村信用社、民营银行等。这一层面在我国金融领域最具颠覆性。

（一）股份制银行

深圳发展银行是我国银行业第一家股票上市公司。继深圳发展银行后，上海市浦东发展银行于1999年，民生银行、招商银行于2002年，华夏银行于2003年等，先后陆续上市。民生银行是我国第一家民营银行，其股份组成主要来自民营企业、集体企业、乡镇企业等，服务对象也以民营企业为主。

（二）城市商业银行

城市商业银行起源于城市信用社。20世纪90年代中期，中央以城市信用社为基础，组建城市商业银行。城市商业银行是在中国特殊历史条件下形成的，是中央金融主管部门整肃城市信用社、化解地方金融风险的产物。截至2018年12月，全国共有城市商业银行134家，营业网点近万个，遍及全国。

（三）农村信用社

农村信用社作为农村集体金融组织，其特点集中体现在由农民入股、由社员民主管理、主要为入股社员服务三个方面。农村信用社的主要业务活动是经营农村个人储蓄,以及农户、个体经济户的存款、贷款和结算等。在上述活动中,贯彻自主经营、独立核算、自负盈亏、自担风险的原则。

(四) 民营银行

民营银行的出现无疑打破了中国商业银行业单元国有垄断,从而在一定程度上实现了金融机构多元化。2014 年 3 月,首批 5 家民营银行进行试点,即深圳前海微众银行、上海华瑞银行、温州民商银行、天津金城银行、浙江网商银行已全部开业。2016 年是民营银行的爆发期,共有以重庆富民银行为代表的 11 家民营银行获批开业,截至 2018 年末,中国目前共有 17 家民营银行。

**四、外资金融机构**

依据 2004 年 7 月 26 日颁布的《中华人民共和国外资金融机构管理条例实施细则》的规定,外资金融机构是指依照中华人民共和国有关法律、法规的规定,经批准在中国境内设立和营业的下列金融机构:

(1) 总行在中国境内的外国资本的银行(独资银行);

(2) 外国银行在中国境内的分行(外国银行分行);

(3) 外国的金融机构同中国的公司、企业在中国境内合资经营的银行(合资银行);

(4) 总公司在中国境内的外国资本的财务公司(独资财务公司);

(5) 外国的金融机构同中国的公司、企业在中国境内合资经营的财务公司(合资财务公司)。

其中,独资银行、外国银行分行、合资银行按照中国人民银行批准的业务范围,可以部分或者全部依法经营下列种类的业务:

(1) 吸收公众存款;

(2) 发放短期、中期和长期贷款;

(3) 办理票据承兑与贴现;

(4) 买卖政府债券、金融债券,买卖股票以外的其他外币有价证券;

(5) 提供信用证服务及担保;

(6) 办理国内外结算;

(7) 买卖、办理外汇买卖;

(8) 从事外币兑换;

(9) 从事同业拆借;

(10) 从事银行卡业务;

(11) 提供保管箱服务;

(12) 提供资信调查和咨询服务;

(13) 经中国人民银行批准的其他业务。

从分布来看,外资银行重点聚集在中国沿海大、中城市,辐射中、西部地区城市。经济发达、环境配套、管理规范的我国沿海地区和中心城市是外资银行设置机构的首选,这些地区同时也成为中、外资银行争夺的焦点。目前在上海的外资银行分行最多,其次是深圳。外资银行在选择建立分行地点时,其考虑的主要因素有两个:一是该地区的全球网络客户及业务规模，二是在该地区设立机构的资本回报率。两者的取舍或重要性，将依据不同时期、不同地区而有所侧重。

**五、非银行金融机构**

非银行金融机构主要包括在中央银行监管下的信托投资公司、金融租赁公司、财务公司、邮政储蓄机构、资产管理公司等。

**思考题：**

1. 我国金融体系的监管层有哪些机构？分别从事哪些监管工作？
2. 我国目前金融体系中主要有哪些金融机构？分别从事哪些主要业务？

## 本章小结

1. 论及中央银行的起源，就不能不提及两家银行，即瑞典银行和英格兰银行。英格兰银行是历史上第一家中央银行。中央银行的发展具有时代特点，在职能方面与一般商业银行有很大区别。

2. 中央银行是发行的银行、银行的银行、国家的银行。“发行的银行”，主要有两个方面的含义：(1) 国家赋予中央银行集中与垄断货币发行的特权，是国家唯一的货币发行机构；(2) 中央银行必须以维护本国货币的正常流通与币值稳定为宗旨。“银行的银行”，是指中央银行的业务对象不是一般企业和个人，而是商业银行和其他金融机构及特定的政府部门，与其业务对象之间的业务往来仍具有“存、贷、汇”业务的特征，为商业银行和其他金融机构提供支持、服务的同时，对其进行管理。中央银行是“国家的银行”，是指代表国家制定并执行有关金融法规、代表国家监督管理和干预各项有关经济和金融活动，为国家提供多种金融服务。

3. 所谓中央银行的独立性问题，是指在货币政策的决策和运作方面，中央银行具有法律赋予或实际拥有的自主程度。独立性问题集中反映在中央银行与政府的关系上。如何处理这种关系，可以概括为两点：一是中央银行应对政府保持独立性，二是中央银行对政府的独立性总是相对的。从中央银行对政府独立性的强弱看，主要有三种模式：独立性强的中央银行，如美国联邦储备系统、德国联邦银行等；独立性弱的中央银行，如意大利银行、法兰西银行等；独立性居中的中央银行，如英格兰银行、日本银行等。

## 关键术语

中央银行　单一中央银行　复合中央银行　跨国中央银行　发行的银行
银行的银行　国家的银行　独立性

## 思考题

1. 为什么市场经济体制下需要中央银行？

2. 中央银行区别于一般商业银行的特点是什么?
3. 中央银行有哪些类型?
4. 中央银行的职能有哪些?
5. 为什么要强调中央银行的独立性?为什么又是相对独立的?
6. 评价我国中央银行的独立性。

# 第十一章
# 货币供给

前文介绍了中央银行的职能及运作机制，它通过推行货币政策来影响经济活动，这主要体现在中央银行对于货币供给量的控制上。央行通过调节货币供给影响利率；利率反过来又会影响社会产出、失业以及通货膨胀水平。货币供给对于经济活动的影响深远，因此理解货币供给的过程与运作机制十分重要。

理解货币供给过程的关键在于理解银行存款的创造过程。货币供给不是单指央行发行的货币，而是由银行等存款机构与其储户之间进行一系列存、贷款行为之后创造出的多倍存款。本章将介绍银行体系创造存款的过程，并阐述货币供给的基本原则。

## 第一节　中央银行与基础货币

要了解货币供给的整个过程，首先我们要了解货币供给过程的三位主要参与者：

(1) **中央银行**。它是政府职能机关，监管整个银行体系，维持金融市场秩序，负责制定及实施货币政策。

(2) **银行**(存款机构)。即从个人、企业和机构手中吸收存款并发放贷款的金融中介机构，包括商业银行及信用社等。

(3) **储户**。即持有银行存款的个人、企业及机构。

在这三者中，中央银行是规则的制定者，也最为重要。

### 一、基础货币

基础货币由中央银行创造，但是中央银行并不直接创造货币供给。中央银行通过发行基础货币，再由银行等存款机构以及其客户(即储户)创造存款，从而形成货币供给。

我们首先来看一个高度简化了的中央银行资产负债表(如表 11 - 1 所示)，其中仅包含四个科目，而这四个科目对于理解货币供给过程至关重要。

**表 11 - 1　中央银行资产负债表**

| 资　　产 | 负　　债 |
| --- | --- |
| 政府债券 | 流通中的现金 |
| 贴现贷款(对银行的贷款) | 准备金 |

**基础货币**(monetary base)因其具有高倍创造货币的能力,又称为**高能货币**(或强力货币,open-market operations)。基础货币是流通中的现金以及银行的准备金之和,在表11-1中我们可以看到这构成了中央银行的负债。

$$MB = C + R \tag{11-1}$$

其中,$MB$ 为基础货币,$C$ 为流通中的现金,$R$ 为准备金。

如何来理解构成基础货币的这两项央行的主要负债呢?实际上,它们就是公众以及存款机构所持有的现金总和。**流通中的现金**,即所有的公众持有的现金;**准备金**,即银行等存款机构所实际持有的库存现金加上它们存放在央行账户里的存款。准备金是银行的资产、中央银行的负债,如果一家银行持有100元的准备金,那么央行就欠该银行100元。准备金又分为**法定准备金**(即央行要求银行必须持有的准备金)以及**超额准备金**(即银行自愿持有的额外的准备金)。世界上绝大部分的中央银行,要求存款机构每吸收1元存款,必须将其中一部分(如5%)以准备金形式持有,这个比率(5%)被称为**法定准备金率**。

再来看中央银行资产负债表中资产类的两个科目:贴现贷款与政府债券。它们的变动会引起负债科目的变动,进而引起货币供给的变化。**贴现贷款**,是指中央银行在银行等存款机构有需求时发放给它们的贷款,主要是为它们填补准备金的不足。这些贴现贷款成为借款银行的负债,同时又是央行的资产,贴现贷款的增加可以增加货币供给。央行向借款银行收取的这些贷款的利息率被称为**贴现率**(注:在我国,该利率又被称为再贴现率,只因划分的方式不同,本质上都是指央行发放贷款给银行时所收取的利率)。

## 二、创造基础货币

假如一家中央银行想要创造100元的基础货币,或者是将现有的基础货币增加或者减少100元,那应该如何做呢?它有两种方式可以改变基础货币量,即公开市场操作与贴现贷款。

### (一)公开市场操作

中央银行购买或者出售债券的行为被称为**公开市场操作**(open-market operations)。当央行进行公开市场购买,即购买债券(扩张性的公开市场操作)时,基础货币将会增加;而当央行进行公开市场出售,即出售债券(紧缩性的公开市场操作)时,基础货币将会减少。公开市场操作中所买卖的债券通常为国债。

为了理解这个过程,我们首先思考一下扩张性的公开市场操作:央行从一家政府债券交易商那里购买价值100元的债券,那么央行可以通过支付给交易商100元现金或是将100元存入交易商在银行开立的账户来完成此次购买。我们用"T"形账户来观察基础货币的增加。首先,央行使用现金支付时,央行的"T"形账户和交易商的"T"形账户如下:

央行体系的"T"形账户

| 资　产 | | 负　债 | |
|---|---|---|---|
| 政府债券 | +100元 | 流通中的现金 | +100元 |

债券交易商的"T"形账户

| 资 产 | | 负 债 | |
|---|---|---|---|
| 流通中的现金 | +100 元 | | |
| 政府债券 | −100 元 | | |

从"T"形账户中我们可以看出，流通中的现金增加了 100 元，因此基础货币增加了 100 元。

当央行将 100 元存入这个交易商的银行账户时，央行、银行及交易商的"T"形账户如下：

央行体系的"T"形账户

| 资 产 | | 负 债 | |
|---|---|---|---|
| 政府债券 | +100 元 | 准备金 | +100 元 |

银行体系的"T"形账户

| 资 产 | | 负 债 | |
|---|---|---|---|
| 准备金 | +100 元 | 存款 | +100 元 |

债券交易商的"T"形账户

| 资 产 | | 负 债 | |
|---|---|---|---|
| 银行存款 | +100 元 | | |
| 政府债券 | −100 元 | | |

从"T"形账户中我们可以看出，准备金增加了 100 元，因而基础货币增加了 100 元。

总之，不论央行使用哪一种支付方式来完成此次交易，只要央行从市场购买了 100 元的债券，基础货币($MB=C+R$)就增加 100 元。

紧缩性的公开市场操作(即央行卖出债券)的过程正好与上述扩张性的公开市场操作(即央行买入债券)的过程相反。假设央行向市场卖出 100 元的政府债券，那么基础货币将减少 100 元。各方"T"形账户的变化也正与上述"T"形账户的变化相反。

### (二) 贴现贷款

以上我们介绍了公开市场操作对于基础货币的影响，但中央银行也可以通过向一家银行提供贷款来改变基础货币。如果央行向一家银行发放了 100 元的贷款，这对央行及该银行的"T"形账户影响如下：

央行体系的"T"形账户

| 资 产 | | 负 债 | |
|---|---|---|---|
| 贴现贷款 | +100 元 | 准备金 | +100 元 |

银行体系的"T"形账户

| 资 产 | | 负 债 |
|---|---|---|
| 准备金 | +100 元 | 贴现贷款(向央行借款)+100 元 |

从"T"形账户中我们可以看出,当央行发放 100 元贷款给银行时,银行收到贷款资金,准备金就会增加 100 元,基础货币也增加了 100 元。同样,如果银行偿付了央行的贷款,也就是说减少了从央行借来的资金,基础货币就会等量减少。我们可以看出,基础货币的变动与银行向央行的借款变动是一一对应的。

## 第二节 商业银行与货币供给

从目前的讨论看,中央银行可以通过公开市场操作和向银行提供贴现贷款来控制基础货币的发行,基础货币(MB)等于流通中的现金(C)加上准备金(R)。然而,我们要理解的是货币供给过程,而基础货币并不等同于货币供给,货币供给比基础货币范围更广,更强调供给的过程。

中央银行可以控制的基础货币量是影响货币供给的一个因素,而中央银行所不能控制的银行及其客户的行为是影响货币供给的另一个因素。接下来,我们要讨论的就是银行及其客户的行为——多倍存款创造——对货币供给带来的关键影响。

### 一、存款创造:银行体系

我们刚刚讨论过央行进行公开市场购买时向一个证券交易商购买了 100 元的债券。假设央行将款项存入交易商的银行账户,或是交易商收到了央行的 100 元现金支付,然后将其存入自己的银行账户。我们暂且称交易商账户所在银行为第一银行,不论是哪一种行为,总之第一银行的"T"形账户最后产生如下变动:

第一银行

| 资 产 | | 负 债 | |
|---|---|---|---|
| 准备金 | +100 元 | 存款 | +100 元 |

为了让例子看起来简单一些,以集中讨论主要观点,我们假设第一银行完全通过吸收存款的方式来筹集资金。它持有的这些资金中的一部分为法定准备金,而将剩余的部分用来发放贷款(银行的主要业务就是吸收存款、发放贷款)以获取收益,假定第一银行不希望持有超额准备金,接下来所提及的银行都像第一银行一样不持有超额准备金。

如果法定准备金率为 10%,该银行的法定准备金就增加了 10 元。那么,第一银行的"T"形账户变为:

第一银行

| 资 产 | | 负 债 | |
|---|---|---|---|
| 准备金 | +10 元 | 存款 | +100 元 |
| 贷款 | +90 元 | | |

如果第一银行的借款人支出的钱又被存入另一家银行，我们称其为第二银行，则第二银行的“T”形账户变为：

第二银行

| 资 产 | | 负 债 | |
|---|---|---|---|
| 准备金 | +90 元 | 存款 | +90 元 |

第二银行增加了 90 元的存款，那么现在银行体系总共有 190 元(第一银行的 100 元加上第二银行的 90 元)的存款。与第一银行一样，第二银行不持有超额准备金，那么按照 10% 的法定准备金率的要求，第二银行要增加 9 元的法定准备金，剩余的 81 元用来发放贷款。这时，第二银行的“T”形账户变为：

第二银行

| 资 产 | | 负 债 | |
|---|---|---|---|
| 准备金 | +9 元 | 存款 | +90 元 |
| 贷款 | +81 元 | | |

第二银行的借款人得到的 81 元款项被支出后又存入了第三银行。于是，银行体系从最初增加的 100 元准备金，到现在所引起的存款增量达到了 271 元(100+90+81)。

继续这个推理过程，如果所有银行都不持有超额准备金，而是将它们用于发放贷款，那么银行体系的存款增量还将进一步增加(第四、第五、第六银行等)。因此，最初的 100 元准备金增量所引起的存款增加总额将达到 1 000 元：增加了 10 倍，正好是法定准备金率 10% 的倒数(如表 11-2 所示)。

**表 11-2 存款创造(假设法定准备金率为 10%，准备金增加 100 元)** 单位：元

| 银 行 | 存款增加 | 贷款增加 | 准备金增加 |
|---|---|---|---|
| 第一银行 | 100 | 90 | 10 |
| 第二银行 | 90 | 81 | 9 |
| 第三银行 | 81 | 72.9 | 8.1 |
| 第四银行 | 72.9 | 65.61 | 7.29 |
| 第五银行 | 65.61 | 59.05 | 6.56 |
| 第六银行 | 59.05 | 53.14 | 5.91 |
| ⋮ | ⋮ | ⋮ | ⋮ |
| 所有银行总计 | 1 000 | 900 | 100 |

单个银行仅凭自身无法实现多倍存款创造,它所发放的贷款不能超过其超额准备金。由于贷款所创造的存款会通过各种途径转移到其他银行,银行将失去这些准备金,然而它们并没有离开整个银行体系。因此,银行体系作为一个整体可以实现存款的多倍扩张。事实上,区分第一银行和第二银行并不重要,因为它们引起的总体扩张结果是一样的。于是,随着各个银行发放贷款,从而创造存款,再通过相同的方式不停地转移到其他银行,这个过程不断地持续下去,直到存款增长规模是最初准备金的数倍。

由银行体系准备金增加所引起的存款多倍增加,被称为**简单存款乘数**。在上述的例子中,法定准备金率为10%,简单存款乘数是10,简单存款乘数等于法定准备金率的倒数,因此存款多倍扩张的公式为:

$$\Delta D = \frac{1}{r} \times \Delta R \tag{11-2}$$

其中,$\Delta D$ 为银行体系存款总额的变动(本例中为1 000元),$r$ 为法定准备金率(本例中为0.1),$\Delta R$ 为银行体系准备金的变动(本例中为100元)。

在理解多倍存款创造的过程时,我们可以将银行体系看成一个整体,而不是逐个分析个体。对于整个银行体系,只有当银行体系的所有超额准备金被用光后,存款创造过程才会停止;也就是说,当法定准备金总额等于初始准备金增量时,银行体系才处于平衡状态。与此相对应,银行体系中既定水平的准备金决定了均衡状态下存款的规模,即既定水平的准备金支持了一定水平的存款。

在我们的例子中,法定准备金率是10%,如果准备金增加100元,存款必须增加到1 000元,才能使法定准备金同样增加到100元。如果存款的增加较少,比如说800元,那么法定准备金增加80元仍然低于准备金应该增加的100元,意味着银行体系必然存在着超额准备金。拥有超额准备金的银行可以继续发放贷款,进而创造新的存款,而这一过程会一直持续下去,直到整个体系的超额准备金被用尽。这时,存款上升到1 000元的水平。

我们可以通过考察整个银行体系的"T"形账户来理解这一过程的结果:

银行体系

| 资　产 | | 负　债 | |
|---|---|---|---|
| 准备金 | +100元 | 存款 | +1 000元 |
| 贷款 | +900元 | | |

通过贷款消除超额准备金的过程就是银行进行多倍存款创造的过程,也是货币供给过程中最为关键的部分。银行体系在限额内持续地发放贷款,直到存款达到1 000元的水平。通过这种途径,100元的准备金支持了1 000元(10倍)的存款水平。

## 二、简单存款乘数的局限

上述的多倍存款创造模型似乎说明,中央银行可以通过控制法定存款准备金率和准备金的水平,对存款总量加以控制。但实际情况并非这么简单机械。

首先,如果第一银行放贷出的90元资金没有被重新存入银行,而是以现金的方式持有,那么整个银行体系增加的存款也只有最初交易商存入第一银行的 100 元，而没有得到扩张；同样，如果是第二银行贷出的 81 元贷款资金没有被存入银行，整个银行体系的存款总额只有 190 元(第一银行的 100 元加上第二银行的 90 元)，远远小于我们根据简化模型而得到的 1 000 元的存款总额。换句话说，现金本身并没有多倍扩张的能力，它只有作为存款时才具有多倍存款创造的能力。因此，如果部分贷款资金被用于增加现金持有量，多倍扩张能力就会下降，货币供给量就达不到上述例子中所描述的简单存款创造模型最终的结果。

其次，在现实中，很多银行愿意持有一部分的超额准备金以应对存款外流的情况，因此它们不会将所有的超额准备金都用来发放贷款。比如，第一银行持有 90 元超额准备金，它将其中的 80 元用来放贷，而继续持有 10 元的超额准备金以应对存款外流情况；第二银行收到 80 元的存款后，拥有 72 元的超额准备金，它只将其中的 64 元用来发放贷款。这样的现象如果出现在部分或是全部的银行中，那么最终银行体系增加的总存款量也就远小于我们在简单存款创造模型中所得到的 1 000 元的结果。

因此，并不是只有中央银行的决策才会影响货币供给量，储户对于现金持有量的决定以及银行对于超额准备金的持有量政策都会引起货币供给量的变动。

## 三、货币供给的决定因素

从简化模型的局限性分析中看出，我们应该更全面地分析影响货币供给的所有因素。在假定其他所有因素不变的情况下，我们来讨论以下每种因素的变动对货币供给量的影响：

### (一) 中央银行的公开市场购买量

中央银行对于基础货币的控制主要来自公开市场操作以及贴现贷款的数量。如果央行增加公开市场购买，意味着向市场提供了更多的基础货币，那么货币供给总量也自然增加。因此，**货币供给量与央行的公开市场购买呈正相关**。

### (二) 中央银行发放的贴现贷款量

与公开市场购买一样，向银行体系发放贴现贷款也是中央银行调整基础货币量最重要的方式。贴现贷款的增加意味着银行体系借入准备金的增加，在多倍存款创造过程中，引起货币供给的扩张。如果其他所有变量不变，银行减少贴现贷款水平，准备金会减少，基础货币也就减少，导致货币供给量下降。因此，**货币供给水平与贴现贷款量呈正相关**。

### (三) 法定准备金率 $r$ 的变动

在基础货币及其他变量不变的情况下，提高法定准备金率意味着银行在吸收相同数量存款时需要计提更多的法定准备金，即能够用来发放贷款的超额准备金量减少。简单存款乘数就是法定准备金率的倒数，那么法定存款准备金率越高，该乘数就越低，意味着所能创造的存款越少，货币供给就越少。相反，如果降低法定存款准备金率，存款扩张的倍数就越高，货币供给随之增加。因此，**货币供给水平与法定准备金率 $r$ 呈负相关。**

**(四) 现金持有水平**

我们在简单存款乘数的局限中讨论了现金持有量对于货币供给的影响。经过前面的分析我们知道,存款有多倍创造的功能,而现金没有。如果贷款人从银行贷出款项之后,将其中的一部分作为现金持有,而不使其回到银行体系,那么这部分现金就无法进行多倍创造资金。也就是说,公众(这里是相对于银行体系来说)持有的现金量越多,作为存款在银行体系进行多倍创造的资金就越少,货币供给量就越少。因此,**货币供给水平与现金持有水平呈负相关**。

**(五) 超额准备金的规模**

与公众的现金持有规模对于货币供给的影响相似的还有银行的超额准备金持有规模。如果银行增加自身的超额准备金持有量,那么这部分的准备金无法用来发放贷款,也就不能够用来创造新的存款,货币供给水平就会下降。也就是说,**货币供给水平与超额准备金的规模呈负相关**。

## 第三节 货币乘数

在这一节,我们将更加具体地用**货币乘数**(用 $m$ 表示,即中央银行扩大或缩小一定数量的基础货币之后,能使货币供应总量扩大或缩小的比值)的概念对货币供给过程进行定量分析。货币供给、货币乘数与基础货币之间的关系如下:

$$\boldsymbol{M = m \times MB} \tag{11-3}$$

式(11-3)表明,货币乘数反映了货币供给量与基础货币之间的倍数关系。我们在前文中提过的高能货币概念,也是指基础货币能够多倍创造货币供给的能力,即货币乘数总是大于1的。

### 一、货币乘数的推导

假定公众愿意持有的现金水平为 $C$,银行体系持有的超额准备金水平为 $ER$,存款水平为 $D$,则货币供给 $M$ 等于 $C+D$,且基础货币 $MB$ 等于 $C+R$(在本章中已有说明)。在此处引入两个概念:

$$\boldsymbol{c = \frac{C}{D}} = \textbf{现金比率}$$

$$\boldsymbol{e = \frac{ER}{D}} = \textbf{超额准备金比率}$$

因此,之前我们将法定存款准备金率用 $r$ 来表示,那么存款准备金率 $R/D=e+r$(即法定存款准备金率与超额存款准备金率之和)。

货币乘数 $m$ 的计算可写为:

$$m=\frac{M}{MB}=\frac{C+D}{C+R} \tag{11-4}$$

在这一等式的右边，分子与分母同时除以 $D$：

$$m=\frac{M}{MB}=\frac{C/D+1}{C/D+R/D} \tag{11-5}$$

这个等式表明，货币乘数 $m$ 由两个变量决定：一个是 $C/D$，即现金比率；另一个是 $R/D$，即存款准备金率。上面的等式也可写成：

$$m=\frac{c+1}{c+r+e} \tag{11-6}$$

值得注意的是，只要 $R/D$ 小于 1(意味着银行的准备金小于它们的存款，通常情况下都是如此)，即 $r+e$ 小于 1，那么 $m$ 就会大于 1。从我们最后推导得出的公式(11－6)中可以看出，**货币乘数是由储户决定的现金比率 $c$、银行决定的超额准备金率 $e$ 和中央银行决定的法定准备金率 $r$ 共同决定的。**

## 二、货币乘数背后的意义

要讨论货币乘数的现实意义，首先，我们将实际的数值代入上节中我们推导出的货币乘数公式中，假定：

$r$＝法定准备金率＝10％

$C$＝流通中的现金＝5 000(亿元)

$D$＝银行存款＝10 000(亿元)

$ER$＝超额准备金＝10(亿元)

$M$＝货币供给＝$C+D$＝15 000(亿元)

根据这些数值，计算货币乘数的值为：

$$m=\frac{1+c}{c+r+e}=\frac{1+0.5}{0.5+0.1+0.001}=2.5$$

货币乘数为 2.5，说明在法定存款准备金率为 10％，储户持有现金比率为 0.5，而银行持有的超额准备金率为 0.001 时，基础货币增加 1 元，货币供给量将会增加 2.5 元。

我们会发现，本例中的货币乘数为 2.5，远小于我们在本章前面部分提到的简单存款乘数 10。这两者之间存在差距的原因是：**只有存款才有多倍扩张的功能，而现金并没有这样的功能**。因此，如果高能货币中的一部分是以现金的形式存在(公众手中持有的现金，以及银行体系持有的准备金)，那么这一部分的基础货币就不能够带来多倍扩张的货币供给。在本章的简单存款创造模型中，我们没有将这样的情况考虑在内，而是简单地假设公众不持有现金，银行体系也不愿意持有任何的超额准备金，即公式中的 $e$、$c$ 都等于 0，因此货币乘数就是简单的 $1/r$，即法定存款准备金率的倒数。然而，在实际情况中，储户出于种种需求必然会持有一定比例的现金，银行出于自身的经营也会持有一定比例的超额准备金，因此货币乘数远小于简单存款乘数。

## 三、中国的货币乘数

现在让我们从假设的例子中转到中国实际的经济中来。根据中国人民银行发布的《2018 年三季度中国货币政策执行报告》中的数据，2018 年 9 月末中国的货币乘数与基础货币如表 11－3 所示。

**表 11－3　中国的货币乘数与基础货币(2018 年 9 月末)**

| | |
|---|---|
| 货币乘数 | 3.34 |
| 基础货币 | 53.9 万亿元 |
| 流通中的货币(M0) | 7.1 万亿元 |
| 金融机构人民币存款余额 | 176.1 万亿元 |
| 广义货币供应量(M2) | 180.2 万亿元 |

从表 11－3 中的数据，我们可以计算出货币供应量为：

$M=m\times MB=3.34\times 53.9=180.03$(万亿元)

这一结果同时也可以通过将货币供给的两个组成部分——通货与存款——加在一起来获得：

$M=C+D=7.1+176.1=183.2$(万亿元)

这两个结果与数据中的广义货币供应量(M2)的值比较一致。根据央行发布的这份报告，2018 年 9 月末，M2 同比增长 8.3%，增速比 6 月末高 0.3 个百分点。2018 年以来货币乘数较为稳定，M2 增速总体趋稳，保持在 8%以上，与名义 GDP 增速大体相当。

### 专栏 11－1

**如何看待年初以来基础货币的变化？后续市场流动性和货币政策将如何发展？**

2018 年初以来，银行体系流动性环境处于偏松状态，货币市场利率中枢有所走低，流动性分层现象也有所缓解。特别是《2018 年第一季度中国货币政策执行报告》中公布的 3 月末基础货币余额为 32.1 万亿元，相比年初减少 521 亿元，同比少减 6 071 亿元。为什么流动性环境的宽松与基础货币余额减少同时出现？

**一、基础货币余额同比大幅少减，货币政策边际上确然偏松**

根据 4 月 18 日公布的货币当局资产负债表，3 月末基础货币(储备货币)余额为 321 350.16 亿元，2017 年 12 月末基础货币余额为 321 870.76 亿元，基础货币余额减少了 520.6 亿元；2017 年 3 月末基础货币余额为 302 387.33 亿元，相比 2016 年 12 月末的 308 979.61 亿元减少了 6 592.28 亿元。2018 年一季度基础货币减少规模较 2017 年同期少减 6 071.68 亿元。这一数据与央行发布的《2018 年第一季度中国货币政策执行报告》中提到的“3 月末基础货币余额为 32.1 万亿元，相比年初减少 521 亿元，同比少减 6 071 亿元”相同。所以可以看出《2018 年第一季度货币政策执行报告》的数据准确无误，即‘同比少减’是指 2018 年 3 月末基础货币比年初减少 521 亿元，而上年同期(2017 年 3 月末比年初)则减少了6 592亿元，因此2018年一季度的减少量比上年同期要少6 071亿元，流动性总体保持适度宽松。

**二、定向降准是基础货币少减的主要原因**

2018年一季度央行通过逆回购、MLF、国库现金定存、SLF、PSL实现2 929亿元流动性净回笼，2017年同期流动性净回笼为3 338亿元，2016年同期则实现12 407亿元流动性净投放；2018年一季度基础货币余额较2017年同期少减6 071亿元，即除公开市场操作等流动性投放方式外，2018年一季度央行以定向降准等其他方式释放的流动性约为5 662亿元。1月份央行定向降准释放约4 500亿元基础货币，成为释放基础货币的主要因素。此外，随着金融监管的落地推行，货币乘数有所降低，叠加基础货币余额减少，M2增速继续走低。预计未来一段时间内M2增速仍将保持较低水平，随着M2增速指标意义的弱化，市场和投资者应当更加关注利率等价格型指标。特别是今年在防风险和降成本的背景下，我们认为监管政策和货币政策是疏堵结合，监管政策严格稳杠杆，货币政策总量稳健，结构宽松支持实体经济重点部位。另外，昨天公布的经济数据显示实体国内需求全面回落，加之欧元区经济开始放缓，我们认为全球利率周期已经进入下半场。未来，人民银行很可能再次开展降准操作缓解市场流动性，我们认为10年国债仍将回到3.4～3.6的区间。

资料来源：明明债券研究团队. 如何看待年初以来基础货币的变化？后续市场流动性和货币政策将如何发展？[OL]. http://www.sohu.com/a/231747916_481436.

**思考题：**

1. 为什么流动性环境的宽松与基础货币余额减少同时出现？
2. 什么是定向降准？其目的是什么？

---

**专栏11-2**

**都在谈降准？何为中国特色存款准备金？（节选）**

过去1个月关于降准与否牵动整个市场，面对传言，央行甚至选择报警追究责任。紧随其后，央行在一季度的货币政策执行报告中再次强调保持货币政策定力，强调“把好货币供给总闸门，不搞大水漫灌”；同时突出不同部委之间的政策协调性，以及货币政策传导机制。很显然，央行过去1年多“持续降准释放流动性的做法＋品种繁多的定向灌溉”短期走到头，央行希望未来的金融增长更多依赖微观层面打通传导机制，而不是依靠央行开总闸门。

**一、什么是存款准备金**

存款准备金是指金融机构为保证客户提取存款和资金清算需要而准备的资金，由金融机构缴存于其开立在央行的账户。存款准备金包括法定存款准备金和超额存款准备金。

法定存款准备金本来是一个央行管理商业银行的流动性工具，但随着过去80年银行监管技术的进步，目前银行流动性工具基本是依靠银行业监管机构发布的流动性框架LCR、LMR、NSFR、流动性缺口、最大10家负债依存度、同业负债不超过总负债1/3等几项重要监管指标或者银行自身的内部管理指标进行管理。随之，存款准备金逐步异化为央行宏观政策重要的工具。

尽管欧洲、美国、日本逐步都在取消或保持极低的准备金。但过去4年多中国央行在准备金领域进行了一系列创新,也取得了一些符合国内国情的成果。

法定存款准备金需要按照央行规定的比例缴存,这个比例就是存款准备金率。如果金融机构在央行的准备金存款账户出现透支,将受到央行包括罚息在内的相关处罚。

超额存款准备金是指每日日终(业务截止时间,也即清算窗口开启时间为17:15,清算窗口时间为17:15～20:30)金融机构在央行法定存款准备金账户(银行总行法人所在地央行开立)余额减去法定存款准备金的剩余部分。

"存款准备金"是央行管控信用货币的一种重要的手段,其实存款准备金也是银行为企业进行"支付清算"的时候可动用的头寸。这种头寸也是银行在进行"投资",包括进行银行间的回购等"资金交易"时真正可以动用的那部分头寸。

## 二、我国存款准备金制度

### (一) 很高的法定存款准备金率水平

盘点央行的资产负债结构以及中国特色的存款准备金制度,笔者认为,央行永久冻结商业银行20万亿存款准备金的同时,再以短期资金投放形式进行"精准"调节;后来央行官员孙国峰公开研究成果显示这正好是央行故意为之,具体参考《孙国峰:结构性流动性短缺的货币政策操作框架——一个分析央行准备金政策的框架》。

相比而言,其他国家的法定存款准备金水平非常低,欧洲央行基本上是零法定存款准备金,美国大部分存款账户也是零法定存款准备金,只有少数不稳定(大额交易账户)的账户才需要缴纳3%或10%的法定存款准备金。

美联储对交易账户1 600万美元以下的准备金率要求为0%,1 600万～12 230万美元的准备金率为3%,12 420万美元以上的准备金率为10%。

我国存款准备金经历了以下四个阶段的发展:

1. 1984～1998年:中央银行筹集资金手段

有别于国际惯常做法,我国最初建立存款准备金制度并不是为了满足金融机构支付清算的需要,而是央行通过存款准备金制度筹集资金,支持国家大型建设项目的融资需求。

我国存款准备金制度最早在1984年建立,彼时央行按存款种类规定了法定存款准备金率,例如,企业存款为20%,城镇储蓄存款为40%,农村存款为25%。过高的法定存款准备率使得专业银行流动性严重不足,央行再将缴存的存款准备金通过再贷款的形式返还给专业银行,用于支持重点产业和项目的资金需要。

由于过高的法定存款准备金率带来流动性问题,1985年开始,央行将法定存款准备率统一调整为10%。为了抑制通货膨胀,央行分别在1987年和1988年两次上调存款准备金率至13%,这一比例一直维持至1998年3月。

这一时期,金融机构缴存在央行的法定准备金存款不能用于支付和清算,为满足资金日常营运的需要,当时金融机构需在央行再设一个存款账户,即备付金存款账户,专门用于办理资金收付。根据央行的规定,备付金率要求保持在5%～7%的水平,实质上构成了事实上的第二次法定存款准备金制度。

相比而言，现在多数银行的法定存款准备金账户和总行开在央行的清算账户合二为一，日间支付清算可以很方便地动用法定存准。

2. 1998～2004年：存款准备金改革和发展

为更好地发挥准备金制度在货币信贷调控中的作用，1998年3月，人民银行下发《关于改革存款准备金制度的通知》(银发[1998]118号)，对金融机构的存款准备金制度进行了重大改革：

将各金融机构在人民银行的“准备金存款”和“备付金存款”两个账户合并，统称为“准备金存款”账户。

法定存款准备金率由13%下调至8%，准备金存款账户超额部分的总量及分布由各金融机构自行确定。

对各金融机构的法定存款准备金按法人统一考核。

准备金按法人存放和考核，有利于加强金融机构系统内资金调度和管理。同时，账户的合并健全了存款准备金的支付清算功能，有利于发挥准备金工具作为货币政策手段的作用。

这一时期，由于受亚洲金融危机的影响，我国经济增速快速下滑，加上之前的高通胀迅速下降并转为通缩，为此，中国人民银行大幅降低存款准备金率，增加了金融机构的可用资金，用来支持实体经济的发展。

3. 2004～2011年6月：长期冻结流动性的利器

2003年以后，我国经济实现快速增长，国际收支持续顺差，人民币面临明显的升值压力，为维护人民币汇率基本稳定，央行大规模购汇，增加了市场流动性。

为了保持流动性合理适度，人民银行不得不加大公开市场操作的力度，例如，2003年4月创设发行中央银行票据来进行大规模的流动性对冲，中央银行票据年发行量很快就从当年的7 200亿元增长到了2010年的4万亿元左右。

然而，央票成本发行较高，最终极大地限制了中央银行公开市场操作的空间。央行同时也大规模运用存款准备金政策对冲外汇占款，深度冻结银行体系过剩流动性，解决市场流动性过剩的问题。

自2003年9月首次上调存款准备金率到2011年6月末，人民银行共上调存款准备金率32次，存款准备金政策成了央行主要货币政策操作工具。

4. 2011年12月至今：主动投放流动性的有效工具

这一时期，我国外汇占款增加额大幅萎缩，为应对这一变化，从2011年四季度开始，人民银行8次降低存款准备金率以增加银行体系流动性供应，增强金融服务实体经济能力。尤其是2014年之后，在坚持不搞“大水漫灌”的前提下，主打“滴灌”的货币政策。尽管这种“滴灌”从中长期看效果非常有限，但短期对金融机构有一定的传导压力，政策效果也能有一些。

此外，在外汇占款渠道投放基础货币出现阶段性放缓的情况下，为保持银行体系流动性总体平稳适度，根据流动性需求的期限、主体和用途，央行搭配使用准备金、公开市场操作以及中期借贷便利(MLF)等工具组合，提高调控的灵活性、针对性。这是一个货币政策工具创新的时期。

(二) 中国特色的高法定存款准备金

2014 年,人民银行引入了定向降准考核机制,对"小微"和"三农"的贷款存量或增量达到一定标准的商业银行实施更加优惠的存款准备金率,简称"滴灌"。每年 2 月,对上年度金融机构信贷"支农支小"情况进行考核,对满足审慎经营要求且"三农"或"小微"贷款达到标准的商业银行,实施优惠存款准备金率,未满足的不再继续享受优惠。

2014 年以来,央行定向降准前前后后多达十几次,不过,央行在 2015 年 10 月之后,对于定向降准的标准做过一次重要修订。因此,我们以此为分水岭,将这一过程分为两大阶段。

1. 第一阶段: 2014 年 6 月到 2015 年 10 月

这个阶段总共降准 5 次,但总体上定向降准的执行口径都是按照 2014 年 6 月的标准,其间没有太大的变化。该阶段均只有一档的定向降准标准,而且非常严格地执行"涉农"或者"小微"贷款增量 30%和存量 50%的标准。所有大行和多数股份制银行都达不到这个要求。

2. 第二阶段: 从 2015 年 10 月至今

从 2015 年 10 月银发 327 号文开始,央行首次将定向降准的标准修订为二档。其中,第一档非常容易达标,只要"小微"或"涉农"贷款其中一项增量达到 15%即可,而大行也基本在第一档的执行口径里。相对而言,在 2015 年 10 月份定向降准的口径下,达到第二档非常难(尤其是增量 50%使得难度增加)。

2017 年 9 月,银发 222 号文将考核口径扩大到普惠金融重点领域。总体来看,2017 年新引入的普惠金融领域贷款增量 10%和余额达到 10%(第二档)似有难度,但难度较之前有所降低。所以,大幅度降低了定向降准达标难度。

2018 年以来,央行总共 4 次降准,释放资金主要用于支持市场化、法治化"债转股"项目及缓解"小微"企业融资难、融资贵,并明确把降准与置换中期借贷便利(MLF)相结合。

资料来源: 孙海波. 搜狐网 http://www.sohu.com/a/309643928_120053281.

**思考题:**

1. 存款准备金的基本要素有哪些?

2. 法定存款准备金如何从流动性管理工具转变为货币政策工具?

3. 如果央行不降准,也不通过其他方式释放流动性或基础货币,致力于打通货币传导机制,央行还能做什么?

## 本章小结

1. 货币供给过程有三位参与者: 中央银行、银行(存款机构)和储户。中央银行不能直接创造货币供给,中央银行创造的是基础货币。

2. 基础货币又称高能货币。基础货币是流通中的现金与银行体系的准备金之和($M=C+R$),这两项构成了中央银行资产负债表中的负债项。

3. 中央银行通过公开市场操作(购买或者出售政府债券),或者向银行体系发放贴现贷款来控制基础货币量。央行的资产项目中包括了其在公开市场操作中购买的政府债券,以及向银行发放的贴现贷款。

4. 银行体系可以实现存款的多倍扩张。因为随着每个银行发放贷款和创造存款，准备金通过各种途径流入其他银行，而接受准备金的银行可以继续将之用于发放贷款和创造新的存款。在简化的多倍存款创造模型中，银行不持有超额准备金，储户不持有现金，存款增加的倍数(简单存款乘数)等于法定准备金率的倒数 $\Delta D=\frac{1}{r}\times\Delta R$。

5. 简化的多倍存款创造模型有严重的缺陷。银行出于应对存款外流的需要，通常会保有一定量的超额准备金，而且储户也有持有现金的需求，这两方面的影响会使得存款的扩张程度小于简化模型。中央银行、银行和储户三位参与者的行为对货币供给的决定都非常重要。货币乘数的公式可以写成 $m=\frac{C/D+1}{C/D+R/D}$ 或者 $m=\frac{c+1}{c+r+e}$。

## 关键术语

| | | | | |
|---|---|---|---|---|
| 贴现贷款 | 货币乘数 | 法定准备金率 | 现金比率 | 贴现率 |
| 多倍存款创造 | 法定准备金 | 超额准备金 | 基础货币 | 公开市场操作 |
| 简单存款乘数 | | | | |

## 思考题

1. 假如小明将过年收到的压岁钱500元从储蓄罐里拿出来，并且将其存入了银行存款账户。这一行为会如何影响基础货币或者是货币供给，请对此加以分析。

2. 如果央行将100万元的政府债券出售给第一银行，准备金和基础货币会怎样变化？试用“T”形账户解释你的答案。

3. 如果央行将100万元的政府债券出售给个人投资者小明，而小明用现金进行支付，准备金和基础货币会怎样变化？试用“T”形账户解释你的答案。

4. 如果央行向第一银行发放了100万元贴现贷款，银行体系的存款总额会发生怎样的变化？试用“T”形账户来说明(假定法定存款准备金率为10%)。

5. 如果央行向第一银行购买了100万元的债券，所有存款的10%都被银行当作超额准备金计提，且法定存款准备金率为10%。请问银行体系存款总共增加了多少？运用“T”形账户来说明多倍存款扩张每一步的情况。

# 第十二章
# 货币需求

一个国家要铸造多少货币才能满足流通的需要？这是货币政策选择的出发点，也是货币需求理论需要研究的问题。归纳各种货币需求理论，其研究思路大致有两种：一是从宏观的角度分析，将货币看作流通手段，研究在货币流通速度不变的条件下，一个国家需要多少货币供应的问题。二是从微观角度出发，将货币视作一种资产，考察微观主体持有货币的动机和行为。最终将货币需求问题转化为人们在收入和财富中如何选择货币资产持有量的问题。本章将介绍古典货币数量论、凯恩斯货币理论以及弗里德曼的现代货币数量论。

## 第一节　古典货币数量论

货币数量论是一种以流通中的货币数量的变动来解释商品价格变动的货币理论，其基本观点是：商品价格水平和货币价值取决于货币数量。在其他条件不变的情况下，商品价格水平与货币数量成正比，货币价值与货币数量成反比。货币数量论最早由让·博丹在16世纪提出，后又经过休谟、费雪、马歇尔、庇古、弗里德曼等经济学家的不断完善，现已成为一个成熟的货币理论。

### 一、费雪方程式——现金交易说

古典货币数量论在美国经济学家欧文·费雪的《货币的购买力》一书中得到了最清晰的阐释。其思想可以用费雪交易方程式来表示：

$$MV = PY \tag{12-1}$$

其中，$M$ 表示货币供应量。$P$ 代表物价水平，$Y$ 代表收入(总产出)，通常也可以代表一定时期内商品和劳务的交易总量。这样，$P\times Y$ 就可以看作经济体的名义总收入或名义GDP。$V$ 代表一段时期内货币流通速度，也可以理解为一年中1单位货币用于购买经济体所生产的最终产品和劳务的平均次数。例如，如果一国某年的名义GDP($P\times Y$)为2万亿美元，货币供应量为1万亿美元，则货币流通速度为2。这表示每1美元在一年内平均2次被用于购买最终产品或服务。

费雪方程式表明货币供应量与流通速度的乘积(即货币总量)等于价格水平与总收入的乘积。在货币经济中，式(12-1)显然是成立的。

费雪从恒等式出发，做了两个前提假设：(1) 货币的流通速度在短期内不变。费雪认为，货币流通速度取决于人们的支付习惯、技术手段、产业结构等与货币量无关的因素，这些因素是随着时间而缓慢改变的，因此在短期，货币流通速度是相当稳定的。(2) 在充分就业产出的条件下，短期总产出(实际货币交易量)也可视为一个常量。将常量用上划线的字母表示，则式(12-1)可变为：

$$M\bar{V} = P\bar{Y} \tag{12-2}$$

式(12-2)意味着当货币供应量增加时，名义收入也将同比例增加。此外，通过这个式子还可以得到：

$$P = \frac{M\bar{V}}{\bar{Y}} \tag{12-3}$$

由式(12-3)可以得知，货币供应量增加一倍，短期内价格必然也会翻一倍。因为货币流通速度以及产出在短期都是不变的。货币数量论提供了对物价水平变动的一种解释：物价水平的变动仅仅源于货币数量的变动。

费雪进一步认为，交易技术和制度因素对流通速度的影响相当缓慢，因此短期内货币流通速度可以看作一个常数。考虑 $V$ 是一个常数，令 $k = \frac{1}{V}$，则有：

$$M = k \times PY \tag{12-4}$$

式(12-4)就是传统货币数量论导出的货币需求函数。它表明：货币需求完全取决于货币流通速度和名义国民收入。根据货币数量论的观点，货币流通速度是一个相对固定的量，所以货币需求取决于名义国民收入，利率对货币需求没有任何影响。

## 二、剑桥方程式——现金余额说

剑桥的经济学家马歇尔、庇古等人在费雪数量论的基础上发展出了一种货币需求理论。该学派在研究货币需求问题时重视微观主体的行为。他们认为，货币是一种资产，经济体系中个人对货币的需求，实质上是选择以怎样的方式保持自己资产的问题。他们讨论哪些因素决定了人们对这种资产的需求，最终得出货币量和价格水平同比例变动的货币数量论观点。

在他们看来，影响人们持有货币量的因素主要有以下几个：一是个人的财富总额。货币需求受到个人财富的限制，财富越多，所需的货币也越多。二是持有货币的机会成本。持有货币虽然可以方便交易，但不产生收益。因此，人们必须考虑将多余的货币投入货币以外的收益资产中去。三是货币持有者对未来收入、物价等的预期。当人们预期未来物价要上涨时，会增加消费支出，减少因物价上涨造成的货币贬值带来的影响。

剑桥学派的经济学家虽已考虑到影响货币需求的多种因素，但最后并没有将它们全部写入货币需求方程中，而仅仅考虑了国民收入与货币需求之间的关系。这样，方程式被写为：

$$M^d = k \times PY \tag{12-5}$$

式(12－5)中的 $k$ 为比例系数，它代表了人们愿意以货币形式持有的财富占名义收入的比例；$Y$ 代表总收入；$P$ 代表物价水平。当货币市场均衡时，人们持有的货币数量 $M$ 就等于货币需求量 $M^d$。由此可以得到著名的剑桥方程式：

$$M = k \times PY \tag{12-6}$$

如果令 $k=\frac{1}{V}$，那么剑桥方程式与费雪交易方程式就一致了。

在货币数量论中，货币流通速度被认为是常数，货币的需求仅仅是收入的函数，利率、通货膨胀率等因素对货币需求没有影响。然而事实真的是这样吗？实证研究表明，即使在短期内，货币流通速度也相当剧烈。例如，1981～1982 年间，美国遭遇严重的经济衰退，在这期间 M1 的流通速度下降了 2.5％。遗憾的是，由于第二次世界大战之前并没有关于国民收入以及货币供应量的数据，古典经济学家并没有意识到将货币流通速度视为常量是错误的。但是，货币数量论开创了一个新的视角，此后关于货币需求的讨论不是流通中需要多少货币而是人们希望持有多少货币，凯恩斯的流动性偏好理论正是基于这个观点建立起来的。

## 第二节　现代货币需求理论——凯恩斯流动偏好理论

凯恩斯在《就业、利息与货币通论》中放弃了古典学派视货币流通速度不变的观点，提出了一种受利率影响的货币需求理论。当时，凯恩斯在剑桥大学就职，他自然而然地遵循了剑桥前辈创立的研究方法，进一步深入考察了财富的三种用途，即消费、投资和保持在手中用于不时之需，提出了人们需要货币的三种动机——交易动机、投资动机和预防动机，并且比剑桥前辈们更加精细地分析了影响个人决策的因素。凯恩斯把他的货币需求理论称为流动性偏好理论。

### 一、持有货币的三种动机

凯恩斯将人们持有货币的动机分为三类：交易动机、预防动机和投机动机。相应地，货币需求也被分为：交易性需求、预防性需求和投机性需求。

#### (一) 交易性需求

交易性需求，是指人们持有货币是为了满足正常的交易活动。由于收入和支出在时间上是不同步的，人们必须持有足够的货币来支付日常需要的开支。出于这种动机所需要的货币，就是货币的交易性需求，它取决于收入水平、惯例以及交易制度。而惯例和交易制度在短期内是稳定的，可视为不变。因此，凯恩斯认为货币的交易性需求主要取决于收入，收入越高，交易性需求越大，即货币的交易性需求与收入成正比。在这一点上，凯恩斯的观点与古典学派一致。

### （二）预防性需求

预防性需求，是指人们为了预防意外支出而需要持有一部分货币的动机。预防性需求产生于未来收入和支出的不确定。例如，人们为了应对事故、失业、疾病等意外事件，需要事先持有一定数量的货币，这部分货币就是预防性需求的一部分。又如，某人一直想买一套特定式样的大衣，在她偶然途经一家商店时，发现这款大衣正在以五折削价出售。这时，如果她持有为预防此类事件的货币，就可立即购买；否则，就会错失良机。

凯恩斯认为，货币的预防性需求主要取决于人们对未来事件的看法和人们对未来交易的预期。但从全社会的角度看，这些未来的交易也大体上与收入成正比，从而可认为货币的预防性需求也与收入成正比。凯恩斯对货币的预防性需求的认识，使得凯恩斯的分析超越了古典分析的框架。

### （三）投机性需求

凯恩斯认为货币具有贮藏手段的职能，并且把人们用货币来保有财富的动机，称为投机动机。具体来说，人们把财富以货币形式保存下来，而不以证券或实物的形式保存，是为了在合适的时机买入证券或其他收益资产，利用利率或证券价格的变化进行投机。人们出于投机动机而持有的货币，就称为货币的投机性需求。

凯恩斯同意马歇尔、庇古等剑桥学派经济学家认为人们出于财富贮藏动机而持有的货币量与收入成正比的观点，但同时更强调利率对这部分货币需求的不容忽视的影响。他把财富分为两类：货币和债券。债券能带来收益，而闲置货币没有收益。债券价格与债券利率呈反向变动，利率上升，债券价格下降。人们通过低价买进债券、高价卖出债券来获利。当利率较低时，债券价格较高，因此卖出债券的数量较大，即债券转化为货币的数量较大，说明货币的投机性需求较大；相反，当利率较高时，债券价格较低，人们便要用手中的货币购买债券，因而手持货币数量减少，即投机性货币需求减少。换句话说，如果人们预期利率上升，即预期债券价格下降，说明当前处于低利率、高价格时期，因而要抛售债券，将其转化为货币持在手中，于是投机性需求增加；相反，如果预期利率下降，即预期债券价格上升，说明当前处于高利率、低价格时期，因而人们决定用手中的货币购买债券，导致手中所持有的货币减少，投机性需求减少。于是，凯恩斯得出结论：利率上升导致货币需求下降，货币需求与利率呈负相关。

凯恩斯货币需求理论还提出了“流动性陷阱”的问题。即当利率很低时，由于人们预期未来利率会上涨，债券价格会下降，因而没有人愿意持有债券，所有人都持币待购。这使得货币需求的利率弹性接近于无穷大。由此可知，中央银行在“流动性陷阱”区域采取扩张性的货币政策是没有效果的，因为新增的货币供应量都会被无限大的投机性货币需求所消化。

## 二、凯恩斯货币需求函数

凯恩斯把人们持有货币的三种动机综合起来，放入货币需求公式中。同时，他还对货币需求的名义数量和实际数量进行了严格区分。用 $P$ 表示物价水平，那么 $1/P$ 就表示单位货币的购买力，即货币的价值。用 $M^d$ 表示货币需求的名义数量。例如，如果所有商品的价格都涨了一倍，那么同样数量的名义货币就只能购买原来所能购买的商品的一半。人们持有货币是为了以货币形式保持购买力，因此凯恩斯推断，反映人们持有货币的三种动机的货币需求量应该是货币需求的实际数量，即扣除了货币购买力影响之后的货币数量：$M^d/P$。

凯恩斯将与实际收入呈正向关系的交易性需求和预防性需求归纳在一起，称为 $L_1$，它随着实际收入的增加而增加：

$$L_1 = L_1(Y),\ \frac{dL_1}{dY} > 0 \tag{12-7}$$

把投机性需求记作 $L_2$，随着利率的上升，人们会选择持有收益资产而减少货币需求：

$$L_2 = L_2(i),\ \frac{dL_2}{di} < 0 \tag{12-8}$$

把式(12-7)、式(12-8)加总起来就可以得到货币需求函数：

$$\frac{M^d}{P} = L_1(Y) + L_2(i) \tag{12-9}$$

从式(12-9)可知，货币实际需求与收入成正比，与利率成反比。

将利率引入货币需求的影响因素中是凯恩斯理论相对于古典货币学说的一大进步。根据凯恩斯理论，货币实际需求在短期不再是稳定的，而是会随着利率的变化出现大幅波动，而且这种波动也是难以预测的。同时，在货币需求出现较大幅度波动时，货币流通速度也会出现波动。结合费雪交易方程式，在货币市场均衡的情况下(即货币需求等于货币供给)，货币流通速度满足如下等式：

$$V = \frac{PY}{M^d} = \frac{Y}{L_1(Y) + L_2(i)} \tag{12-10}$$

也就是说，货币流通速度和货币需求成反比。短期利率升高会引起货币需求减少，使得货币流通速度增加；反之，货币流通速度随着利率降低而减小。而利率又是顺周期的，经济扩张时，利率上升；经济衰退时，利率下降。在货币流通速度变化很大的情况下，货币量 $M$ 与名义收入 $PY$ 之间的关系也不再稳定。名义收入不一定与货币量成正比。例如，当货币供应量增加时，利率也随之下降并引起货币需求的增加，这会降低货币流通速度。这样，货币供应量的增加被货币流通速度的降低所抵消，从而不会对名义收入造成影响。

凯恩斯的货币需求模型还揭示了引起货币流通速度大幅波动的另一个原因：人们对利率的预期。假如人们预期未来利率会升高，则未来债券价格会下降，持有债券的人会卖出债券转而持有货币，引起货币需求增加，从而导致货币流通速度下降。

综上可以看出，凯恩斯货币需求理论与费雪货币需求理论大相径庭。它们之间的最大区别在于货币流通速度是否可变。凯恩斯反对把货币流通速度视为常数有两条理由：一是货币流通速度与波动剧烈的利率正相关；二是人们对利率变动的预期也将影响货币需求，从而影响货币流通速度。

## 三、凯恩斯货币需求理论的发展

第二次世界大战后，一批受凯恩斯影响的经济学家对凯恩斯提出的持有货币的三种动机进行了更深入细致的研究，从而进一步发展了凯恩斯货币需求理论。这些研究主要围绕货币需求对利率是否敏感这一重要问题展开讨论。

**(一) 交易性需求**

在凯恩斯流动性偏好理论中，交易性需求主要由收入决定，而与利率无关。然而，20世纪50年代后，威廉·鲍莫尔(William J. Baumol)和詹姆斯·托宾(James Tobin)创建了一个模型，证明交易性需求同样受利率影响。

鲍莫尔-托宾模型假设一个消费者每隔一段时间就会收到一笔固定的收入 $Y$，并且在这段时间内将这笔收入均匀地花出去。如果该消费者在期初收到这笔收入后，全部以现金的形式持有，然后将它均匀地用于消费，到期末全部花完。这样，该消费者在这个时期持有的平均货币额为 $\frac{Y}{2}$(期初和期末的平均值)。但是，持有货币是没有利息收入的，假设债券的收益率为 $i$，那么这段时期该消费者的利息收入损失为 $\frac{Y}{2}\times i$。

为了获得一定的利息收入，消费者会将手中闲置的一部分货币用于投资债券。用于投资债券的货币数量越多，所获得的收益也越多。在极端情况下，消费者会在期初将所有货币用于投资债券，在需要进行交易时卖出一部分债券换回货币，这样便可达到利息收入最大化。然而，买卖债券是存在交易成本的。除了耗费时间和精力外，还需支付一定的手续费。当交易次数增加到某一水平时，交易成本便会超过利息收入。因此，消费者必须对持有货币与债券的量进行权衡。持有的货币过多会损失利息收入，而过多购买债券又会使交易成本增加。一个理性的决策者将会选择一个最优的货币持有量，使得利息损失与交易成本之和最小。下面将介绍如何寻找最优交易性货币持有量 $L^*$。

假设消费者在期初全部以债券形式持有收入 $Y$，并且定期出售 $Q$ 数量的债券以获得交易所需的货币，这样出售债券的次数为 $\frac{Y}{Q}$。设每次出售债券的交易成本为 $B$，则总交易成本为 $B\times\frac{Y}{Q}$。而在这一段时期内，该消费者平均持有的货币数量为 $\frac{Q}{2}$，由此可算出损失的利息收入为 $i\times\frac{Q}{2}$。将交易成本与利息损失相加便可得到总成本 $C$ 的表达式：

$$C = B\times\frac{Y}{Q} + i\times\frac{Q}{2} \tag{12-11}$$

为了找到使总成本最小的 $Q$，我们对式(12－11)中的 $Q$ 求一阶导数：

$$\frac{\partial C}{\partial Q} = -B\times\frac{Y}{Q^2} + \frac{i}{2} \tag{12-12}$$

令式(12－12)等于零，便可解出使总成本最小的债券出售量 $Q^*$：

$$Q^* = \sqrt{\frac{2BY}{i}} \tag{12-13}$$

相应地,我们也可以得到最优交易性货币持有量:

$$L^{*}=\frac{Q^{*}}{2}=\frac{1}{2}\sqrt{\frac{2BY}{i}} \tag{12-14}$$

式(12-14)便是著名的“平方根公式”,它表明货币的交易性需求与收入和债券交易成本成正比,而与利率水平成反比。

### (二) 预防性需求

关于货币的预防性需求的模型是沿着类似于鲍莫尔-托宾模型的分析框架发展起来的,本章不再做详细的论述。在讨论货币的预防性需求时,同样面临着货币持有机会成本的问题。随着利率的上升,持有预防性货币的余额的机会成本也随之上升,因此持有预防性需求的货币量就会下降。由此可以得出一个与鲍莫尔-托宾模型类似的结论,即预防性货币需求与利率负相关。

### (三) 投机性需求

凯恩斯理论认为,从投机的角度来讲,人们对持有货币或债券的数量仅仅取决于它们的报酬率。据此可知,只有当货币和债券的收益率相等时,人们才会同时持有货币和债券两种资产;否则,人们要么全部持有货币,要么全部持有债券,这明显与现实不符。因此,詹姆斯·托宾将马科维茨(H. M. Markoweitz)的方差-均值分析法引入货币需求理论中来解决凯恩斯理论的缺陷。

托宾认为,人们可以选择不同的货币与债券组成的资产组合来持有财富。在确定持有的资产组合时,人们不仅关注一种资产相对另一种资产的预期回报率,同时也要考虑不同资产组合的风险。对于一个风险规避者来说,若给定资产组合的预期收益率,那么他希望在一定的预期收益率下风险最小;或者在风险不变的情况下获得最大的预期收益率。要使风险规避的投资者对投资两个不同的资产组合的选择感到无差异,那么其中一个风险较大的资产组合必须有着较高的预期收益率。也就是说,任何资产组合风险的增加必须伴随着收益率的增长才能保持对投资者的吸引力。特别地,随着风险的增加,每增加一单位风险所需补偿的收益率增加量也越来越大。风险规避者对于资产组合的无差异曲线如图 12-1 所示。

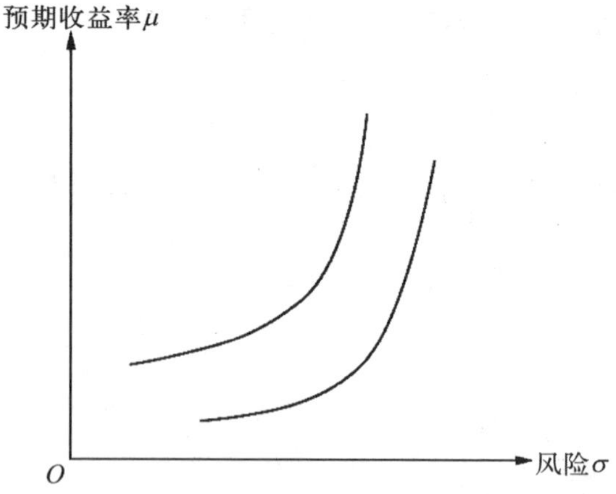

**图 12-1 风险规避者的无差异曲线**

根据以上分析,如果某种资产的风险很小,即使该资产的预期收益率比较低,人们也愿意持有该种资产。托宾假定货币的风险和预期收益率都为零;与此对应的债券价格波动剧烈,较高的收益率伴随着高风险,有时收益甚至为负。因此,即使债券的预期收益率超过货币的预期收益率，人们仍然愿意持有一定数量的货币，因为货币的风险比债券小。托宾理论表明，人们可以通过同时持有债券和货币的资产组合来降低总体投资风险。这种分析相对于凯恩斯的分析更加符合现实情况。

在托宾理论的基础上进一步分析还可以发现利率变化对货币投机性需求的影响。由于利率的上升会使对应的每一既定风险水平的债券的收益率增大，因此在风险条件下人们会选择持有更多债券。由此可知，利率与货币的投机性需求呈负相关。

托宾将风险这一因素引入货币需求的分析中在一定程度上弥补了凯恩斯理论的不足，为货币需求理论开创了一个新视角。但托宾理论对投机性货币需求是否存在这一问题仍然没有完全解决。举例来说，现实中存在的一些债券如美国国债，它们的违约风险几乎为零，同时又有可观的收益，那么人们为什么还愿意将货币余额作为财富贮藏的手段呢？

总的来说，对凯恩斯理论的进一步发展都强调利率对货币需求的影响，它们都证明了凯恩斯关于货币流通速度不是一个常数的观点，从而进一步动摇了货币数量论的理论基础。弗里德曼对货币数量论的表述是从货币需求入手的，但他没有像凯恩斯一样具体分析人们持有货币的动机，而是认为影响资产需求的因素也必定会影响货币需求。

## 第三节 弗里德曼的货币需求理论

1956 年，弗里德曼发表了《货币数量论——一种新的阐释》①，从而开创了现代货币数量论。伴随这一理论一同诞生的是一个崭新的宏观经济学派——货币主义学派。它对凯恩斯主义宏观经济学形成了有力的挑战。

### 一、弗里德曼货币需求函数

与凯恩斯一样，弗里德曼将货币需求视为财富所有者的资产配置行为。在凯恩斯的分析中，货币以外的金融资产全部用债券来代替。而弗里德曼将资产的选择范围扩展到了债券、股票以及各种实物资产，由此得出了不同的结论。

在弗里德曼的货币需求函数中，人们以货币形式持有财富的愿望受以下因素的影响：

#### (一) 财富总量

由于生活中的财富总量很难衡量，所以一般用收入来估计。但是，弗里德曼认为用现期收入作为衡量财富的指标是有缺陷的，因为现期收入有很多波动。例如，在经济扩张阶段，收入迅速增长；在经济衰退期，收入又迅速下降。但这种上升、下降中的很大一部分是暂时性的，平均长期收入的波动幅度会小于现期收入的波动幅度。因此，弗里德曼提出永久性收入概念，它是指消费者在较长一段时间内所能获得的平均收入，并将永久性收入作为衡量财

---

① Milton Friedman. "The Quantity Theory of Money: A Restatement". in Studies in the Quantity Theory of Money, ed. by Milton Friedman (Chicago: University of Chicago Press, 1956), pp. 3 - 21.

富的代表。由于一种资产的需求与财富成正相关,货币需求也与弗里德曼的财富概念即永久性收入成正比。

**(二) 财富在人力与非人力形式上的划分**

人力财富是指个人的谋生能力,非人力财富是指物质财富。弗里德曼认为,人力财富对非人力财富的比率是影响货币需求的重要因素。由于人力形式的财富向非人力形式转化受到社会环境的影响而存在局限性,所以人力财富的流动性很低。当人力资本占总财富的比重较大时,说明总财富的流动性就比较低,因此对流动性高的资本的需求就大。因此,人力资本在总财富中占的比例越大,对货币的需求就越大;非人力财富占的比例越大,对货币的需求就越小。

**(三) 持有货币的预期报酬率**

持有货币的收益主要包括银行为存款支付的少量利息以及存款带来的支付便利和服务,如银行自动为存款人支付各类账单。

**(四) 持有货币的机会成本**

持有货币的机会成本包括任何支付的所得或所支,如债券和股票的利息收入、使用货币购买的实物资产的保管费用等。这些项目的价格变动也会影响货币支付的收支,如股票、债券价格的波动以及实物资产的增值与折旧。

通过以上分析,弗里德曼得到了下面的货币需求函数:

$$\frac{M^d}{P} = f\left(Y_p,\ \omega,\ r_m,\ r_b,\ r_e,\ \frac{1}{P}\cdot\frac{dP}{dt}\right) \tag{12-15}$$

其中:$\frac{M^d}{P}$ 为实际货币需求;$Y_p$ 为实际持久性收入,用来表示财富;$\omega$ 为非人力财富占总财富的比例;$r_m$ 为货币的预期名义收益率;$r_b$ 为债券的预期名义收益率,包括债券的资本利得;$r_e$ 为股票的预期名义收益率,包括股票的资本利得;$\frac{1}{P}\cdot\frac{\mathrm{d}P}{\mathrm{d}t}$ 为商品价格的预期变化率,即实物资产的预期名义收益率。

在上述货币需求的影响因素中,$Y_p$、$r_m$ 与货币实际需求成正比,$\omega$、$r_b$、$r_e$、$\frac{1}{P}\cdot\frac{\mathrm{d}P}{\mathrm{d}t}$ 与货币实际需求成反比。

## 二、弗里德曼现代货币数量论

从上面的货币需求函数我们可以得到现代货币数量论的几个结论:

首先,分析货币需求函数可知,货币需求对利率不敏感。当利率提高时,虽然其他资产的预期收益率会提高,但货币的预期收益率同样会提高。这是因为在利率升高时,银行可以从贷款中获得更高收益。为了放出更多贷款,银行需要更多的存款,因此会提高存款的利息或提供更好的服务来吸引存款。由于该行业是竞争性的,银行对存款的竞争将一直持续到没有超额利润为止。在这一过程中,贷款与存款之间的利差逐渐缩小直至为零。利率的上升提高了货币与其他资产的预期收益率,而它们对货币需求的作用相反,使得货币的需求保持相对稳定。弗里德曼认为,由于货币和其他资产的预期收益率往往是同向变化的,所以影响货币需求的主要因素是永久性收入。这个观点暗示着货币需求是相当稳定的,因为永久性收入不会经常上下波动。

其次,弗里德曼认为货币需求与其影响因素之间的关系也是稳定的,即货币需求函数稳定。利用过去数据估计出来的货币需求函数可以预测未来的货币需求。

结合上述观点,由式(12-15)可知,当货币市场供求平衡时,只要货币需求以及货币需求函数是稳定的,货币流通速度就也是相对稳定的。当货币供给量发生变化时,只要将货币流通速度代入交易方程,就可以估算出名义国民收入变动。这从另一方面支持了货币数量论中关于货币供给决定名义收入的观点。

$$V=\frac{Y}{M^d/P}=\frac{Y}{f(Y_p)} \tag{12-16}$$

## 三、现代货币数量论与传统理论的不同

弗里德曼的现代货币数量论与传统货币数量论的不同主要体现在:第一,货币流通速度不再假定为一个常数,而被认为是一个稳定的、可测的变量。第二,弗里德曼放弃了经济持续处于充分就业水平的假设,因此货币供应量的变化也会引起短期实际国民收入的变化。然而,货币供应量的变化在多大程度上会改变国民实际收入则要视其他条件而定。

另外,现代货币数量论在某些观点上与凯恩斯理论也存在着明显的不同。首先,凯恩斯仅仅考虑货币与生息资产之间的选择,而弗里德曼所考虑的资产选择范围则要广泛得多,它不仅包括货币、证券,还包括人力财富和实物资产。其次,弗里德曼没有像凯恩斯那样将货币的预期收益率视为零,而是把它当作随着其他资产收益率的改变而发生同向变动的变量。这两点的不同使得他们对货币函数的理解完全不同,并导致了货币对其他经济变量影响过程的不同见解。

**专栏 12-1**

### 货币需求的实证研究

凯恩斯主义与货币主义货币需求理论的分歧可以归纳为三个经验上的问题,那就是:

(1) 货币需求对利率是否敏感?

(2) 货币需求函数的稳定性如何?

(3) 货币流通速度的稳定性如何?

上述三个问题不仅涉及货币需求理论本身,而且涉及货币对经济的作用、货币政策及财政政策的相对重要性,以及货币政策的具体操作等一系列重大的理论和现实问题。因此,经济学家对它们进行了大量的研究,这里我们将简要地介绍一下他们的研究结果。

### 一、货币需求对利率的敏感性

较早对这一问题进行经验研究的是詹姆斯·托宾。他把货币分为交易余额和闲置余额,并利用1922～1941年间的美国经济资料证明,闲置金额确实与利率呈明显的反向关系。托宾由此推论说货币需求对利率是敏感的。托宾的研究在方法论上有一定的问题,那就是交易余额与闲置余额实际上是很难划分开来的,而且正如他自己后来的理论所证明的那样,交易性需求实际上也受到利率的影响,但是货币需求具有利率敏感性(也就是从统计学意义上说,利率对货币需求的影响是显著的)的观点却为后来的大量经验研究,包括货币主义者进行的经验研究所证实。例如,货币主义者阿伦·梅尔泽(Allan Meltzer)曾利用美国1900～1958年的有关资料,对货币需求函数进行回归。他发现利率对货币需求的作用非常显著。梅尔泽还通过比较发现,非人力财富是一个比现期实际收入和持久性收入都更有力地解释货币需求的变量。另一个货币主义者,英国经济学家大卫·莱德勒(David Laidler)则利用1892～1960年的美国资料对货币需求函数进行了回归。他的研究同样发现货币需求对利率具有敏感性。上述结果表明,在货币需求对利率是否敏感这一问题上,凯恩斯主义的观点也许是更为符合实际的。

### 二、关于货币函数的稳定性

货币需求函数的稳定性关系到货币需求与其相关的解释变量(包括利率)之间的对应关系是否会随着环境的改变而发生较大波动的问题。只有当货币需求函数本身较为稳定,不会发生预测不到的大幅度位移,它才可能具有较强的理论意义或实践意义。

在这个问题上,就美国的情况而言,1974年通常被认为是一个分界点。在此之前,货币需求函数是相当稳定的。经济学家卡尔·布伦纳(Karl Brunner)和阿伦·梅尔泽证明,即便是利用20世纪30年代那样一个政治、经济和社会高度动荡时期的数据估计出来的货币需求函数,也能够很好地预测战后的货币需求。另一名经济学家史蒂芬·戈德菲尔德(Stephen Goldfield)利用美国战后季度数据进行的研究也有力地证实了货币需求函数的稳定性。

但是自从1974年开始,传统货币需求函数对货币需求的预测都出现了系统性的误差。从1971年到20世纪70年代末,根据传统货币需求函数估计出来的货币需求持续地高于实际的货币存量,而且偏差越来越大。戈德菲尔德将这种现象称为“货币失踪现象”(the case of the missing money)。正当经济学家们为探讨“货币失踪现象”而大费脑筋时,从20世纪80年代初开始,货币需求又出人意料地出现了反常的上升,而这同样是传统的货币需求函数所无法解释的。这些问题表明,货币需求函数已经变得越来越不稳定,从而为能否继续将它作为一种有效的分析工具打上了一个问号。

### 三、货币流通速度的稳定性

从各国的货币流通速度数据中大致可以看出这样一个规律,那就是在经济繁荣时,货币流通速度上升;在经济萧条时,货币流通速度则要么是增长率放慢,要么是绝对地下降。也就是说,货币流通速度往往是顺周期变动的。这一现象与凯恩斯主义的观点是相吻合的。按照凯恩斯主义的观点,货币需求与利率是呈反向关系的,而利率的变动往往又是顺周期的,也就是在繁荣时上升、在衰退时下降,受此影响,货币需求在繁荣时期会趋于下降,在衰退时期会趋于上升。

而根据交易方程式，货币需求又是与货币流通速度呈反向关系的，因此货币流通速度会表现出顺周期变动的特征。有趣的是，弗里德曼的货币需求理论也能够对货币流通速度的顺周期波动提供合理的解释。由于货币需求是由持久收入决定的，而在繁荣时期，持久收入的增长相对慢于现期收入的增长，因此货币需求的增长相对慢于国民收入的增长，货币流通速度也就上升或加快上升；在衰退时期，持久收入的下降也相对慢于现期收入的下降，因此货币需求的下降也相对慢于国民收入的下降，货币流通速度也就下降或增长放慢。这样，货币流通速度就表现出顺周期的特征。

但是从长期的资料来看，货币流通速度稳定的观点受到了一定的挑战。以美国为例，在1915～1950年的35年间，货币M1的收入流通速度变化率(绝对值)超过10%的年份有9个，货币M2的收入流通速度变化率(绝对值)超过10%的年份有8个。特别是在大危机期间的1931～1932年，M1的收入流通速度下降达18.1%，M2的收入流通速度下降也达16.0%。货币流通速度急剧下降反映了这一时期货币需求的急剧上升。1950～1981年，M1的收入流通速度以一个较为稳定的速度缓慢增长，M2的收入流通速度则大体稳定。但是至1982年后，货币流通速度出现了较大的波动，变得难以预测。从中国的货币流通速度数据看，一个引人注目的现象是货币流通速度的持续下降。改革开放以来，这一趋势更加明显。1978～1992年，现金的收入流通速度从16.92下降为5.54，广义货币的收入流通速度从3.10下降为1.04。

由此看来，像费雪那样将货币流通速度视为一个由制度因素决定的外生变量，并据此估计货币需求的方法是不正确的。必须将货币流通速度视为人们行为的结果，也就是说，必须用人们的货币需求来解释货币流通速度。

资料来源：易纲.货币银行学[M].上海：格致出版社，2014.

**思考题：**

1. 试述凯恩斯学派和货币学派关于货币政策传导机制的理论分歧。
2. 从实证经验的结果看，哪种理论更贴近现实？

## 本章小结

1. 现金交易说从交易方程式出发，把货币流通速度视为由制度因素决定的常数，从而认为货币需求完全取决于名义收入。剑桥学派的现金余额说则从人们的资产选择行为出发探讨货币需求，虽然也得出了货币需求和名义收入成比例的结论，但是它考虑到了可使这一比例发生变化的可能性。

2. 凯恩斯详细区分了人们持有货币的三种动机，并通过对投机性需求的论述将利率这一重要变量引入货币需求函数中，然后据此得出货币需求及货币流通速度有较大波动的结论，以此来批驳货币量与名义国民收入成比例的货币数量论观点。

3. 凯恩斯的追随者们对凯恩斯提出的三种持有货币的动机进行了深入细致的研究，并且在理论上证明交易性需求和投机性需求也具有利率敏感性。此外，托宾对投机性需求的研究也具有重要的方法论意义。这些研究强化了凯恩斯关于货币需求受利率影响的观点。

4. 弗里德曼通过在一个更为广泛的范围内考察人们的资产选择行为，得出了货币需求对利率不敏感、货币需求函数本身高度稳定的结论，并据此完成了对货币数量论的重新表述。

## 关键术语

费雪方程式　剑桥方程式　货币流通速度　交易性需求　预防性需求
投机性需求　货币需求函数　现代货币数量论

## 思考题

1. 如果在某年内，经济中平均的货币存量为 2 万亿元，货币的收入流通速度为 4 次，则该年的名义国民收入为多少？

2. 费雪方程式与剑桥方程式所体现的思想有何不同？

3. 简述凯恩斯货币需求理论的主要观点。

4. 假定到银行提取储蓄存款所需的排队时间变长了，那么人们的货币需求($M^d/P$)会有何变化？试用鲍莫尔-托宾模型加以分析。

5. 弗里德曼是如何得出货币需求对利率不敏感的结论的？

6. 试比较凯恩斯货币需求理论与弗里德曼货币需求理论的不同之处。

# 第十三章
# 货币政策

货币政策是经济理论研究、实践和争论的焦点。在本章中，我们将探讨这一论题。货币政策是指中央银行为实现特定的经济目标，而对货币、信用及利率等变量实行调整的方针和措施的总称。一个完整的货币政策体系包括货币政策目标体系、货币政策工具体系和货币政策传导过程三大部分。因此，本章内容共分为三节来阐述，即货币政策目标、货币政策工具和货币政策的传导机制。

## 第一节　货币政策目标

货币政策目标是指中央银行采取调节货币、信用和利率等措施想要达到的目的。按照中央银行对货币政策的影响力、影响速度及施加影响的方式，货币政策目标可划分为三个层次，即最终目标、中介目标和操作目标。

### 一、货币政策的最终目标

最终目标是指货币政策在一段较长的时期内所要达到的目标。这一层次的目标相对固定，基本上与一个国家的宏观经济目标相一致，因此最终目标也称作货币政策的战略目标或长期目标。

#### （一）最终目标的内容

概括来说，各国货币当局制定货币政策所追求的最终目标主要有四个：物价稳定、充分就业、经济增长及国际收支平衡。

**1. 物价稳定**

物价稳定通常是指社会一般物价水平在固定时期内不发生剧烈波动，大致稳定。由于国情的区分，各国对于物价的容忍幅度也有所差异。从经验来看，一般要求物价上涨率维持在5%左右，以2%～3%为宜。

**2. 充分就业**

充分就业是指反映劳动力的就业程度，主要通过失业率的高低体现，各国的中央银行一般把失业率定在不超过4%左右为宜。所谓充分就业，主要是指具备劳动能力的工作者都能在合理的条件下找到适宜的工作。衡定工资率下，劳动力需求等于劳动力供给。值得注意的是,有两种失业情况不包括在充分就业的目标中:第一是摩擦性失业,即短期内劳动力供求失衡或季节性原因造成的失业;第二是自愿失业,即劳动者自愿放弃工作机会,如对薪水等方面的不满意等。这两部分占社会总失业量的比重比较小。

较高的失业率不但造成社会经济资源的极大浪费,而且很容易导致社会危机和政治危机,因此各国政府一般将充分就业作为优先考虑的政策目标。

**3. 经济增长**

关于经济增长,经济学界主要将其定义为国民生产总值保持较高的增长率,不能停滞,更不能出现负增长。经济增长的核算一般以国内生产总值(GDP)、国民生产总值(GNP)等数据表征,又以前者为主。其基本方法是用本年和上一年的GDP进行对比计算,得出本年GDP的增长率。

世界各国由于发展阶段及发展条件的不同,在增长率的选择上有差异。大多数发展中国家、较发达国家更偏好于高的增长率,也因此对货币政策提出了更高要求,通常认为人均GDP增长率大于5%左右是可接受的。

**4. 国际收支平衡**

国际收支平衡反映的是一个国家同世界其他国家之间的经济关系,具体是指一个国家对其他国家的全部货币收入和货币支出是持平、略有顺差还是略有逆差。国际收支平衡又可分为静态平衡和动态平衡。其中,静态平衡是指以1年周期内的国际收支数额持平为目标的平衡,只要年末的国际收支数额相等,就称之为平衡;动态平衡则是指以一定时期(如3年、5年)的国际收支数额持平为目标的平衡。目前,在国际收支管理中,动态平衡正受到越来越多的重视。

国际收支平衡成为货币政策目标之一,确立于20世纪70年代初。自20世纪60年代布雷顿森林体系瓦解后,美元大幅度贬值,因此在70年代初美国就将国际收支平衡作为本国货币政策目标之一;随着浮动利率制度的合法化,其他国家也纷纷效仿美国,将国际收支平衡作为货币政策目标之一。

### (二) 最终目标之间的关系

上述四项目标几乎具有同等重要的意义,但在实际的政策操作中,由于它们并非都协调一致,相互间往往存在矛盾,因此政策目标的选择只能是有所侧重而无法全盘兼顾。具体而言,除经济增长与充分就业之间存在正相关关系较为明确之外,各个目标相互之间都有矛盾。

**1. 充分就业与物价稳定之间的关系**

对于充分就业与物价稳定之间的关系,最经典的描述是菲利普斯曲线。该曲线表明,失业率与物价变动率之间存在着一种此消彼长的相互替换关系(见图13-1)。

从图13-1可以看出,如果一国倾向于高就业,如将失业率控制在4%,为此必然要增加货币供给量,降低税率,扩大政府支出,以刺激社会总需求增加。总需求的增加在一定程度上又将引起一般物价水平的上涨,如上涨率为8%,组合的结果即图13-1中的$A$点。相反,如果一个社会(或政府)更偏好于物价稳定,如5%的物价上涨率,为此必然要缩减货币供应量,提高税率,削减货币支出,以抑制社会总需求的增加;社会总需求的压缩,又必然导致

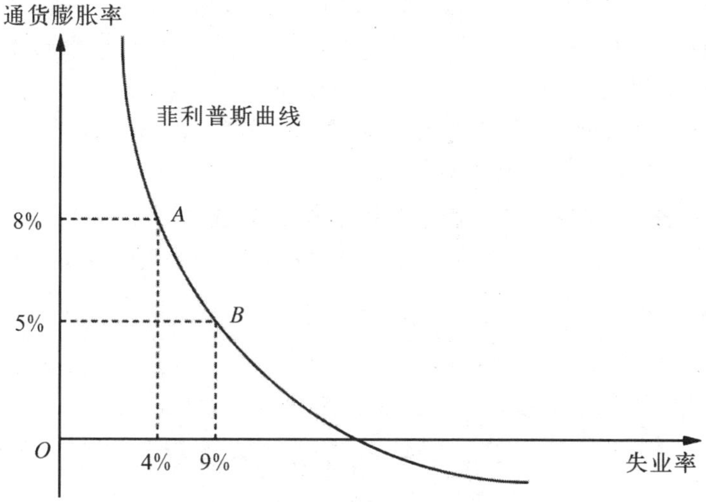


**图 13-1 菲利普斯曲线**

失业率的升高，如升至9%的水平，组合的结果即图13-1中的$B$点。因此，对于中央银行而言，可能的选择只有三种：(1) 失业率较高的物价稳定，如图13-1中的$A$点；(2) 通货膨胀率较高的充分就业，如图13-1中的$B$点；(3) 在物价上涨率和失业率的两者之间进行组合，如图中$A$、$B$两点之间的区域。

**2. 物价稳定与经济增长之间的关系**

两者之间的矛盾存在着较大的争议。有人认为通货膨胀可以推动经济增长；也有人觉得通货膨胀与经济增长是形影不离的；还有学者认为除非保持物价稳定，否则经济增长是不能有效实现的。

一般来说，物价稳定与经济增长是货币政策目标的核心内容，但在短期内，这两个目标往往存在着冲突。例如，经济萎靡时采用扩张性的货币政策，以刺激需求、刺激经济增长和减少失业。在这个过程中，会出现流通中的货币量大于经济发展需求的货币量，导致物价上涨。反之，在经济扩张时，为了防止经济过热，抵制通货膨胀，保持物价稳定，往往会采用紧缩性的货币政策，减少货币供应量，这样做往往会阻碍经济增长，并使得就业机会减少。可见，从短期来看，两者的矛盾较为显著，但是从长远来看，两者在根本上却是统一的。

**3. 经济增长与国际收支平衡之间的关系**

经济增长与国际收支平衡之间的关系也同样存在矛盾。国内经济的增长会使得国民收入增加和支付能力增强，从而增加对进口商品及国内本来用于出口的一部分商品的需求。此时如果出口贸易的增长不足以抵消这部分需求，必然会导致贸易收支的失衡。另外，就资本项目而言，一定的经济增长率需要相应的投资率加以支持。在国内资金来源不足的情况下，必须借助于外资的流入。外资的流入必然使得国际收支中的资本项目出现顺差，这在一定程度上可以弥补由贸易逆差造成的国际收支不平衡，但并不一定就能确保经济增长与国际收支平衡协调一致，还要取决于外资的实际利用效果。

**4. 物价稳定与国际收支平衡之间的关系**

物价稳定与国际收支平衡之间也存在着矛盾。对于开放条件下的经济体而言，中央银行为了维持稳定国内物价所做的努力常常会影响本国的国际收支平衡。举例来说,假如国内发生了严重的通货膨胀,中央银行为了抑制通货膨胀,有可能采取提高利率或降低货币供应量的措施。在资本自由流动的条件下,利率的提高有可能导致资本流入,资本项目下出现顺差,就会导致国际收支的失衡。由此可见,稳定物价与国际收支平衡并非总是协调一致的。

由于最终目标之间存在着矛盾,货币政策在做目标选择时不能不有所侧重、有所取舍,难以统筹兼顾。所以,金融调控面临的任务是,要在这些既统一又相互冲突的目标之间做出最优的选择,进行目标的最优结合。

专栏 13－1

**中国货币政策的最终目标**

长期以来,中国理论界对货币政策最终目标的理解与认识一直存在着分歧,比较有代表性的有单一目标论和双重目标论。前者主张以稳定货币或者经济增长为货币政策目标,后者认为货币政策应该兼顾发展经济和稳定物价两方面的要求。

从实践来看,对货币政策目标的提法也在不断发生变化。1986 年国务院发布《中华人民共和国银行管理条例》,首次对包括中央银行和商业银行在内的所有金融机构的"目标"做了界定,即发展经济、稳定货币、提高社会经济效益。这是对中国货币政策的首次表述。1994 年国务院发布《关于金融体制改革的决定》以及 1995 年全国人民代表大会通过的《中国银行法》中,货币政策的目标定义为:保持币值的稳定,并以此促进经济的增长。

**思考题:**

1. 传统货币政策的最终目标有哪些?
2. 为什么在不同的历史时期,我国的货币政策最终目标有所不同?

## 二、货币政策的中介目标

事实上,中央银行并不能直接实现诸如货币稳定、经济增长这些货币政策最终目标。它是借助货币政策工具并通过对中介目标的调节和影响来实现最终目标。中介目标是货币政策作用过程中一个十分重要的中间环节,也是判断货币政策力度和效果的重要指示变量。中介目标的选择恰当与否,关系到货币政策的调节效果以及最终政策目标的实现与否,是一个十分重要的过程控制变量。

### (一) 中介目标的选择标准

根据通常采用的标准,货币政策中介目标的选取必须符合以下三个方面的要求:可测性、可控性、相关性。

**1. 可测性**

可测性有两方面的含义:一是中介目标应有比较明确的定义,如 M0、M1、M2、长期利率、短期利率等；二是有关中介目标的准确数据应能为中央银行及时获取，以便观察、分析和预测。

**2. 可控性**

可控性即中央银行通过运用各种货币政策工具，能够准确、及时地对中介目标变量进行控制和调节，以有效地贯彻其货币政策意图。

**3. 相关性**

相关性是指在中央银行选定的中介目标与货币政策的最终目标之间必须存在密切、稳定的相关性，中介目标的变动能显著地影响最终目标，中央银行通过对中介目标的控制和调节能促使最终目标的实现。

根据以上三个标准，被选作中介目标的变量通常有两类：总量指标和利率指标。前者包括银行信贷规模、货币供应量等，后者主要是指长期利率。

### （二）经常采用的中介目标

**1. 银行信贷规模**

银行信贷规模是中央银行为实现一定时期货币政策目标而事先确定的控制银行贷款的指标。由于银行信贷规模与货币供应总量直接相关，因此，调整信贷规模是改变货币供应量的重要途径，会对货币政策的最终目标产生直接的影响。中央银行只要通过观测、调控银行信贷规模的变化，就能促使和保证货币政策的实现。

就可测性而言，中央银行只需通过统计银行和非银行金融机构的资产负债表上各个有关项目及其构成，就能及时得到银行信用总量和构成数据。

在可控性方面，对银行信贷规模的控制可分为直接的信贷管制和间接调控两种方式。第一种方式无须多言。而对间接调控而言，根据前面章节中所说的银行系统的多倍存款创造原理，中央银行通过改变法定准备金率、再贴现率及进行公开市场业务就可以扩大或缩小银行准备金，从而控制其信贷规模。所以，银行信贷规模满足可控性要求。

银行信贷规模与最终目标之间的相关性类似于货币供应量与最终目标之间的相关性。广义的货币供应量包括现金和存款，它是银行体系（包括中央银行）的负债；贷款是银行体系的资产。如果银行体系其他资产、负债项目的数量不变，则贷款增量等于现金加存款的共同增量。所以，以货币供应量为中介目标与以贷款规模或其增量为目标，是同一事物的两个方面，这两者是一致的。英国、日本、法国及韩国、印度尼西亚和印度等都曾将贷款规模作为中介目标加以管理。美国早在 20 世纪 70 年代就曾将银行信贷规模作为货币政策的中介目标。

**2. 货币供应量**

把货币供应量作为中介指标的理由有三点：一是可测性强。M0、M1、M2 对此都有很明确的定义，分别反映在中央银行、商业银行以及其他金融机构的资产负债表内，方便测算统计与分析。二是可控性好，现金直接由中央银行发行并进入流通市场。通过控制基础货币，中央银行也能有效地控制 M1 和 M2。三是就相关性而言，一定时期的货币供应量代表一定时期的有效需求总量和整个社会购买力，对最终目标有直接影响，因此它与最终目标直接相关。到目前为止，以哪一个口径的货币供应量作为中介目标仍然有争议。自进入 20 世纪 90 年代以后，随着金融创新的迅猛发展，新型金融工具在金融市场上大量涌现，模糊了货币的边界，使得越来越多的国家将 M1、M2 甚至 M3 作为货币政策的中介目标。

**3. 长期利率**

长期利率主要是指中长期债券利率。从货币政策最终目标来看，选作政策远期中介目标的主要是长期利率。这是因为中长期利率对投资有着显著的影响，对不动产及机器设备的投资来说尤其如此，因此与整个社会的收入水平直接相关。从可控性方面来说，中央银行借助于公开市场业务操作可以影响银行的准备金供求而改变短期利率，进而引导长期利率的变化，以实现对长期利率的控制。因此，长期利率作为货币政策的中介目标是适宜的。

但是，选取利率作为远期中介目标也有一定的局限性。首先，中央银行能够调控的是名义利率而不是实际利率，它无法说明借贷的实际成本。其次，作为经济的内生变量，在经济繁荣时期，利率随着信贷的需求而上升；在经济萧条时期，利率随着信贷需求的减少而下降。再者，利率作为一个政策变量，其政策效果和非政策效果混杂在一起，导致央行无法确定政策是否有效，容易得出错误的判断。此外，也并不是每个国家都适合以利率作为货币政策的中介目标，特别是在还没有实现利率市场化的条件下。

## 三、货币政策的操作目标

操作目标有时也被称作近期中介目标。从货币政策作用的全过程看，操作目标距离中央银行的政策工具最近，是中央银行货币政策工具的直接调控对象，可控性极强。中央银行正是借助货币政策工具作用于操作目标，进而影响中介目标并实现其最终目标的。操作目标的选择同样要符合可测性、可控性以及相关性三个特点。从操作实践看，经常被选作操作目标的主要有短期货币市场利率、银行准备金及基础货币等。

### (一) 短期货币市场利率

经常被选作操作目标的短期利率是银行同业拆借利率。银行同业拆借市场作为货币市场的基础，其利率是整个货币市场的基准利率。中央银行通过调控银行同业拆借利率就可以改变货币供应量，以影响长期利率。有关银行同业拆借利率的水平和变动情况，中央银行可以很方便地得到，当中央银行觉得有必要维持或改变现有的利率水平和结构时，就通过相应的公开市场操作或再贴现等政策工具来调控同业拆借，以贯彻其政策意图，进而作用于中介目标。所以，从可测性和可控性来言，短期利率也是符合作为操作目标的要求的。

### (二) 银行准备金

银行准备金是指商业银行和其他存款机构在中央银行的存款余额及其持有的库存现金。银行准备金主要有三大用途：一是满足客户的提款要求，二是满足法定存款准备金要求，三是用于同业间的资金清算。根据不同的划分标准，准备金又可进一步划分。

(1) 从准备金的需求看，银行准备金可以划分为法定存款准备金和超额准备金两部分。法定存款准备金是银行按照法律规定所必须上交的那部分准备金，其数量取决于银行吸收的存款量和央行所定的法定存款准备金率。超额准备金是指银行总准备金余额中超过法定存款准备金的那部分准备金。

(2) 从准备金的供给看，银行准备金可以划分为借入准备金和非借入准备金。借入准备金是指中央银行通过贴现窗口提供的临时性贷款，其在使用额度、频率和用途上都有明确的限制。非借入准备金是指银行通过贴现窗口之外的其他渠道所获得的准备金。中央银行对银行准备金的调控是通过公开市场操作和贴现窗口，即调控非借入准备金和借入准备金来完成的。准备金作为操作目标，常常与银行同业拆借市场利率一起配合，从而进一步影响货币总量。

就可测性而言，无论是总准备金、法定存款准备金、超额准备金、借入准备金还是非借入准备金等，都可以很方便地从有关的记录和报表中获得或者通过相应的估测得到。另外，由于中央银行可以通过公开市场业务较为精确地改变准备金数额，可控性也不存在问题。至于相关性，基础货币由流通中的现金和银行准备金共同组成，通过调控银行准备金就可以改变基础货币，从而改变货币供应量。

**（三）基础货币**

基础货币又称高能货币，是流通中的现金和银行准备金总和，它是货币供应量倍数变动的基础。一般认为，基础货币是比较理想的操作目标。首先，就可测性而言，在资产负债表中，基础货币表现为中央银行的负债，很容易为中央银行所掌握。另外，虽然基础货币中的现金余额央行不能完全掌控，但银行准备金总量中的非借入准备金可以由中央银行通过公开市场操作加以控制；借入准备金虽不能完全控制但可以通过贴现窗口进行目标设定。总之，基础货币作为货币政策目标，有较强的可控性。其次，就相关性而言，根据货币乘数理论，货币供应量等于基础货币与货币乘数之积，只要中央银行能够控制住基础货币的投放，也就等于间接地控制住了货币供应量，说明其相关性也较好。

至此，我们已经介绍了货币政策目标体系，货币政策工具由操作目标、中介目标到最终目标是一个依次传递的过程，对央行而言，这些目标的可控性依次减弱，如图 13－2 所示。

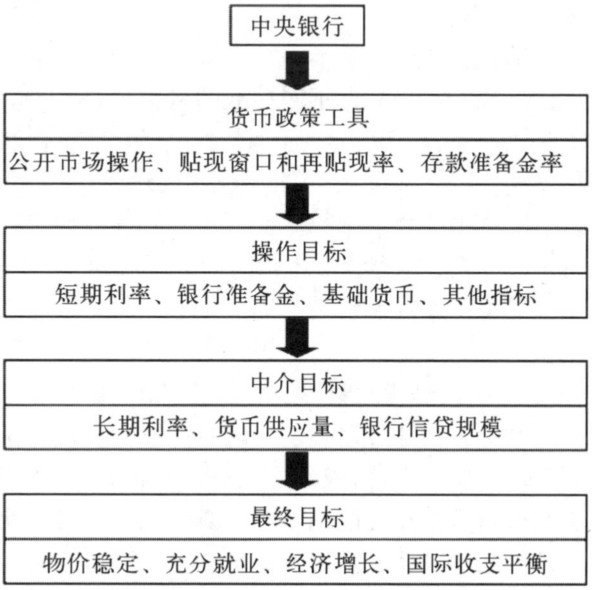


**图 13－2　货币政策目标体系**

# 第二节　货币政策工具

货币政策工具是中央银行为达到货币政策目标所采用的手段和措施。货币政策工具可以分为一般性货币政策工具和选择性政策工具两大类。一般性货币政策工具主要有三个，即法定存款准备金制度、再贴现政策以及公开市场操作，俗称中央银行的“三大法宝”。选择性货币政策工具主要有消费者信用控制、直接信用控制、间接信用控制和其他信用控制。

## 一、一般性货币政策工具

### (一) 法定存款准备金制度

法定存款准备金制度是指中央银行在国家所给予的权力范围内，规定和调整商业银行上交给中央银行的存款准备金比率。法定存款准备金制度能控制商业银行的信用创造能力，是一种间接的调整社会的货币供应量的政策工具。一般来说，凡是实行中央银行制度的国家，一般都实行法定存款准备金制度。

准备金的作用机理可以概括如下：(1) 通过影响商业银行的超额准备金余额来影响其信用规模。例如，中央银行决定提高法定存款准备金率，意味着商业银行缴存的法定准备金数量就会增加。在其他条件不变的情况下，商业银行可用于发放贷款的额度就会减少，使得商业银行收缩信贷规模，货币供应量减少，利率回升。(2) 通过货币乘数影响商业银行信用创造能力。银行体系可以创造货币。由于法定存款准备金率与商业银行的存款乘数成反比，因此，若法定存款准备金率提高，则商业银行创造货币能力下降，从而引起货币供应量减少；反之亦然。

准备金制度的基本内容主要包括以下几个方面：(1) 对法定存款准备金比率的规定。该比率规定一般根据不同存款的种类、金额及银行规模和经营环境而有所区别。也有采用单一比率的，如 1953 年后建立法定存款准备金制度的国家大多对所有存款按统一比率计提准备金。(2) 对作为法定存款准备金的资产种类的限制。一般限定为银行在中央银行的存款。在有些国家，一些高度流动性的资产，如库存现金和政府债券等也可以作为法定存款准备金。(3) 法定存款准备金的计提，包括存款余额的确定及缴存基期的确定等。(4) 法定存款准备金比率的调整幅度等。

### (二) 再贴现政策

中央银行通过贴现窗口向商业银行提供的贷款，即再贴现贷款，其利率即再贴现率。相对市场利率而言，贴现率是一种官定利率，常常用来表示中央银行的政策意向，具有短期性。其高低对整个市场的利率水平具有引导作用。此外，中央银行还可以通过制定或者调整再贴现的条件来干预和影响市场利率以及货币供应量。

与商业银行的“贴现”相区分，所谓的“再贴现”，是指商业银行等金融机构将通过再贴现业务获得的票据再卖给中央银行的过程。中央银行在确定其票据合格的前提下，根据当时的再贴现率，从票据金额中扣除再贴现利息后，将余额付给商业银行等金融机构。

再贴现政策的作用在于可以影响银行融资成本，从而影响商业银行的准备金，以达到松紧银根的目的。比如，当央行降低了再贴现利率，使其低于市场一般利率水平时，商业银行通过再贴现行为获得资金的成本会下降，促使其增加向中央银行再贴现，导致商业银行超额准备金增加，相应地扩大对社会大众的贷款，从而引起货币供应量的增加和市场利率的降低，刺激需求的扩大，进而达到经济增长的目的。反之，也可以用提高再贴现率的方法来实现物价稳定的目标。

在货币政策职能方面，再贴现窗口不处于主要地位，属于辅助性政策工具，用以配合公开市场操作。

### （三）公开市场操作

公开市场业务是指中央银行在金融市场上公开买卖有价证券（主要是政府发行的债券）来调控货币供应量的一种政策工具。

需要强调指出的是，公开市场业务是通过改变银行系统的准备金总量而起作用的。举例来说，当中央银行通过公开市场从一家银行买进债券时，实际上是对自己开具了一张支票。该银行收到支票后要求中央银行解付，中央银行就将该笔付款贷记入这家银行在中央银行的准备金账户，从而创造了新的准备金，存款机构的准备金增加；反之，如果中央银行向一家银行卖出一笔债券，则这家银行的付款借记入其在中央银行的准备金账户，导致总准备金的减少。这样，中央银行通过公开市场操作改变准备金总量，就可达到改变货币供应量的目的。

与法定存款准备金和贴现窗口相比，公开市场操作的优越性是显而易见的：(1) 传递的过程较为直接。中央银行通过公开市场业务可以直接调控银行系统的准备金总量，使其符合政策目标的要求。通过临时性准备金的调节，还能抵消各种意外因素对银行准备金的影响，使其稳定在预期的水平上，以保证货币供应量目标的实现。(2)“主动性”。中央银行通过公开市场操作可以“主动出击”，避免了贴现机制的“被动等待”。(3) 方便微调。通过公开市场操作，可以对货币供应量进行微调，从而避免法定存款准备金政策的震动效应。(4) 可频繁进行操作。中央银行可以通过公开市场进行连续性、经常性及试探性的操作，也可以进行逆向操作，以灵活调节货币供应量。

## 二、选择性货币政策工具

央行的货币政策工具除了一般性货币政策工具以外，还有选择性政策工具。选择性货币政策工具是指中央银行采取的旨在影响银行系统的资金运用方向和信贷资金利率结构的各种措施。与三大主要的政策工具侧重于货币总量调节不同，选择性政策工具希望在不影响货币供应总量的情况下，对某些具体用途的信贷数量产生影响。选择性政策工具的采用取决于特定的经济金融形势和条件，一般期限较短，居于补充工具的地位，主要包括消费者信用控制、证券市场信用控制、不动产信用控制。除此之外，还有直接信用控制和间接信用控制等。

### （一）消费者信用控制

消费者信用控制是指中央银行对不动产以外的各种耐用消费品的销售融资予以控制。证券市场信用控制通常是指对证券信用交易的法定保证金比率作出规定，是中央银行对以信用方式购买股票和债券所实施的一种控制措施。通过对证券信用交易过程中的保证金比例的调整，央行就可以间接地控制证券市场中信贷资金的流入量。而不动产信用控制是指中央银行对商业银行及其他金融机构的房地产贷款所采取的限制措施，以抑制房地产市场的过度投机现象,如规定房产贷款的最高限额、最长期限等。

### (二) 直接信用控制

直接信用控制是指中央银行以行政命令或其他方式,从总量和结构两个方面,直接对金融机构尤其是商业银行的信用活动进行控制。其手段包括利率最高限额、信用分配、流动比率、直接干预及开办特种存款等。例如,信用分配这一直接信用控制手段,是指中央银行根据金融市场状况以及宏观经济需要,分别对各个商业银行的信用规模加以分配,限制其最高数量。这种办法在资金供给严重不足的发展中国家被广泛地采用。

### (三) 间接信用控制

间接信用控制是指中央银行凭借其在金融体系中的特殊地位,通过与金融机构之间的磋商、宣传等,指导其信用活动,以控制信用的措施。其方式有窗口指导、道义劝告。所谓的"窗口指导",是中央银行根据特定产业和金融市场的格局和走向,规定商业银行每季度的贷款增减额度,属于一种比较温和的货币政策格局。"道义劝告"是指中央银行利用其"特殊"声望和地位,通过对商业银行及其他金融机构以书面通告、指示,或口头通知,甚至与金融机构的负责人面谈等形式向商业银行通报经济形势,劝其遵守金融法规,自动采取相应措施,配合中央银行货币政策的实施。

# 第三节 货币政策的传导机制

央行从制定货币政策、实施货币政策到政策发挥作用必须经过一系列的传导过程,即货币政策的传导机制,其主要是描述货币政策影响经济变量这一过程。具体是指央行运用货币政策工具,通过金融机构的经营活动和金融市场传导至企业、居民,对其生产、投资和消费等行为产生影响的过程。

## 一、利率渠道传导机制

凯恩斯学派自从诞生以来一直占据着经济学的中心地位,在货币政策的传导机制上,认为货币政策的传导必须经过利率才能发挥作用,即经典的利率渠道传导机制。

在凯恩斯模型中,假设金融市场中唯一存在的利率即债券利率。因此,这种货币政策的传导机制可以描述为:通过货币供给 $M^s$ 的增减影响利率 $r$(债券利率),利率的变化则通过资本的边际效益使投资 $I$ 以乘数方式增减,进而影响社会总支出 $E$ 和社会总收入 $Y$。用符号表示为:

$$M^s \uparrow \rightarrow r \downarrow \rightarrow I \uparrow \rightarrow E \uparrow \rightarrow Y \uparrow$$

## 二、货币供应量渠道传导机制

以弗里德曼为代表的现代货币学派认为,利率在货币政策传导过程中不起绝对作用,而是货币供应量起主导作用。他们认为，货币政策的传导机制主要是通过货币供应量的变动直接影响支出和收入，用符号可以表示为：

$$M \rightarrow E \rightarrow I \rightarrow Y$$

## 三、资产价格渠道传导机制

自从托宾的投资 $q$ 理论和莫迪利亚尼的生命周期理论诞生后，资产价格成为货币政策传导机制中一个备受关注的渠道。

### (一) 托宾 $q$ 理论

耶鲁大学的詹姆斯·托宾沿着一般均衡的思路扩展了凯恩斯模型，提出了一个关于货币政策变化影响股票价格进而影响投资支出的理论，该理论强调了资产结构调整在货币政策传导过程中的作用。

$q$ 值定义为企业市场价值与企业重置成本的比值，故该理论也称为托宾 $q$ 理论：

$$q = \frac{\text{企业市值}}{\text{企业重置成本}} = \frac{V}{P_K R}\ \frac{V}{PK}$$

其中，$V$ 为企业的市场价值，即股票总市值。$PK$ 为每单位实物资本的价格，$K$ 为企业的实物资本总数，两者相乘即为企业的资本重置成本。当企业的 $q$ 值大于 1 的时候，意味着企业的市值比重置成本要大，企业更新厂房设备的需求较大，进而增加投资和总需求；反之则反是。

货币政策的变动会给 $q$ 值带来什么影响呢？如货币政策的变动使得货币供应量增加，公众手中的货币变多，就会增加公众对于股票的需求，企业的 $V$ 值上升使得 $q$ 值也上升，企业的支出增加，从而刺激经济增长。这一过程用符号描述如下：

$$M\uparrow \rightarrow r\downarrow \rightarrow P_e\uparrow \rightarrow q\uparrow \rightarrow I\uparrow \rightarrow Y\uparrow$$

### (二) 财富效应渠道

莫迪利亚尼提出了生命周期理论，补充了货币供应量的变化对私人消费的影响，提出了货币政策的财富效应渠道。它是指货币政策通过货币供给的增减影响股票价格，使得公众持有的股票以股票市值计算的财富发生变化，进而影响消费支出和国民收入的传导效应。财富效应的货币政策传导机制用符号表示如下：

$$M\uparrow \rightarrow P_e\uparrow \rightarrow W\uparrow \rightarrow C\uparrow \rightarrow Y\uparrow$$

除此之外，货币政策的传导机制还有汇率渠道传导机制和信用渠道传导机制。值得一提的是，经济学家由于对传统的利率传导机制和货币主义的不满，提出了基于金融市场信息不对称问题的解释，这个观点即是信用渠道。这种观点认为，在金融界，通常在信用市场上存在着两种基本的传导途径：一是通过信息问题对银行贷款的影响发挥作用，二是通过影响企业和消费者的资产负债表状况发挥作用。

我国自 20 世纪 90 年代初步建立市场经济体制以来，逐步建立了以货币供应量为中间目标、以稳定货币为最终目标的间接货币政策体系。利率杠杆在货币政策中的作用越来越大，直到1998年信贷规模控制才最终取消，间接货币政策体系才最终确立。近年来，发展货币市场、推进利率市场化是货币政策体系建设的重中之重，利率渠道在我国货币政策的传导过程中的作用必然越来越重要。

### 专栏 13－2

**美联储的量化宽松政策**

2008年全面爆发的次贷危机使得全球主要经济体都采用了大规模的扩张性货币政策。所谓"量化宽松政策"，其中"量化"指的是扩大一定数量的货币发行，"宽松"指的是减少银行储备必须注资的压力。当银行和金融机构的有价证券被央行收购时，新发行的钱币便被成功地投入私有银行体系。

量化宽松主要是指中央银行在实行零利率或近似零利率政策后，通过购买国债等中长期债券，增加基础货币供给，向市场注入大量流动性的干预方式。与利率杠杆等传统工具不同，量化宽松被视作一种非常规的工具。比较央行在公开市场中对短期利率政府债券所进行的日常交易，量化宽松政策所涉及的政府债券，不仅金额要庞大许多，而且周期比较长。一般来说，只有在利率等常规工具不再有效的情况下，货币当局才会采用这种极端做法。

雷曼兄弟于2008年9月宣布破产以来，美联储推出了第一轮的量化宽松政策，宣布购买3 000亿美元的美国长期国债和1.25万亿美元的抵押贷款支持证券(MBS)。

自2010年4月起，美国的经济数据开始令人失望，自进入步履蹒跚的复苏以来，美联储一直迫于压力要推出第二轮的量化宽松政策；第二轮的量化宽松政策(QE2)表示在2011年6月前购买6 000亿美元的长期国债，进一步刺激美国经济复苏。由于美联储担心失业率改善的脚步已经停滞，因此2012年9月13日美联储宣布了第三轮的量化宽松政策(QE3)。美联储承诺每月购买400亿美元的抵押贷款债券，希望通过大规模购买债券来降低长期利率并刺激增长。

**思考题：**

1. 美联储的量化宽松政策相对一般性货币政策工具有何不同？
2. 美联储为何要推出量化宽松政策？

## 本章小结

1. 货币政策是指中央银行为实现特定的经济目标而对货币、信用及利率等变量实行调整的方针和措施的总称。其最终目标包括：物价稳定、充分就业、经济增长、国际收支平衡。

2. 货币政策中介目标的选择标准：可测性、可控性、相关性。中介目标的分类有长期利率、货币供应量、银行信贷规模。

3. 根据货币政策工具的职能与效果不同，它可以划分为一般性货币政策工具、选择性货币政策工具。一般性货币政策工具是指法定存款准备金制度、再贴现政策和公开市场操作。选择性货币政策工具主要有消费者信用控制、直接信用控制、间接信用控制和其他信用控制。

4. 凯恩斯学派认为货币政策的传导机制必须经过利率；现代货币学派则认为，利率在货币政策传导过程中不起主导作用，而更强调货币供应量在整个传导过程中的作用。

5. 主要的资产价格传导机制是托宾 $q$ 投资理论和财富效应渠道。

## 关键术语

货币政策　　基础货币　　法定存款准备金制度　　贴现贷款　　公开市场操作

菲利普斯曲线　　托宾 $q$ 理论

## 思考题

1. 简述货币政策的最终目标。
2. 简述货币政策中介目标的选择标准。
3. 简述货币政策的财富效应渠道传导机制。
4. 论述一般性货币政策对货币供给量和利率的影响。

# 第十四章

# 通货膨胀与通货紧缩

本章将探讨广受世界各国关注的一大难题——通货膨胀。通货膨胀在早期只发生在饥荒、战乱之类的特殊时期，然而自 20 世纪 60 年代中期以来，通货膨胀逐渐成为一种世界性现象。中华人民共和国成立初期，我国的物价水平较为稳定。但是改革开放之后，通货膨胀问题开始凸显。据统计，1988 年、1989 年、1993 年、1994 年和 1995 年的通货膨胀率曾高达两位数。

通货膨胀对社会经济具有广泛的影响，因此，各国政策制定者都对本国通货膨胀率予以高度关注。经济学家们长期以来也从不同角度对通货膨胀展开了深入的研究。本章探讨通货膨胀这一问题，主要内容可以分为四个部分：通货膨胀的含义、类型及影响，通货膨胀的成因，通货膨胀与失业的关系，通货膨胀的应对之策以及通货紧缩。

## 第一节　通货膨胀的含义、类型及影响

### 一、通货膨胀的含义

“通货膨胀”现在已经是我们在生活中经常提及的词语。那么，通货膨胀的含义准确而言究竟是什么？首先思考下面几个问题：

第一，如果某一商品的价格由于偶然的因素上涨了 10%，那么是不是可以肯定发生了通货膨胀？不一定，因为通货膨胀所指的物价上涨并非是个别商品或者服务的价格水平的上涨，而是指一般物价水平的上涨，也就是社会上全部商品和劳务的加权价格水平的上涨。因此，通过某一种商品价格的增长来判断是否发生通货膨胀并不合理。

第二，如果本年价格水平上升 0.5%，那是否表示通货膨胀呢？通常认为，这种价格水平的微小上升不能被视为通货膨胀。

第三，如果某个月的物价水平上涨了 1%，那是否表示通货膨胀呢？有人可能认为月度物价水平上涨 1%，那么年度物价水平应该就是上涨了 12%，这是一个非常大的数字了，那应该是通货膨胀比较严重了。其实不一定，如果这种上升仅仅是一次性的，之后其他几个月就不再继续上升了呢？因此，不能通过短期的、偶然的一次物价水平的上涨就判断发生了通货膨胀。

那么，通货膨胀的准确含义是什么呢？经济学家认为，**通货膨胀**是指一个经济体在一定时期内物价水平的持续快速上涨。

## 二、通货膨胀的度量

通常用通货膨胀率这一指标来衡量通货膨胀程度的高低，该指标可以通过以下公式进行计算：

$$\text{当期通货膨胀率}=\frac{\text{当期价格水平}-\text{上一期价格水平}}{\text{上一期价格水平}}\times 100\% \tag{14-1}$$

价格水平则是通过各种价格指数来衡量的，世界上较为常用的价格指数主要有以下四个标准：

（1）**消费者价格指数**（consumer price index，CPI）。该指数是通过一个典型家庭所购买的商品和劳务的价格变动状况而编制的，反映了与人们生活直接相关的衣服、食品、住房、水、电、交通、医疗、教育等商品和劳务价格的变动。

（2）**生产者价格指数**（producer price index，PPI）。该指数是根据企业所购买的商品的价格变化状况编制的，反映了企业经营成本的变动，所以更受企业关注。

（3）**国民生产总值价格平减指数**（GNP deflator）。该指数是按当期价格计算的国民生产总值与按基期价格计算的国民生产总值的比率，反映了一国所生产的各种最终产品（包括消费品、资本品以及劳务）的价格变化，其计算公式如下：

$$GNP\ \text{平减指数}=\frac{\text{当期名义国民生产总值}-\text{基期名义国民生产总值}}{\text{基期名义国民生产总值}} \tag{14-2}$$

虽然GNP价格平减指数对总体价格水平的变化反映得更为全面，但是编制所需的数据却难以搜集，因此通常一年公布一次。

（4）**批发物价指数**（wholesale price index，WPI）。该指数是根据大宗商品包括最终商品、中间产品以及进口商品的加权批发价格所编制的，反映了生产资料和消费品批发价格的变动趋势。由于批发价格是在商品进入零售，形成零售价格之前，由中间商或批发企业决定的，因而对零售价格有着决定性的影响。因此，有部分经济学家认为，与消费物价指数相比，批发价格指数能更广泛地代表物价变动。

大多数西方国家在实际操作过程中会同时编制和发布消费物价指数、生产者价格指数、国民生产总值价格平减指数和批发物价指数。在分析过程中，通常以消费物价指数作为主要标准，其他物价指数作为参考。当前，我国所采用的衡量物价水平的主要指标也是居民消费物价指数。

另外，这里需要指出，利用上述价格指数衡量通货膨胀率还有一个共同前提——价格水平可以自由波动。

## 三、通货膨胀的类型

可以从不同的角度对通货膨胀进行分类。

### （一）根据表现形态，通货膨胀可以分为公开型通货膨胀和隐蔽型通货膨胀

**公开型通货膨胀**是指在市场机制充分运行和政府对价格不加以管制的情况下，价格普

遍开放、自由升降,各种价格指数所反映出来的通货膨胀,也称为价格型通货膨胀。

**隐蔽型通货膨胀**,也称抑制性通货膨胀,指的是物价水平受到计划控制和行政管制手段的抑制,从而导致市场机制不能充分发挥作用,通货膨胀不以明显的价格水平上涨表现出来,商品和劳务供求之间的矛盾通过各种非价格的形式反映出来的现象。

#### (二)根据严重程度,通货膨胀可以分为爬行式通货膨胀、奔跑式通货膨胀和极度通货膨胀

**爬行式通货膨胀**,也称温和的通货膨胀,是指年物价上涨率在10%以下的通货膨胀,是世界上大多数国家都存在的通货膨胀。一般而言,爬行式通货膨胀并不会引起经济学家的担忧。甚至有些人还认为,略有通货膨胀不仅不会引起经济活动的严重失序,还会对经济的发展和收入的增长产生积极的刺激作用。

**奔跑式通货膨胀**是指年通货膨胀率达到两位数甚至三位数的情况。20世纪70年代和80年代,一些拉美国家的通货膨胀率就曾高达50%~70%,如巴西和阿根廷。一般来说,发生这种通货膨胀的时候,价格迅速上升,人们对货币失去信任,经济陷入混乱,货币购买力急剧下降,经济生活受到严重影响。

**极度通货膨胀**,又称**恶性通货膨胀**,是指物价呈现天文数字般的高速上涨的情况。这时,该国的货币将形同废纸,经济也将完全陷入瘫痪,由于货币每时每刻都在贬值,公众将会拼命把手中的货币花费出去。例如,第一次世界大战后,德国财政状况曾在20世纪20年代严重恶化,其1923年的通货膨胀率超过了29 000%。

#### (三)根据对价格影响的差别,通货膨胀可以分为平衡的通货膨胀和非平衡的通货膨胀

**平衡的通货膨胀**是指每种商品的价格总体上以相同的比例增长。这里所指的商品价格包括生产要素以及劳动的价格,如租金、工资、利率等。

**非平衡的通货膨胀**是指各种商品的价格上涨比例并不相同。

此外,通货膨胀也可以根据其他方式进行分类。例如,根据其发生的原因,可以分为需求拉动型通货膨胀、成本推动型通货膨胀、结构型通货膨胀等;根据事先是否被公众预期,可以分为被预期的通货膨胀和未被预期的通货膨胀。

### 四、通货膨胀对经济的影响

#### (一)通货膨胀对收入与分配的影响

一般来说,通货膨胀发生时,那些领取固定收入的人群以及按固定利率贷款的债权人的实际收益将会减少,而债务人反而会从中受益。因此,通货膨胀对持有不同收入阶层、不同资产的群体会产生不同的影响。

首先,通货膨胀不利于领取固定收入的群体。当通货膨胀率上升时,之前的工资水平所对应的实际收入就会下降,这些群体所能购买的商品的数量就越少,生活质量也会因此而下降。

其次,通货膨胀对固定利率的债权人和债务人的影响。在以固定利率计息的债务契约中,如果在到期之前发生了通货膨胀,实际利率下降,债务人将会从中获益,然而债权人却会因此而蒙受损失。

### （二）通货膨胀与就业和产出

一般来说，未被充分预期的通货膨胀有可能在短期内扩大就业，刺激生产，但是其前提是通货膨胀未被预期。在这种情况下，如果生产者未能认识到通货膨胀的发生，就会因为产品价格的上升而扩大生产规模；工人可能在工资上涨时将其误解为实际工资的上涨，因此增加自己的劳动供给，并增加自己的消费支出。但是当他们发现产品价格与工资的上涨都是由于通货膨胀所导致的时，这种虚假的繁荣就无法持续下去。因此，这种通货膨胀所带来的产出与就业扩张仅仅是暂时的。

### （三）通货膨胀与效率损失

通货膨胀会使相对价格扭曲，导致资源难以实现有效配置，从而造成效率损失。

首先，在高速通货膨胀的社会里，公众手中的现金不断贬值，从而使公众不遗余力地将现金转化为其他收益率较高的资产。企业也需要增大"现金管理"的精力，从而避免账户上存有过多的现金余额。经济学家把为此而花费的大量时间和精力称为"皮鞋成本"，这是因为人们频繁地去银行存钱、取钱，容易把鞋底磨破。

其次，在高通货膨胀时期，储蓄意愿大幅下降，公众会增加消费，减少储蓄，这时投资者也会很难从金融机构筹集到足够的资金来进行生产活动。

最后，在高通货膨胀的条件下，商品的相对价格并不稳定，严重影响了企业生产决策与消费者消费决策的制定，对经济的发展非常不利。

#### 专栏 14－1

**津巴布韦恶性通货膨胀新纪录**

位于非洲东南部的津巴布韦是一个内陆国家，自然资源比较丰富。津巴布韦吸引世界眼球的不仅是由于选举造成的政治危机，还有其高不可攀的通货膨胀所带来的经济动荡。

据津巴布韦中央银行的主管吉迪昂·戈诺 2008 年 7 月 16 日透露，拥有世界上最高通货膨胀率的津巴布韦再创新高，通货膨胀率高达 2 200 000%。他说："由中央统计局提供的数据表明，现在的通货膨胀率为 2 200 000%。"

据报道，2006 年刚开始流通的 10 万元津巴布韦纸币，2008 年时只值 4 便士(1 英镑为 100 便士，约等于 14.7 元人民币)，买一块面包甚至需要 80 万津元，津巴布韦人上街需要拎上好几个袋子的钱。商店的货物已经大部分售完，包括肉类、糖以及食用油等。民众每个月至少需要 1 000 万津元才能维持基本生活，很多人甚至自嘲为"贫穷的百万富翁"。一名当地杂货店老板称，现在每天都要调整货物价格，但官员要求他们降低售价，根本就不可能做生意。在首都哈拉雷街头，到处都是长长的人龙，有人等候购买物资，有人等候提款，有些人甚至穿上军服，假扮军警插队。由于现钞供应短缺，银行只好限制客户现金提取量，每人每天提取现钞金额为 1 000 万津元。

一名黑市交易商说："每个人都在互相买卖钱币，大多数人不将钱放进银行，因为它们已经失去价值，因此他们尽量多地兑换美元。"

津巴布韦现在无疑是全球百万富翁最多的国家,但同时也是全球最穷的国家之一。

"是的,我是一个百万富翁——一个什么也买不起的百万富翁。津巴布韦现在遍地都是百万富翁。我们是一个盛产百万富翁的国家,但是我们也一无所有。"希卡姆巴说。

希卡姆巴本人对这样奇怪的逻辑现实感到既无奈又好笑,但是对于成百上千万与他一样的津巴布韦人民来说,恶性通货膨胀绝不仅仅是笑谈。

据中国香港《文汇报》综合媒体报道,津巴布韦中央银行从 2008 年 1 月 18 日开始发行一套新的货币,最大面值为 1 000 万津元,最小面值为 100 万津元,成为当今世界上面值最大的货币。

然而比起到餐馆吃饭来说,这还算不了什么。当用完餐准备结账时,一沓沓的钞票堆在餐桌中央,给用餐者的感觉就像是坐在拉斯维加斯的赌桌旁一样。一名印度商人介绍说:"每次用完餐,你还得再等半小时结账。前些天我到当地税务部门交税,上交 4 100 万元税款,他们清点了一个多小时。这简直是疯了。"通货急剧膨胀给津巴布韦带来的另一直接后果就是,目前这里最为紧俏的日用品之一竟然是点钞机。津巴布韦国营报纸上每天充斥着日本和新加坡生产的高质量点钞机广告。

物价飞涨逼迫人们更努力地赚钱。哈拉雷的大街小巷每天清晨 5 点就已经挤满了外出找工作的人们。"很多人都坐不起公交车了,所以人人都步行。"鲁诺·茨基卡说。

豪华的哈拉雷俱乐部早已把它的图书馆关门大吉,因为总有人想法偷书、偷报纸出去换钱,尽管所得少得可怜。

随着钞票一天比一天更不值钱,原始的物物交换又重新为人们青睐。农场工人更愿意雇主用实物支付酬劳,因为更保值,也更容易携带。城市中物物交换也大行其道,从食品到CD,品种多样。《2011 年津巴布韦消费者调查》结果显示,有 40%的津巴布韦人不使用任何金融服务,因为高通货膨胀时期给人留下的印象太深刻了,现在津巴布韦人不再攒钱,有多少花多少。

资料来源:津巴布韦陷入通胀深渊　物价飙升 2 200 000%[N]. 新京报,2007-7-17. 后通胀时期津巴布韦使用美元　银行现金流紧张倒闭风险大[DB/OL]. 中国广播网,2012-6-9.

**思考题:**

1. 什么是通货膨胀?
2. 从严重程度划分,津巴布韦的通货膨胀属于哪种类型?
3. 通货膨胀对经济的影响主要表现在哪些方面?

---

## 第二节　通货膨胀的成因

通货膨胀对于世界各国人民的经济生活有着巨大的影响,因此通货膨胀的成因也就引起了经济学家的关注,对此他们也提出了不同的解释。关于通货膨胀成因的理论主要从以下三个角度进行解释:总需求与总供给,经济结构因素,货币数量论。

## 一、需求拉动型通货膨胀

**需求拉动型通货膨胀**，是指总需求超过总供给所引起的总体价格水平的显著持续上涨。该理论起源最早，产生于 20 世纪 50 年代之前，它认为通货膨胀是由于包括产品和服务在内的总需求出现了过度增长，超过了按现行价格可得到的总供给，从而导致一般价格水平的显著而持续的上涨。简言之，就是“过多的货币追求过少的商品”。

在图 14－1 中，横轴表示总产出，纵轴表示总体价格水平。$AD$ 为总需求曲线，$AS$ 为总供给曲线。总供给曲线 $AS$ 在初期呈水平状，在该阶段价格水平始终稳定，此时总产量水平较低，社会上还存在大量闲置的资源，供给弹性无限大，总需求的增加并不会导致价格水平的上涨。总需求曲线 $AS$ 与总供给曲线 $AD_1$ 的交点 $E_1$ 所决定的价格水平为 $P_1$，总产量水平为 $Y_1$。当总产量水平提高到 $Y_1$ 以后，如果总需求继续增加，由于劳动、原料、生产设备等的不足会使其价格提高，从而导致生产成本的提高，因此总供给曲线 $AS$ 曲线开始向右上方倾斜，价格水平逐渐上涨。总需求曲线 $AD_2$ 与总供给 $AS$ 的交点 $E_2$ 所决定的总产量水平为 $Y_2$，总体价格水平为 $P_2$。当总产量达到充分就业 $Y_f$ 时，整个社会的经济资源已经实现了充分利用。总需求曲线 $AD_3$ 与总供给曲线 $AS$ 的交点 $E_3$ 决定的总产量水平为 $Y_f$，总体价格水平为 $P_3$，此时也已经实现了劳动者的充分就业。之后如果总需求进一步增加，总供给 $AS$ 不能继续增加，因此只会产生价格水平的上涨。例如，当总需求曲线从 $AD_3$ 提高到 $AD_4$ 时，它与总供给 $AS$ 的交点 $E_4$ 所决定的总产量水平并没有增加，但价格水平却上涨至 $P_4$，这就是需求拉动型通货膨胀。

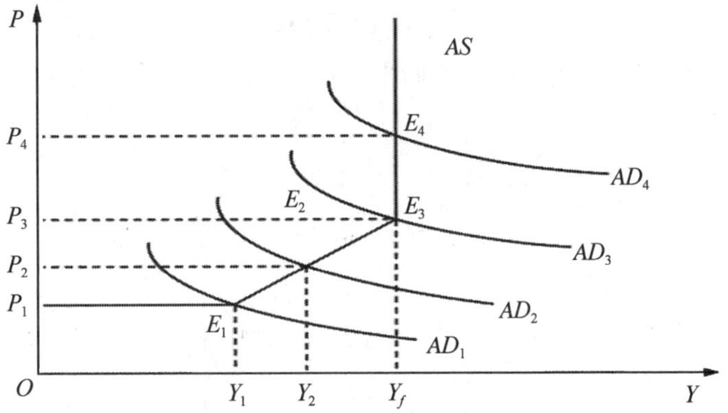


**图 14－1　需求拉动型通货膨胀**

不同学派的西方经济学家对需求拉动型通货膨胀有不同的解释。凯恩斯学派认为，在达到充分就业之后，总产出已经达到最大化，货币供给量增加或货币流通速度加快会形成过度需求，因此价格水平上涨。货币主义学派则认为通货膨胀不论在何时都只是一种货币现象，都是由于货币过多引起的。

## 二、成本推动型通货膨胀

成本推动型通货膨胀的理论试图从供给方面对通货膨胀的发生来进行解释。**成本推动**

**型通货膨胀**,又被称为成本通货膨胀或者供给通货膨胀,指的是在不存在超额需求的情况下由于供给成本的增长所引起的总体价格水平持续而显著的上涨。成本推动型通货膨胀可能有三种根源:工资成本的增加、利润的增加以及进口原料成本的增加。但是,西方经济学家认为,成本推动型通货膨胀主要是由工资的增长引起的。

### (一) 工资推动型通货膨胀

它的假设前提是不完全竞争的劳动力市场,由于工会的存在,这时工资由工会和雇主集体议价能力决定,而非劳动力市场供求力量决定。如果工资的增长率超过了生产增长率,就会造成生产成本的提高。总体价格水平将会上涨,这也会进一步引起工资水平的上涨,这样循环下去,造成工资-物价的螺旋上涨趋势,即**工资-价格螺旋**。

### (二) 利润推动型通货膨胀

它是指一些寡头企业(特别是钢铁、石油化工等自然垄断行业)对于市场价格有着较强的控制能力,为了获得更大的利润而提高产品价格,致使总体物价水平上涨。经济学家认为,不完全竞争的产品市场是利润推动型通货膨胀的前提。为了谋取更高的利润,垄断企业和寡头企业可以利用自身的优势把价格定位在远高于成本的水平上,从而引起一般价格水平的上涨。

### (三) 进口型通货膨胀

进口型通货膨胀也称输入型通货膨胀,指的是在开放型经济条件下,进口商品价格增长、费用增加导致的通货膨胀。这种情况通常是指在国内总需求或者货币供给未明显增加的前提下,进口原材料价格出现大幅上涨而引起生产流通领域产生连锁反应,最后导致通货膨胀的发生,例如,1973～1979 年间石油价格的提高引起总体物价水平的上涨,从而导致的通货膨胀。图 14-2 表示成本推动型通货膨胀形成的过程。

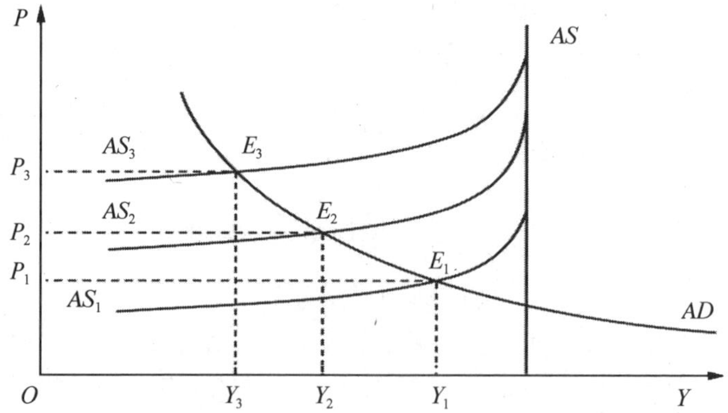


**图 14-2 成本推动型通货膨胀**

在图 14-2 中,总需求不变。当总供给曲线为 $AS_1$ 时,它与总需求曲线 $AD$ 的交点 $E_1$ 决定的总产量为 $Y_1$,总价格水平为 $P_1$。当总供给曲线因成本增长而移动至 $AS_2$ 时,它与总需求曲线的交点 $E_2$ 决定的总产量为 $Y_2$，价格水平为 $P_2$。总产量水平下降，但是总体价格水平上涨。当成本进一步增长而使总供给曲线移动至 $AS_3$ 时，它与总需求曲线的交点 $E_3$ 所决定的总产量为 $Y_3$，总价格水平为 $P_3$，总产量水平继续下降，总体价格水平进一步上涨。

另外，有一些经济学家认为单独用需求拉动或者成本拉动都不足以解释通货膨胀的产生，应该结合总需求与总供给这两个方面的变动来进行解释，因此就形成了**混合通货膨胀理论**。

## 三、结构型通货膨胀

许多经济学家还从结构方面探索通货膨胀产生的原因。他们认为，在总供给和总需求相对平衡的条件下，某些经济结构性因素的变动也可能导致通货膨胀，即**结构型通货膨胀**。一般而言，引起通货膨胀的结构性因素包括：

### （一）“瓶颈”制约

一些国家缺乏有效的资源配置机制，导致各部门之间的资源配置严重失衡，因此存在一些行业的生产效率严重滞后，成为经济发展的“瓶颈”。而这些“瓶颈”部门的价格也会因供不应求而逐渐上涨，进而引起其他部门的连锁反应，致使价格出现一轮又一轮的上涨，最终导致总体价格水平的上涨。

### （二）需求结构的变动

随着经济的发展，社会对产品和服务的需求结构也会产生变化，从而出现一些部门的需求扩大而另一些部门的需求缩小的现象，但是这些部门的劳动力和其他生产要素却无法实现迅速的转移，从而使得原本处于均衡的经济结构出现失衡。那些需求扩张的行业，价格和工资将出现上升；但是需求缩小的行业，由于价格和工资存在刚性，并不会发生下降，因此会导致一般物价水平的上升。

### （三）各部门劳动生产率增长速度的差异

一国经济根据劳动生产率增长速度的差异可以划分为不同的部门，但是劳动生产率落后的部门也会要求保持与先进部门同样的工资增长率。因此，各部门的货币工资的增长速度是基本相同的，其结果就是落后部门的生产成本也随之上升，进而造成物价水平的整体上升。该理论的核心思想是鲍莫尔的“不平衡增长模型”，他把整个经济划分为两个部门：一个是进步的工业部门，另一个是保守的服务部门。服务部门的劳动生产率增长较慢，而工业部门的劳动生产率增长较快，但两个部门的货币工资增长率相同，因此会出现由工资成本推动的通货膨胀。

## 四、作为货币现象的通货膨胀

货币主义学派对于通货膨胀的基本观点是每一次通货膨胀的背后都存在着货币供给的迅速增长，强调货币是影响总需求的主要因素。他们认为通货膨胀率的高低取决于三个方面：货币流通速度的变化率、货币增长率和产量增长率。由于货币流通速度主要由社会制度和技术因素决定，因此可认定为常数，这样就会得出通货膨胀主要是由货币供给的增长引起的结论。这就是弗里德曼的观点，他认为通货膨胀是由货币增长的速度快于产量增长的速度造成的，货币所起的作用是主要的，而产量所起的作用是次要的。

# 第三节　通货膨胀与失业

通货膨胀与失业是各国政府最为忧心的两大问题，而关于两者之间的关系也经历了长期的争论。

## 一、菲利普斯曲线的提出

1958 年，伦敦经济学院教授菲利普斯(A. W. Philips)对英国 1861～1957 年的失业率与工资进行了研究，提出了货币工资的变动率与失业率之间替换关系的曲线，即菲利普斯曲线。其研究结果表明，失业率较低时，货币工资增长率较高；失业率较高时，货币工资增长率较低。因此，菲利普斯曲线总体上来看是一条向右下方倾斜的曲线，它表明了失业率与货币工资增长率之间此消彼长的负相关关系。

1960 年，美国经济学家萨缪尔森和索洛以物价上涨率代替了原菲利普斯曲线中的货币工资变化率，并把它作为新古典综合理论的一个重要成果，这被普遍认为是对菲利普斯曲线的一个重要改进。改进后的菲利普斯曲线可以简单表示为：

$$\pi = -\varepsilon(u - u^*) \qquad (14-3)$$

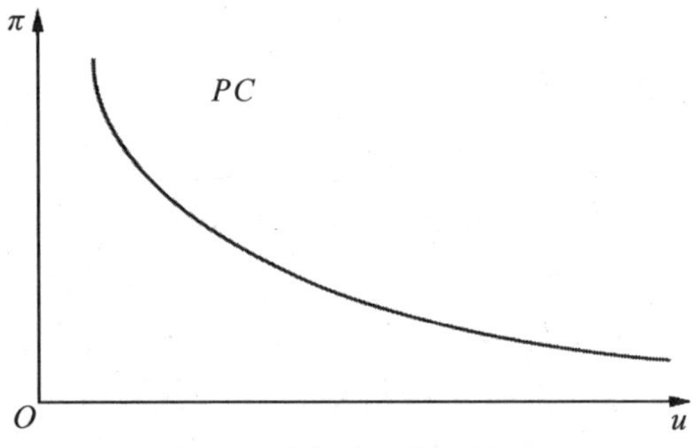

**图 14－3　修改后的菲利普斯曲线**

其中，参数 $\varepsilon$ 为价格对于失业率的反应程度，$u$ 为失业率，$u^*$ 为自然失业率，$\pi$ 为通货膨胀率。改进后的菲利普斯曲线如图 14－3 所示，在该图中横坐标为失业率，纵坐标为通货膨胀率，*PC* 曲线代表向右下方倾斜的菲利普斯曲线，它与美国在 20 世纪 60 年代的通货膨胀和失业数据的吻合效果非常好。

经过进一步发展，菲利普斯曲线成为分析失业与通货膨胀之间的关系，并据此制定经济决策的一个重要工具。由于失业率与通货膨胀率之间存在着这种负相关关系，因此对于经济决策部门来说，可以通过高失业率换取较低的通货膨胀率，或以高通货膨胀率换取低的失业率，这就是“**相机抉择**”。政府决策者所面临的正是“一个在不同时刻就业水平与价格水平之间的选择菜单”。具体来说，一个经济社会可以将其失业率与通货膨胀率确定在一个合理的组合范围内，如果失业率与通货膨胀率当前在这个区域内，则政府决策者无须进行调节；如果在该区域之外，则可以根据菲利普斯曲线的这种替换关系进行一定的调节，从而使失业率和通货膨胀率重新回到合理的范围之内。

## 二、附加预期的菲利普斯曲线

20 世纪 60 年代末、70 年代初，欧美发达国家的经济普遍出现了一种新的经济现象——**"滞胀"**，即**停滞膨胀**，具体来说，是指整个社会中出现了生产停滞、失业增加和物价水平居高不下的经济现象。其主要特征是：GDP 增速过缓甚至为负，物价水平快速上涨，同时失业率也在很高的水平。由于菲利普斯曲线难以解释当时的状况，因此当时遭到很多学者的质疑。

货币主义的代表人物弗里德曼于 1968 年指出了菲利普斯曲线存在的一个严重缺陷——未能考虑对通货膨胀的预期这一重要的影响因素。他认为，与名义工资相对比，工人更为关注的是他们所得到的实际工资。因此，在劳资双方进行谈判时，往往会对下一阶段的通货膨胀进行预期，并把这一预期结果加入对工资的制定中，也就是说，预期通货膨胀率越高，名义工资增长率越高。据此，弗里德曼等人提出了短期菲利普斯曲线，用来表示在预期通货膨胀率保持不变时通货膨胀率与失业率之间的关系。为了更好地表明两者之间的关系，他将菲利普斯曲线方程改写为：

$$\pi - \pi^e = -\varepsilon(u - u^*) \tag{14-4}$$

上式可以变换为：

$$\pi = \pi^e - \varepsilon(u - u^*) \tag{14-5}$$

其中，用 $\pi^e$ 来表示预期通货膨胀率。式(14－5)被称为现代菲利普斯曲线，也被称为附加预期的菲利普斯曲线。需要注意的是：当实际通货膨胀率等于预期通货膨胀率时，失业率等于自然失业率。附加预期的菲利普斯曲线将自然失业率定义为非加速通货膨胀的失业率。当 $\pi=\pi^e$ 时，$u=u^*$，表示当通货膨胀不加速也不减速时，实际失业率就是**自然失业率**。附加预期的菲利普斯曲线可以用图 14－4 来表示。

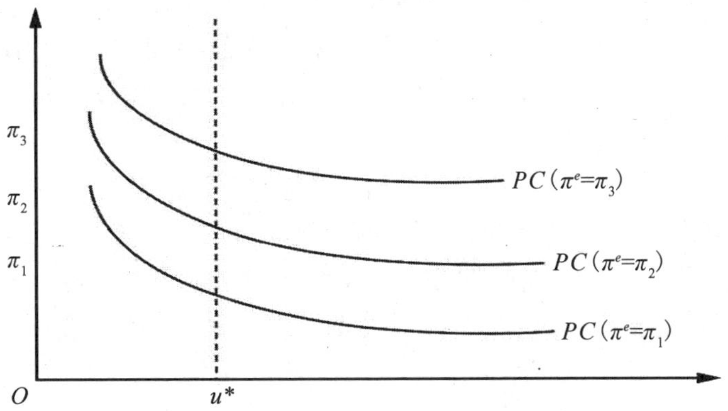


**图 14－4　附加预期的菲利普斯曲线**

## 三、长期菲利普斯曲线

西方经济学家认为,在长期情况下,工人会根据实际情况对自己的通货膨胀预期不断进行调整,也就是说,工人的预期通货膨胀率最终会调整到实际通货膨胀率的水平上。这时实际工资将会保持不变,即使是提高通货膨胀率也不能减少失业。因此,长期的菲利普斯曲线应该是一条垂直的线。在这种情况下,失业率与通货膨胀率之间不再存在负相关关系。另外,社会也实现了充分就业,失业率等于自然失业率水平。

下面通过图 14－5 分析短期菲利普斯曲线如何移动形成长期菲利普斯曲线。图中 $LPC$ 为长期菲利普斯曲线。假设开始时某一国家的经济处于 $A$ 点,此时失业率等于自然失业率 $u^*$,通货膨胀率为 3%。如果政府在这时为了降低失业率,采取了扩张性的货币政策,社会总需求出现增长,价格水平上涨,通货膨胀率增至 5%,高于预期的通货膨胀率,实际工资出现下降,因此企业生产成本降低,从而增加生产,就业增加,失业率下降到 $u_1$。此时,$\pi^e=3\%$, $\pi=5\%$, $u=u_1$。

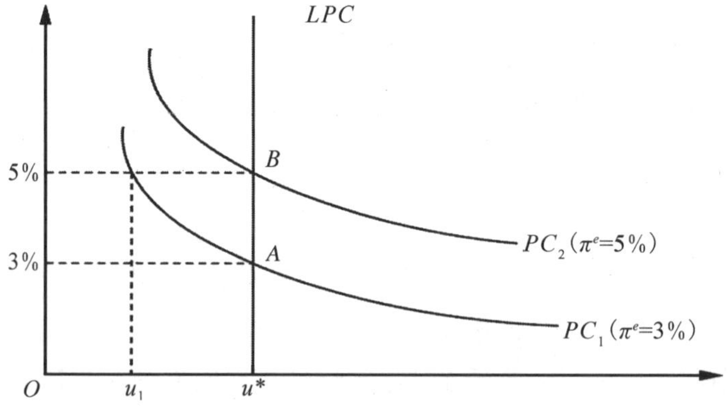


**图 14－5 长期菲利普斯曲线**

然而,这种失业率的下降只是短期的作用,因此从长期来看,工人经过一段时间就会发现物价水平的上涨和实际工资水平的下跌,因此会要求提高工资水平来保证自己的消费水平,并与此同时将预期通货膨胀率由之前的 3%上调至 5%,经过这样的变动,实际工资将会提高至原来的水平,企业的生产活动会恢复至原来的状态,失业率也会随之恢复到之前的水平 $u^*$,此时,$\pi^e=5\%$, $\pi=5\%$, $u=u^*$,经济水平处于 $B$ 点。因此,短期菲利普斯曲线出现图中的移动:从 $PC_1$ 上移至 $PC_2$。

因此,虽然短期内工人不调整预期,将会出现通货膨胀率和失业率的替换现象,但在长期内工人还是会认识到通货膨胀率的变化,从而调整预期通货膨胀率。以上情况不断重复下去,将会出现如图 14－5 所示的短期菲利普斯曲线的不断上移。可见,工人的长期预期通货膨胀率等于实际通货膨胀率,企业不会扩大生产规模,失业率也无法下降,从而保持在自然失业率的水平上。这就形成了垂直于自然失业率水平的长期菲利普斯曲线 $LPC$,它表明通货膨胀率和失业率在长期内是不存在负相关关系的。也就是说,从长期作用来看,政府扩张性的政策并不能降低通货膨胀,反而会引起通货膨胀率的提高。

# 第四节 通货膨胀的应对之策

从之前的介绍中可以看出，经济学家们对于通货膨胀的成因有着不同的解释，对于如何抑制通货膨胀也提出了不同的对策。这些对策从大的角度而言可以分为两大类：需求管理政策和收入政策。

## 一、需求管理政策

从上文对通货膨胀成因的分析中可以看出，总需求超过总供给是造成通货膨胀的一个基本原因。因此，政府在面对本国较大通货膨胀压力时，通常会采取紧缩性的财政政策和货币政策来抑制总需求，但是这种政策本身也存在一个很大的缺陷，那就是失业率大幅度上升。

### （一）紧缩的货币政策

弗里德曼曾指出通货膨胀主要是一种货币现象，是由于“太多的货币追逐太少的商品”而造成的。因此，将货币增长速度控制在与总产出的增长大体保持一致的水平上就成为维持物价稳定的一个必不可少的条件，这正是货币主义经济学家所主张的措施。

各国所采取的紧缩的货币政策主要包括：(1) 通过公开市场业务出售债券来降低货币存量；(2) 提高法定存款准备金率以便减小货币乘数；(3) 提高再贴现率来提高商业银行的借款成本；(4) 加强银行信贷的配额管理；等等。通过运用以上措施使货币供应量增长速度与经济增长速度保持大体一致。

### （二）紧缩性的财政政策

紧缩性的财政政策所采取的基本方式是增加税收和减少政府支出。税收的增加可以通过提高税率和增加税种来实现，通过这种方式可以减少企业和个人收入支配中的货币收入，减少企业和家庭用于消费和投资的资金来源，因此会带来总需求的减少。政府支出减少的方法是减少财政投资的公共工程项目，其本身直接减少了社会总需求。

在实际中，由于难以准确预测紧缩性货币政策和财政政策对总需求的影响，或者即使做出了准确的预期，但这种预期充分反映到工资和物价中也需要一段时间，因此在这个过程中通常会发生失业率上升和产出下降的短期现象。经济学家用“牺牲比率”(sacrifice ratio)来度量这种成本，该比率表示使通货膨胀率降低一个百分点时所必须牺牲的年实际国民收入的百分比。

## 二、收入政策

收入政策的理论基础是通货膨胀的成本推进论（即工资、物价水平的上升导致了总供给曲线的向上移动，从而导致通货膨胀的发生），其主张采取相应措施抑制工资、价格水平的上涨。收入政策通常可以分为强制性的和非强制性的两种。强制性收入政策是指政府通过法律手段设定物价、工资水平上涨的上限,或者将其冻结在一个既定的标准上。非强制性政策是指用规劝的方式使相关主体自愿约束价格和工资水平的变动。发达国家在历史上主要采取了以下四种形式的收入政策:

(1) 规劝,即政府劝导工资与价格制定者要"负责任地"制定决策。主张劳资双方达成协议维持相对较低的工资增长速度,以减轻通货膨胀的压力。

(2) 制定自愿的工资-价格指导线。该指导线由政府根据长期劳动生产率的平均增长率确定,各部门需将工资和物价的增长幅度控制在这一标准之内。20 世纪 60 年代的美国肯尼迪政府和约翰逊政府都曾实行过这种政策,但效果并不明显。

(3) 税收手段。这种手段是指政府对于工资增长率在规定界限以下的企业以减少税收的方式进行奖励,而对于超出规定界限的企业以增加税收的方式进行惩罚。

(4) 工资-价格管制。它是指政府通过颁布法令对工资、物价的上涨上限进行规定,甚至暂时将工资和物价加以冻结。这种严厉的管制措施多见于战争时期,但是在和平时期有时也会出现。当政府对当下严峻的通货膨胀束手无策时,也可能采取这种方式。例如,美国在 1971～1974 年、阿根廷政府在 1985 年以及巴西在 1986 年都曾实行过这种政策。

从西方各国的实践来看,收入政策对于抑制通货膨胀的作用并不理想。温和的收入政策由于缺乏约束力,因此作用有限。严格的收入政策却只能对笼统的价格水平进行管制,也会影响资源的自由流动。另外,严格的管制政策还容易引起公众的反对,难以长期执行。而当政府迫于压力最终放弃时,之前受抑制的价格水平可能会出现严重的反弹。因此,收入政策对于通货膨胀的作用较为有限,只能作为紧缩性财政政策、货币政策的一种补充手段。

## 第五节　通货紧缩

经过长期的研究,经济学家们对于通货膨胀的研究已经较为深入,也已经积累了一定的经验,但是对于通货紧缩的研究从目前来说还是相对较为缺乏的。从 1997 年以来,国外一些权威学者和机构不断发出"全球通货紧缩"的警告,并预测"威胁全球经济的不再是通货膨胀,而是通货紧缩"。因此,对通货紧缩进行学习和研究还是非常有必要的。

### 一、通货紧缩的定义

**通货紧缩**(deflation)是指价格下降和货币升值的过程,就其本质来说是一种与通货膨胀相对立的货币现象。对于通货紧缩的解释,目前主要有以下几种观点:(1) 社会价格总水平普遍、持续地下降。例如,20 世纪 30 年代的大萧条中,美国的物价水平持续下降。(2) 通货中的货币严重低于商品流通所需要的数量,货币流通速度下降。人们对经济前景普遍持悲观态度,总需求小于总供给,价格水平因而下降,经济持续衰退。(3) 通货紧缩经常是在通货膨胀水平得到抑制之后发生的,如美国 1865～1869 年发生的通货紧缩。

在通货紧缩时期,经济社会的明显特征主要有:物价下降、产量降低、市场萎缩、企业利润率降低、生产投资大幅减少、失业率上涨、货币供给量下降。

## 二、通货紧缩的影响

通货紧缩对经济社会有着很大的破坏力，将从以下几个方面影响社会实体经济的发展：

### （一）通货紧缩对投资的影响

一方面，在名义利率保持不变的情况下，通货膨胀期间实际利率不断提高，从而使投资成本增长。由于通货紧缩的发生使得物价下降，企业认为未来的重置成本要低于当前，而且企业在通货紧缩时期的预期利润下降，这些都会降低企业进行当期投资的积极性。另一方面，通货紧缩时期通常也伴随着证券市场的萎缩，因此公司市值的持续下跌也会反过来导致公司融资的困难，进一步缩小了公司的投资欲望。

### （二）通货紧缩对消费的影响

在发生通货紧缩时，物价水平的下跌使消费者预期在未来可以用更低的价格得到同等质量的商品和服务，因此会产生当期消费的推迟。通货紧缩也会使资产的价格持续下跌，财富的蒸发也会使居民削减当期消费，导致当期总需求水平的降低。这也会对经济社会产生严重的影响。

### （三）通货紧缩对金融市场的影响

历史数据表明，通货紧缩时期通常伴随着资产价格的持续下降，特别是股票和房地产。另外，资产通常是作为贷款的抵押，资产价格的下跌就可能使得金融机构资不抵债，造成金融机构的破产，甚至会影响全国金融系统的正常运营。

### （四）通货紧缩对就业的影响

通货紧缩导致企业当期投资和社会总需求水平都发生大幅下降，这些因素也会使企业的生产下降，这时就会产生大幅的裁员，失业率也会因此而提升。美国历史上的几次大的通货紧缩期间的失业率都达到了非常高的水平。

### （五）通货紧缩对收入和财富再分配的影响

通货紧缩对于收入和财富的再分配的影响与通货膨胀时期正好相反。历史数据表明，通货紧缩时期的名义利率虽然很低，但是其实际利率却比通货膨胀时期要高出很多，这将使债权人从中受益，债务人却因此而遭受损失。

总之，通货紧缩是令各国政策制定者都非常头疼的一个问题，它对经济的破坏力往往比通货膨胀更大，也更难治理。

**专栏 14－2**

**日本为何如此恨通缩**

安倍政府近来推出了一系列刺激性经济政策方案：实施 20.2 万亿日元(约合 2 246 亿

美元)的财政刺激计划;施压日本央行宣布实行2%的硬性通货膨胀目标;实施新一轮量化宽松货币政策,2014年起每月购入12万亿日元(约合1 294亿美元)的证券资产;实行外汇市场干预,明确实施日元贬值政策。

安倍的经济措施旨在打破日本的通货紧缩预期,启动国内的消费和投资需求,促进日本的出口。

但日本政府此次出手,手法缘何如此之重?

这就要回顾一下日本的历史了。自20世纪80年代末、90年代初"泡沫经济"崩溃后,日本陷入了长期性的经济低迷和通货紧缩。1995～2012年,日本GDP的年均增长率仅为0.8%,年均通货膨胀率为-0.08%,被称为"失去的二十年"。

为治理经济萧条和通货紧缩问题,历届日本政府使出了浑身解数,如扩张性财政政策、量化宽松政策等,但效果一直不彰。这也导致日本对通货紧缩有一种根深蒂固的恐惧。

可以说,导致日本长期通货紧缩的根本原因,是金融机构的不良债权长期未能得到有效治理,对银行的放贷能力和企业的资金供给形成严重的负面影响。在日本,企业将企业土地、证券等资产作为抵押向银行贷款,而泡沫经济崩溃和金融危机导致土地、证券等资产价格大幅下跌,使大量银行贷款成为不良债权,银行、证券公司等金融机构因此积累了巨额不良资产。而日本对当时金融机构不良资产的严重程度估计不足,迟迟未能采取果断措施,银行被迫实施去杠杆化操作,贷款意愿迅速下降,使企业难以再获得贷款。

其次,日本企业投资需求长期低迷不振,是导致长期通货紧缩的另一个重要原因。这主要体现在:(1) 在泡沫崩溃和金融危机过程中,日本企业也遭受了重大的资产损失,大量企业陷入财务困境,企业设备投资大幅下降;(2) 日本企业的资产价值缩水,对企业的抵押品价值和银行的贷款意愿产生负面影响,提高了企业的融资成本,降低了企业的融资能力;(3) 日本企业在泡沫经济期间的盲目投资,形成了大量过剩的生产能力,企业普遍存在设备过剩、债务过剩和人员过剩的问题;(4) 日本经济的长期低迷,导致日本企业对未来经济产生悲观预期,企业固定资产投资的意愿低。

再次,居民消费意愿持续低落,是导致日本通货紧缩的重要因素。一方面,日本居民在金融危机中财产遭受重创,在财富效应的作用下,居民消费需求下降。另一方面,日本的少子高龄化社会结构,抑制了日本消费需求的增加。另外,日元对美元的多次大幅升值,导致日本形成输入性通货紧缩。

于是,通货紧缩导致了一个恶性循环:物价持续下降,日本企业的利润下降甚至亏损,大量企业降低固定资产投资规模,甚至减产或停产。企业投资下降导致居民就业机会减少和失业率上升,于是居民收入水平下降,加剧了国内总需求的不足。需求不足,又进一步导致企业利润下降。

为克服通货紧缩问题,日本实行了以零利率为特征的极度宽松的货币政策,然而,由于银行机构的"惜贷",日本货币政策传导机制产生严重梗阻,宽松的货币政策并未产生预期的刺激经济的效果。

随后,日本又在全球率先推出量化宽松货币政策,日本银行直接在国内资本市场购买证券资产,以扩大货币供给,但实施效果依然不彰。

日本长期奉行的扩张性财政政策也面临着"两难"困境:一方面,在治理通货紧缩方面,财政政策相对有效，需继续增加财政支出；但另一方面，日本财政政策的潜力已极为有限，继续实行赤字财政政策将进一步加剧主权债务不可持续的风险。

面对通货紧缩这一老问题，安倍的新刺激政策能否见效呢？

在短期内，宽松财政货币政策和提高通货膨胀目标，确实有助于打破日本的通货紧缩预期，提振居民的消费需求和企业的投资需求，促进日本经济的增长。

但是，安倍的新经济政策面临着诸多阻碍，很难达到预期目标。一是日本政府债务占GDP的比例在发达国家中最高，继续实施宽松财政政策将会加剧其主权债务不可持续的风险；二是日元贬值政策不仅将招致美国、德国和韩国等国的反对，而且在全球经济低迷的背景下，日元贬值并不一定能有效提升其出口需求。

要真正打破通货紧缩和经济低迷的恶性循环，日本不能仅依赖短期宏观经济政策的调节，而应主要依靠结构性经济政策和制度创新，如开放国内劳动力市场、打破经济社会文化结构的封闭性、完善创新促进机制、改革企业经营管理制度和调整不适应经济发展的税制结构等。

资料来源：王永中. 日本为何如此恨通缩[J]. 环球，2013(4).

**思考题：**

1. 从历史的角度，分析日本长期以来通货紧缩的原因。
2. 日本政府此次采取哪些措施来对抗通货紧缩？
3. 通货紧缩的影响主要体现在哪些方面？

---

## 本章小结

1. 通货膨胀是指一个经济体在一定时期内物价水平的持续快速上涨。它通常用通货膨胀率这一指标来衡量通货膨胀程度的高低。世界上较为常用的价格指数主要有以下四个标准：消费者价格指数、生产者价格指数、国民生产总值价格平减指数以及批发物价指数。

2. 通货膨胀可以从不同的角度进行分类。根据其表现形态，可以分为公开型通货膨胀和隐蔽型通货膨胀。根据其发生严重程度，可以分为爬行式通货膨胀、奔跑式通货膨胀和极度通货膨胀。根据对价格影响的差别，可以分为平衡的通货膨胀和非平衡的通货膨胀。

3. 通货膨胀对经济的影响主要包括三个方面：对收入与分配的影响，对就业和产出的影响，以及对经济效率的影响。

4. 对于通货膨胀的成因，不同经济学家从不同的角度给出了不同的解释，即需求拉动说、成本推动说、结构型通货膨胀说等。尽管如此，大多数西方经济学家也都同意货币的过多发行是通货膨胀发生的一个基本条件。

5. 菲利普斯曲线表明了通货膨胀与失业之间此消彼长的替代关系。经过研究发现，在短期内存在着这种替换关系，但从长期来看，工人可以对通货膨胀预期进行调整，这会使菲利普斯曲线上下移动，最终形成一条垂直于自然失业率的长期菲利普斯曲线。也就是说，物价水平与失业率在长期内并不存在替换关系。

6. 停滞膨胀，是指经济社会之中出现了生产停滞、失业增加和物价水平居高不下的一种经济现象,其主要特征是:GDP增速过缓甚至为负,物价水平快速上涨,同时失业率也在很高的水平。

7. 通货膨胀的应对策略主要包括需求管理政策和收入政策,其中需求管理政策包括紧缩的货币政策和紧缩的财政政策。

8. 通货紧缩是指价格下降和货币升值的过程,就其本质来说是一种与通货膨胀相对立的货币现象。

9. 通货紧缩是令各国政策制定者都非常头疼的一个问题,它从投资、消费、金融市场、就业等方面影响着经济的发展。其破坏力往往比通货膨胀更大,也更难治理。

## 关键术语

| | | | |
|---|---|---|---|
| 通货膨胀 | 价格指数 | 公开型通货膨胀 | 隐蔽型通货膨胀 |
| 需求拉动型通货膨胀 | 成本推动型通货膨胀 | 结构型通货膨胀 | 菲利普斯曲线 |
| 短期菲利普斯曲线 | 长期菲利普斯曲线 | 自然失业率 | 相机抉择 |
| 停滞膨胀 | 通货紧缩 | | |

## 思考题

1. 怎样理解通货膨胀的含义?它有哪些分类方式?

2. 下列说法是否正确?

(1) 价格上涨就意味着通货膨胀。

(2) 通货膨胀一定意味着人们生活水平的下降。

(3) 通货膨胀一定会损害债权人和工人的利益。

3. 通货膨胀会对经济产生哪些方面的影响?

4. 通货膨胀的成因是什么?用模型对其加以简单描述。

5. 菲利普斯曲线有何含义?

6. 说明长期菲利普斯曲线与短期菲利普斯曲线的关系。

7. 我国由于人口众多,在今后相当长一段时间内,将面临较大的就业压力。因此,有些经济学家提出,牺牲一定程度的物价稳定来缓解剩余劳动力过多的问题是值得的。试对这一观点加以评论。

8. 若某一经济体的价格水平1994年为107.9,1995年为111.5,1996年为114.5。请计算1995年与1996年的通货膨胀率各是多少?若人们对1997年的通货膨胀率按照之前两年的算术平均来计算。假设1997年的利率为6%,请计算该年的实际利率。

9. 什么是停滞膨胀?其主要特征是什么?

10. 怎样理解通货紧缩的含义?它有什么影响?

# 第十五章
# 金融危机

很多时候，大家觉得“金融危机”只不过是一个存在于书本或是新闻报道中的词汇，但是自经历过 2007 年起始于美国进而在全球发酵的金融危机之后，很多人对于金融危机有了更为直观和深刻的理解。金融危机（financial crisis)，是以资产价格急剧下降、企业与银行体系大规模倒闭为特征的金融市场大动荡。金融危机可以表现为多种形式，比如货币危机、银行业危机、股市危机、债市危机等。如果主要金融领域都出现严重的混乱，比如货币危机、银行倒闭、股市崩溃和债务危机等同时或相继发生，往往被称作全面金融危机。

在本章中，我们将系统地讨论金融危机的表现形式及其发生的原因。历史上每一次金融危机，如墨西哥金融危机、亚洲金融危机、日本“失去的十年”和美国次贷危机，虽然它们的发生都有各自特定的历史原因及特点，但它们也有许多相同的基本特征。正是从这些危机的共性中，经济学家和历史学家才能够找到值得后来人借鉴的经验。

## 第一节　金融危机的发展过程

大多数金融危机的核心是资产价格的急剧下跌或金融机构的大规模倒闭，或者两者同时具备。本节将从三个阶段来阐述一般情况下金融危机的发展过程。

### 一、金融危机爆发

一个国家或地区金融自由化或金融监管不当、资产价格泡沫的积聚和崩溃、利率上升或者主要金融机构破产都有可能引发金融危机。而发生在不同时期、不同地区的金融危机，其导火索也不尽相同。

#### （一）金融自由化/金融创新的不当管理

金融自由化是指放松甚至取消对于金融市场和金融机构的管制，或者是金融市场进行一系列的金融创新。从长期来看，金融自由化有助于促进金融市场的发展，提升金融市场资源的有效配置，也使得金融市场更为活跃。然而，如果金融监管的能力并没有跟上金融自由化的脚步，那么过于放纵的金融市场就成了失去理性的“野兽”，最终将带来灾难，如美国的次级抵押贷款危机。

由金融自由化而引起的金融危机并不仅仅出现在金融市场极为开放的欧美国家，也曾出现在许多在危机前发展良好的新兴经济体中。20世纪90年代,新兴市场国家纷纷向外部开放本国资本市场,它们期盼全球化能够刺激其经济增长并最终引领它们走向富裕。危机发生之前,墨西哥和东南亚各国的财政政策健全有效,东南亚国家保持预算盈余,墨西哥的预算赤字占GDP的比重不到1%。然而,这些国家在20世纪90年代早期实行的金融市场自由化和对外开放,引起了贷款的加速攀升,贷款损失随之增加,由此导致的银行资产负债表恶化是引发金融危机的关键。

### (二) 资产价格泡沫的积聚和崩溃

股票市场与房地产的资产价格在投资者心理的作用下可以远远超过其基础经济价值(格林斯潘将这种现象称为"非理性繁荣")。"崩溃"指的是这类资产价格突然地、大幅度地下跌。资产泡沫的出现可以追溯到17世纪的荷兰"郁金香泡沫",那是人类历史上有记载的最早的投机活动。在这一次泡沫中,人们预期资产价格上升,从而导致对该资产的强劲需求,进而反过来又导致更高的价格预期。资产价格因此上升到远高于资产预期收入的现值的水平。接着,在某个时刻,市场的情绪发生改变,人们开始担心资产价格过高,开始纷纷抛售这些资产,从而推动资产价格下跌。下跌的资产进一步动摇了人们的信心,从而引发了出售以及恐慌的恶性循环——泡沫破裂和崩溃。

20世纪90年代末发生在美国的高科技股票市场泡沫是这类危机的典型。当时人们对于互联网的热情持续升高,越来越多的人成立了互联网公司。每天都有大量的此类公司在纳斯达克证券交易所上市,而且这些公司的股票价格也被持续推高。事实上,市场根本不需要这么多的互联网企业,也不需要这么多无用的网站。许多网站无人问津,小公司纷纷倒闭,它们的股票也变得一文不值,崩溃一触即发。20世纪90年代初,日本遭遇的金融危机也是由股票市场和房地产市场的崩溃所引发的。80年代日本经济高速发展,到了80年代末,美国拉拢其他五国与日本签订了"广场协议",逼迫日元持续地升值。日元升值吸引了大量国际游资,推高了日本国内的股票与房地产价格。当时"非理性繁荣"的程度到了日本民众觉得自己的民族有"神助"、股票价格绝不会跌的程度。而事实证明,资产价格的泡沫终究会破裂。股票市场与房地产市场的崩溃使得大量银行倒闭,日本由此迎来了"失去的十年"。

还有一些金融危机,如19世纪美国发生的很多金融危机,都是因为利率上升引起的。有时危机的导火索是当时的国际金融中心伦敦利率上升,有时则是因为银行业恐慌导致市场流动性紧张,进而引起利率的飞涨。金融危机爆发时,往往伴随着很高的不确定性,主要金融机构的倒闭是历次金融危机中不确定性的一个重要来源。

## 二、银行业危机与货币危机

金融危机刚刚发生的时候,也许只是某个市场、某个行业的崩溃。那么,危机为什么会渐渐蔓延到各个领域,从而造成一个国家甚至全球性的经济衰退呢?因为金融危机爆发到一定程度,就会引起银行业危机或是货币危机。

### (一) 银行业危机

银行业危机通常是指银行的资产质量持续恶化,不管是由于房地产价格的崩盘(如

2007年美国次贷危机发生时)，还是由于非金融部门破产企业的不断增多(如21世纪金融危机的后期)。在这种情况下，由于银行信用的不确定性增加，储户纷纷从银行提取存款，这进一步导致了银行业危机或者银行业恐慌。银行业恐慌是美国所有金融危机的共同特征，日本在20世纪90年代危机中也经历了银行业恐慌。

例如，由于资产价格泡沫破裂而崩溃所引起的金融危机都会经历房地产市场的过度繁荣和崩溃，而银行在这个过程中充分参与。在泡沫破裂前，市场参与人——不论是银行、房地产商还是购房者——都认为房地产市场将持续繁荣，因此，银行一方面贷款给房地产商以支持他们建造新的房屋，另一方面贷款给购房者帮助他们购买房产。而等到泡沫破裂，房子价格不仅不再上涨反而开始暴跌的时候，房地产商和购房人都无力还款。尽管银行拥有他们的房子作为贷款抵押，但随着房价的暴跌，那些贷款时所抵押的房子的价值已经远不如银行贷出的款项，而且在房价崩溃的情况下房子的流动性极差，银行无法迅速将那些房子卖出以换取资金。银行的资产负债表迅速恶化，极容易因为资不抵债而不得不进入破产程序。银行业的倒塌对于整个经济社会来说无疑是毁灭性的，因此，全国甚至全球性的大规模金融危机就此蔓延开来。

#### (二) 货币危机

通常发生货币危机的国家都与美元保持固定汇率，而这种钉住汇率制度十分容易遭受投机性冲击(speculative attack)，也就是投机者大举抛售相应的货币。1994年爆发的墨西哥金融危机、1997年爆发的亚洲金融危机都伴随着货币危机而来。在危机爆发之前，墨西哥以及东南亚多国的货币都与美元保持固定汇率，这些国家的中央银行在汇率出现波动时都会出手干预外汇市场以稳定币值。

1997年，亚洲爆发了一场起始于泰国的金融危机。当时，国际游资先是秘密吸入足量的泰铢，然后在外汇市场上大量抛出。由于当时泰铢实行的是与美元保持一致的固定汇率制度，泰国央行不得不出手用美元储备在市场上买入被投机人抛出的泰铢以保持泰铢汇率的稳定。然而，虽然泰国经济在此之前保持稳定的增长，但其美元储备并不充分(这也与当时泰国的外汇管理有关)，很快央行便无力再在市场上买入泰铢，泰铢价值一落千丈。1997年7月，泰国被迫宣布与美元脱钩，实行浮动汇率制度，自此泰铢价值继续贬值20%，泰国经济也遭受重创。国际游资继续伏击了与泰国有相同问题的菲律宾、印度尼西亚和马来西亚等国，这些国家最后不得不放弃了本国货币与美元之间的固定汇率制度，各国货币也无一幸免大幅贬值。

### 三、全面的金融危机

等到一个国家爆发了货币危机或银行业危机，那么全面的金融危机就来临了。

在一些发生金融危机的发达国家，经济衰退引起价格急剧下降，整个社会迎来通货紧缩。物价水平的下跌，严重影响了企业生产的积极性，加重了企业的债务负担，减少了企业净值，导致企业债务萎缩(debt deflation)的出现。这样的情况不断恶化，经济活动不再活跃，复苏进程受到阻碍，整个国家便会进入债务萎缩阶段，即企业的生产活动、贷款、投资支出和总体经济活动呈现长期萎缩状态。包含债务萎缩过程的最严重的金融危机就是大萧条——股市崩盘,企业倒闭与银行业破产的恶性循环,失业率居高不下。美国在20世纪30年代经历了史上最为严重的经济收缩。

而在经历货币危机的新兴国家,如果债务合约以外币标价,本币的贬值就会加重本国企业的债务负担。而以本币标价的企业资产却没有增加,因此企业的净值减少,投资和经济活动随之收缩。货币危机后货币的骤然贬值会立刻引发进口商品价格的上涨压力,随之而来的是实际通货膨胀率和预期通货膨胀率的迅速上升。由此导致的利息支付增加会减少企业现金流量,企业因此进一步减少了生产活动。一国的货币崩溃还会引发资金外逃,典型的情形是,资本流入了某一国家,但是对该国货币及经济状况信心的丧失导致资金从流入转向流出。其主要影响就是在原先货币崩溃基础上的汇率进一步急剧下跌。资金外逃意味着对某国资产需求的急剧下跌,在该国的贷款市场上,贷款的供给下降,实际利率提高。于是,经济体系会进一步恶化,经济活动萎缩,居民和企业现金流量和资产负债表的恶化,这意味着银行将出现严重损失。利率飙升还会削弱银行的盈利能力和资产负债表。对银行而言,更为严重的问题是,货币贬值后以外币计价的负债价值猛涨。银行面临腹背受敌的状况:资产价值下跌,负债价值上升。在这样的环境下,银行体系通常发生银行业危机,大量银行倒闭,贷款和经济活动也会继续萎缩。

专栏 15-1

**1997年亚洲金融危机**

**1. 泰铢贬值点燃导火索:金融危机从泰国蔓延到全亚洲**

在20世纪90年代的繁荣时期,亚洲被世界上公认为新千年的一个巨大的新兴市场。当时的泰国和许多亚洲国家一样,开始从海外银行和金融机构中借入大量的中短期外资贷款,外债曾高达7 910亿美元。1997年,泰国经济疲弱、出口下降、汇率偏高,且泰铢维持与美元的固定汇率,美国"金融大鳄"索罗斯主导的量子基金捕猎机会,开始大量卖空泰铢,以迫使泰国放弃维持已久的固定汇率。

泰国政府实行干预,在短短几天内耗资100多亿美元外汇储备吸纳泰铢,却徒劳无益。这些"金融大鳄"还散布谣言,说泰国政府束手无策。1997年7月2日,苟延残喘的泰铢终于崩溃。泰国宣布实行泰铢浮动汇率制。当天,泰铢兑换美元的汇率一路狂跌18%,外汇及其他金融市场一片混乱,泰国金融危机正式爆发。

对那些依赖外国资金进行生产并用泰铢偿还外债的泰国企业,这无疑是一个晴天霹雳。泰国的老百姓也如惊弓之鸟,挤兑使得56家银行倒闭,泰铢对美元贬值60%,股票市场狂泻70%,泰国人民的资产大为缩水。

**2. 金融危机一夜席卷亚洲**

泰国金融危机像瘟疫一样传染到东南亚各国,在泰铢急剧贬值的影响下,菲律宾比索、印度尼西亚盾、马来西亚林吉特相继成为国际炒家们的攻击对象。

7月11日,菲律宾对比索的大规模干预政策宣告破产,决定放开比索与美元的比价,比索开始大规模贬值。8月,马来西亚放弃保卫林吉特的努力。一向坚挺的新加坡元也受到冲击。印度尼西亚虽是受“传染”最晚的国家,但受到的冲击最为严重,8 月 23 日,印度尼西亚盾贬值至历史低点,甚至不得不向国际货币基金组织寻求财政援助。11 月中旬,韩国也爆发金融风暴,17 日,韩元兑美元的汇率跌至创纪录的 1 008 : 1。韩元危机也冲击了在韩国有大量投资的日本金融业。1997 年下半年,日本一系列银行和证券公司相继破产。于是,东南亚金融风暴演变为亚洲金融危机。

**3. 中国香港金融市场“生死保卫战”**

1997 年 10 月,国际炒家首次冲击中国香港市场,造成香港银行同业拆借利率一度狂升至 300%,恒生指数和期货指数下泻 1 000 多点。10 月风暴过后,又是多次小规模狙击港元,利用汇率、股市和期市之间的互动规律大肆投机,狂妄地将香港戏称为他们的“超级提款机”。

1998 年 8 月初,国际炒家对香港发动新一轮进攻,索罗斯连同其他财力雄厚的“金融大鳄”三度冲击香港奉行的联系汇率制。他们采取“双管齐下”的方式,一方面大肆散布人民币要贬值的谣言,动摇投资者对港元的信心;另一方面在外汇市场大手抛出投机性的港元沽盘,同时在股市抛售股票来压低恒生指数,以及在恒指期货市场累积大量淡仓,指望在汇市、股市和期市相关联的市场上大获其利。

5 日,炒家们一天内抛售了 200 多亿元港币。香港金管局运用政府财政储备如数吸纳,将汇市稳定在 7.75 港元兑 1 美元的水平上。6 日,炒家又抛售港币 200 多亿元,金管局再出新招,不仅如数吸纳,还将美元购进的港币存放回银行体系内,使银行银根宽松,维持稳定同业拆息率。7 日,国际炒家继续抛售,金管局照例买进。港股维持在 7 000 点以上大关。从 8 月 14 日起,香港政府连续动用港币近千亿,股市、期市、汇市同时介入,力图构成一个立体的防卫网络,目的在于托升恒生指数,不仅要让炒家在抛空八月期指的作业中无利可图,更要使他们蚀本,知难而退。

8 月 27 日,美国道-琼斯股指下挫 217 点,欧洲、拉美股市下跌 3%~8%,香港股市面临严峻考验。香港政府一天注入约 200 亿港元,将恒生指数稳托上升 88 点,为最后“决战”打下基础。同日,国际炒家量子基金宣称:香港政府必败。

28 日是期货结算期限,若当天股市、汇市能稳定在高位或继续突破,炒家们手中到期的大批期货单子无法出手,将使其损失数亿甚至十多亿美元;反之,港府前些日子投入的数百亿港元将扔进大海。当天全天成交额达到创历史纪录的 790 亿元港币。香港政府全力顶住了国际投机者空前的抛售压力,闭市时恒生指数为 7 829 点,比金管局入市前的 8 月 13 日上扬了 1 169 点,增幅达 17.55%。这意味着香港政府在打击国际炒家、保卫香港股市和货币的“战斗”中已获胜。香港市场人士估计,香港政府在这两个星期的托市行动中,投入资金超过 1 000 亿港元。

在整个亚洲金融危机中,唯一顶住了索罗斯的进攻而没有经济崩溃的就只有回归后的香港,保住了香港几十年的发展果实。

**4. 坚持人民币不贬值——中国:亚洲金融危机中的中流砥柱**

1997 年金融危机爆发后,中国政府在国际货币基金组织安排的框架内并通过双边渠道,向泰国等国提供了总额超过 40 亿美元的援助,向印度尼西亚等国提供了出口信贷和紧急无偿药品援助。

当时,全世界几乎异口同声地宣称:人民币应当贬值,否则中国经济将面临灭顶之灾。然而,中国政府在出口增长率下降、国内需求不振、失业增多和遭遇特大洪涝灾害的情况下,本着高度负责的态度,从维护本地区稳定和发展的大局出发,做出人民币不贬值的决定。

人民币不贬值的意义:首先,避免货币危机进一步扩大,特别是保护香港的联系汇率制;其次,减轻了已实行货币贬值国家的经济压力,因为如果中国也贬值,周边国家货币贬值可能带来的出口增长将会受到影响;再次,树立中国负责任的大国形象;最后,人民币不贬值维护了东南亚的经济秩序。

在坚持人民币不贬值的同时,中国政府采取努力扩大内需,刺激经济增长的政策,保持了国内经济的健康和稳定增长,对缓解亚洲经济紧张形势、带动亚洲经济复苏发挥了重要作用。

资料来源:1997 年成功抗击亚洲金融危机:中国展现大国风范(有修改)[OL]. http://news.sina.com.cn/c/sd/2009-09-08/164018606822.shtml.

**思考题:**

1. 请用教材中所述的框架概括 1997 年亚洲金融危机的形成原因及发展过程。
2. 什么是货币危机? 1997 年的东南亚各国经历了怎样的货币危机?
3. 1997 年东南亚金融危机的发生原因与美国次贷危机的爆发因素有什么样的相似和不同?
4. 你认为中国作为超级新兴经济体,会有发生上述货币危机的风险吗? 为什么?

## 第二节　次贷危机:2007~2008 年

2007~2008 年金融危机之所以爆发,其驱动力主要来自两个方面:一是次级住房抵押贷款市场上对金融创新的不当管理,二是房地产市场泡沫的崩溃。

### 一、抵押贷款市场上出现的金融创新

2000 年之前,只有信誉非常好的优质借款人才能申请到住房抵押贷款。然而,在计算机技术进步与新的统计工具出现之后,银行可以对风险较大的住房抵押贷款进行较好的定量评估。**次级抵押贷款**(subprime mortgages)指的就是向信用记录较差的借款人发放的抵押贷款。银行使用一个数量化的信用分数(credit score)来预测借款人的债务违约可能性。此外,计算机技术可以通过节约交易成本,将一揽子金额较小的贷款(如抵押贷款)打包成标准化的债务证券,这个过程即为**证券化**(securitization)。

**抵押支持证券**(mortgage backed securities)是一种标准化的债务证券,它可以较低的成本将高风险抵押贷款打包,并量化其违约风险,从而为这些抵押贷款提供一种新的融资来源。次级抵押贷款的金融创新随之诞生,并且没有就此止步。**金融工程**(financial engineering)是对复杂的新型金融工具和产品的开放,它所创造的结构化信用产品

(structured credit products)可以基于标的资产的现金流量,被设计成具有特定风险特征的产品。最声名狼藉的金融创新当属**担保债务权益**(collateralized debt obligations,CDOs),这种产品将次级抵押支持证券所产生的现金流进行分档偿付,首先偿付级别最高的档,如果抵押支持证券出现损失,则会减少对级别较低的档的偿付。甚至还有 CDO2s 与 CDO3s,分别基于 CDOs 与 CDO2s 所产生的现金流量,对风险进行更加细致的拆分。

## 二、房地产泡沫的形成

美国经济在 2000 年前后陷入了高科技泡沫破裂后的短暂衰退之中,美联储为"救市"大幅削减联邦基金利率,大力刺激市场的流动性,在短短两年之内就让美国经济走出衰退。与此同时,次级抵押市场在源源不断流入美国资本的推动下得以迅速发展。到 2007 年,次级抵押市场的规模已达上万亿美元,有力地将美国的自有住房率推升至历史最高的水平。2000~2001 年经济衰退结束之后,美国房地产价格开始飙升,这也起到了推动次级抵押市场发展的作用。在房价只涨不跌的时期,房地产市场内的投机气氛会被强烈激发,进而又推动房价的持续上升。高房价意味着次级借款人可以将升值的房产进行再融资,申请到金额更高的贷款。在如此繁荣的房地产市场中,次级借款人可以随时将房产出售以偿付贷款,因而不可能违约。并且,以次级抵押贷款的现金流为标的的证券的收益率很高,因而投资者十分满意。反过来,次级抵押市场的发展刺激了住房需求,进一步推升了房地产价格。

在这个时期,链条上的绝大部分人都会获利,抵押贷款证券化的好处就在于使房地产增值的收益分配给更多的人。抵押贷款公司的利润来自将抵押贷款出售给银行,银行的利润来自将抵押贷款证券出售给抵押贷款证券购买者,而购买者会享受到比购买国债或投资债券更高的收益,此收益来自购房者按期还的贷款。当然,受益人还包括对抵押贷款证券承保的保险公司,只要贷款不违约,保险公司就能轻松赚到保费。

## 三、信息问题浮出水面

金融工程确实有好的一面,它可以根据投资者的风险偏好,创造产品和服务,但也有有害的一面。CDOs、CDO2s、CDO3s 等结构化产品十分复杂,不仅很难评估证券标的资产的现金流,而且很难确定资产的实际所有人。结构性产品越来越复杂,信息被破坏的程度越来越大,从而加剧金融体系的信息不对称问题,逆向选择和道德风险问题的严重程度进一步恶化。

## 四、房地产市场泡沫崩溃

房地产市场价格最终会回归到由供求关系决定的适当的水平,而不会永远只涨不跌,世界上不存在永远的牛市。

美国的房价上涨在 2005 年年底达到顶峰。2006 年以来,房地产各行业的指标都出现了回落。美国房地产市场的繁荣几乎是靠投机撑起的,因此房地产价格的下跌会迫使房地产投资者竞相杀价急于出局,但鲜有购买者,从而导致房价大幅下跌。

最先出局的就是那些个人次级抵押贷款者,他们承受了更高的贷款利率,本身又无法保证持续还贷。2006 年第四季度,美国次级抵押贷款者的拖欠率为 13.3%,达到 4 年来的最高纪录,市场上出现了大量被“止赎”(fore-closure)的房屋,最终有超过100万抵押贷款的借款人被取消了抵押品赎回权。次级抵押贷款公司继而破产,因为个人贷款者无法按时还贷,这些公司的资金链就断裂了,它们手中只有一栋栋没有了市场的房产。同时,次级抵押贷款公司还要按事先约定回购出售给银行的次级抵押贷款,这是对公司资产负债表的又一个沉重打击。这些次级抵押贷款公司破产,大型的银行也陷入危机,因为它们手中原本按照约定应该被次级抵押贷款公司赎回的次级抵押证券无法被赎回,并且投资者也不再向银行购买这些证券,银行没有了利润来源就会跟着出现巨额坏账和亏损。紧接着,要为这些违约的证券支付高额赔偿金的保险公司也相继破产。

## 五、知名公司破产,危机向全球蔓延

2008年3月,美国第五大投资银行贝尔斯登面临破产,不得不将自己以不到一年前公司价值5%的价格出售给J. P. 摩根公司,而美联储为促成这项交易接管了贝尔斯登300多亿美元的难以估价的资产。房利美和房地美两家由政府发起、私人所有的美国最大的房地产抵押贷款公司,由于持有的次级证券出现了巨额损失而在同年9月被美联储接管(实际上变成了政府经营的机构)。

2008年9月15日,资产超过6 000亿美元的美国第四大投资银行雷曼兄弟申请破产,成为美国历史上最大的破产案。前一天,美国第三大投资银行美林公司,同样由于持有的次级证券出现严重损失,被美国银行收购,收购价格是一年前公司价值的60%。9月16日,美国保险业巨头美国国际集团(AIG)由于信用评级被下调,遭遇了严重的流动性危机,最后依然是美联储出资向其提供了850亿美元的贷款以维持其生存,并且贷款总额在之后被提高到了1 730亿美元。9月25日,美国第六大银行、拥有超过3 000亿美元资产的华盛顿互助银行(Washington Mutual,WAMU)被联邦存款保险公司接管,并出售给J. P. 摩根公司,从而成为美国历史上最大的银行破产个案。

在全球化步伐加速的时代,虽然问题出现在美国,但危机蔓延到世界范围,欧洲最先响起警报。2008年8月7日,法国投资公司巴黎银行宣布暂停赎回旗下几个货币市场基金。虽然欧洲中央银行与美联储向金融体系注入大量流动性,银行依然追逐现金,而不愿意互相发放贷款,信贷市场枯竭。同样的情况也发生在英国,由于信贷枯竭,英国北岩银行于2008年9月破产,这是100多年来英国的主要银行首次出现破产事件。危机还在持续发酵,葡萄牙、意大利、爱尔兰、希腊、西班牙等国相继出现了债务危机,政府无法偿还国债,信用评级一再被下调,经济状况持续低迷。

## 六、给新兴国家和发展中国家的启示

新兴国家和发展中国家的经济增长依然过于依赖房地产业,如果简单复制美国的抵押贷款证券化模式,则一旦出现房产贬值,市场破坏力将以比以往快得多的速度扩散到比以往更为广泛的金融领域和相关行业,继而再蔓延到实体经济的各个行业,民众的恐慌将远甚于久经沙场的美国市场投资者。

最近在美国出现了出台预防金融危机的政府新政策的呼声。自从第二次世界大战以来,美国一直放松金融机构管制,如消除它们在经营上的地理限制,以及废除《格拉斯-斯蒂格尔法案》对商业银行和投资银行的分离。现在某些经济学家提出，金融机构应当“再次被管制”。在金融市场发展尚处于初期的新兴国家和发展中国家，是否应该放松金融管制一直是一个备受争议的话题。然而美国的次贷危机给了世界惨痛的教训，在经济体还没做好充足准备之时便轻易放松了金融管制，那带来的不一定是繁荣，而更有可能是难以收拾的混乱。

## 本章小结

1. 金融危机的爆发过程大致分为以下几个阶段：金融自由化/金融创新的不当管理、资产价格泡沫的积聚和崩溃、银行业危机、货币危机、全面的金融危机。

2. 2007 年爆发美国次级贷款危机的主要原因是房地产价格泡沫的崩溃以及政府对次级住房抵押贷款等金融创新的不当管理。

## 关键术语

| | | | |
|---|---|---|---|
| 金融危机 | 资产价格泡沫 | 证券化 | 担保债务权益(CDOs) |
| 金融全球化 | 金融自由化 | 止赎 | 银行业恐慌 |
| 次级抵押贷款 | 抵押支持证券 | | |

## 思考题

1. 除了房地产市场外，股票市场的资产泡沫会如何引发金融危机?

2. 金融机构的资产负债表恶化和大规模倒闭会如何引起经济活动的下滑?

3. 货币危机会如何影响利率?

4. 房地产价格下跌为何会引发 2007 年的金融危机?

5. 银行资产负债表恶化会如何引发金融危机?

6. 思考(并联系当今的政策)：美国政府或者美联储可以采取什么政策，才有可能防止引发金融危机的股票市场崩溃以及银行业恐慌?

# 参考文献


[1] 弗雷德里克·S. 米什金. 货币金融学[M]. 郑艳文，荆国勇，译. 北京：中国人民大学出版社，2011.
[2] 黄达. 金融学[M]. 北京：中国人民大学出版社，2009.
[3] 姚长辉. 货币银行学[M]. 北京：北京大学出版社，2005.
[4] 戴国强. 货币银行学[M]. 北京：高等教育出版社，2005.
[5] 戴国强. 商业银行经营学[M]. 北京：高等教育出版社，1999.
[6] 李健. 金融学[M]. 北京：高等教育出版社，2010.
[7] 弗雷德里克·S. 米什金. 货币金融学[M]. 马君潞，张庆元，刘洪海，译. 北京：机械工业出版社，2011.
[8] 易纲，吴有昌. 货币银行学[M]. 上海：上海人民出版社，1999.
[9] 劳伦斯·鲍尔. 货币金融学[M]. 刘静，何源，译. 北京：中国人民大学出版社，2012.
[10] 陈雨露. 国际金融学[M]. 北京：中国人民大学出版社，2011.
[11] 滋维·博迪，亚历克斯·凯恩，艾伦·J. 马库斯. 投资学[M]. 汪昌云，张永冀，译. 北京：机械工业出版社，2012.
[12] 张亦春，郑振龙，林海. 金融市场学[M]. 北京：高等教育出版社，2013.
[13] 彼得·S. 罗斯，米尔顿·H. 马奎斯. 金融市场学[M]. 陆军，译. 北京：机械工业出版社，2009.
[14] 蒋先玲. 货币金融学[M]. 北京：机械工业出版社，2013.
[15] 吴晓求. 证券投资学[M]. 北京：中国人民大学出版社，2014.
[16] 保罗·萨缪尔森，威廉·诺德豪斯. 宏观经济学[M]. 萧琛，译. 北京：人民邮电出版社，2012.
[17] N. 格里高利·曼昆. 宏观经济学[M]. 卢远瞩，译. 北京：中国人民大学出版社，2011.
[18] 彭兴韵. 金融学原理[M]. 北京：三联书店，2003.
[19] 田素华. 货币经济学[M]. 上海：上海人民出版社，格致出版社，2010.
[20] 曹龙骐. 金融学[M]. 北京：高等教育出版社，2010.
[21] 邱崇明. 现代西方货币理论与政策[M]. 北京：清华大学出版社，2005.
[22] 弗雷德里克·S. 米什金，斯坦利·G. 埃金斯. 金融市场与金融机构[M]. 杜惠芬，译. 北京：机械工业出版社，2014.
[23] 弗兰克·J. 法博齐，等. 金融市场与金融机构基础[M]. 孔爱国，等译. 北京：机械工业出版社，2014.
[24] 钱水土. 货币银行学[M]. 北京：机械工业出版社，2013.
[25] 兹维·博迪，等. 金融学[M]. 曹辉，等译. 北京：机械工业出版社，2011.

[26] 黄达,张杰.金融学(第四版)[M].北京:中国人民大学出版社,2017.
[27] 弗雷德里克·S.米什金.货币金融学(英文版·第十一版)[M].北京:中国人民大学出版社,2019.
[28] 蒋先玲.货币金融学(第2版)[M].北京:机械工业出版社,2017.
[29] 戴国强.货币金融学(第四版)[M].上海:上海财经大学出版社,2017.
[30] 李健.金融学(第三版)[M].北京:高等教育出版社,2018.